KB018558

삐딱한
글쓰기

삐딱한 글쓰기

안건모

보리

지금,
삐딱한 글쓰기가
필요하다

1970년, 열두 살 때부터 공장에서 일을 했다. 검정고시로 고등학교에 들어갔지만 이 학년 때 중퇴했다. 스물일곱 살 때부터 마흔여섯 살, 2004년 12월까지 서울에서 버스 운전을 했다. 노동 현장에서 쥐꼬리만 한 임금을 받으면서 살아왔다. 배우지 못하고 가진 게 없어 무시당하고 억눌린 채 살았다.

내가 보고 듣고 생각한 것을 글로 쓰고 싶었지만 쓸 수가 없었다. 글쓰기를 배운 적이 없기 때문이었다. 살아온 이야기, 일터 이야기, 버스 운전하는 이야기를 쓰고 싶었지만 쓰지 못했다. 글은 '배운 사람들'만 쓰는 줄 알았고, 맞춤법이나 띄어쓰기 같은 문법을 먼저 알아야 쓰는 줄 알았다. 대학을 안 다닌 사람은 글을 쓰면 안 되는 줄 알았다.

1996년 우연히 월간 〈작은책〉을 보고 '아! 나 같은 사람도 글을 쓸 수 있구나' 하고 깨달았다. 살아온 이야기와 일터 이야기를 쓰면서 가슴이 확 뚫렸다. 어렵게 살아왔던 지난 이야기를 쓰면서 '치유하는 글쓰기'를 했고, 사업주와 관리자들이 노동자들을 탄압하는 유치한 행태를 고발하면서 마음껏 비꼬는 '삐딱한 글쓰기'를 했다. 통쾌했다. 그동안 노동자로 살아오면서 주눅 들고 억눌렸는데 그런 속박에서 벗어날 수 있었다. 그리고 내가, '일하는 사람들'이 이 세상 주인이라는 걸 분명히 깨달았다.

2014년! 글을 쓰지 못하면 아무것도 못하는 세상이 됐다. 인터넷과 영상이 발달해 점점 글을 쓸 필요가 없어질 거라고 주장했던 사람도 있었지만 오히려 그것 때문에 더욱더 글을 써야 하는 시대가 됐다. 예전엔 글을 써도 어디 실을 데가 없었다. 신문과 잡지에 글을 올릴 수 있는 사람은 몇몇 지식인들뿐이었다. 하지만 이젠 내놓을 데가 천지다. 블로그, 카페, 트위터, 페이스북, 오마이뉴스, 작은책 홈페이지 같은 곳처럼 올릴 데가 너무 많다. 그런 글이 사회적 이슈가 되면 신문과 방송보다 더 파급효과가 클 때도 있다. 재미있고 좋은 글을 꾸준히 올리면 책도 낼 수 있다. 한마디로 이젠 개나 소나 글을 쓸 수 있는 세상이 됐다.
개나 소나 글을 쓸 수 있는 세상이라야 좋은 세상이다. 지식인들만 글을 쓰는 세상은 좋은 세상이 아니다. 조선시대 양반들은 어려운 한자로 글을 써서 정보를 독점해 '우매한' 백성들을 지배했다. 세종대왕이 한글을 창제한 뒤 최만리 같은 학자들이 한글 반포를 반대한 것도 백성이 글을 알면 자기들이 유식한 체하면서 지배할 수가 없기 때문이었다.
지금은 누구나 한글을 읽고 쓸 수 있지만, 여전히 보수 지식인들이 글을 독점하고 세상을 지배하고 있다. 이 세상을 지배하는 자들은 쉬운 한글을 가지고도 국민들이 알 수 없도록 말과 글을 어렵게 쓴다. 관공서에서 쓰는 글이나 정치인들이 쓰는 말들을 생각해 보라. 쉬운 글을 쓰면 모두 알아먹으니 일부러 어렵게 쓰는 것이다.

학교는 아이들을 제대로 가르치지 않는다. 가짜 논술만 가르치고, 외우기 시합을 하게 만들어 '스스로 생각하는 교육'을 하지 않는다. 그러니 대학을 나와도 글 한 편 못 쓰는 사람이 돼 사회에 내던져진다. 사회로 나오면 비로소 글을 써야 한다는 생각이 절실히 든다. 한겨레문화센터나 민주언론시민연합 글쓰기 강좌나 작은책 글쓰기 모임을 찾기도 하고 서점에 가서 글쓰기에 관한 책을 이것저것 사기도 한다.

나도 처음에 글을 쓸 때 궁금한 게 많아 글쓰기 책을 많이 샀다. 책을 검색해 이미 나온 글쓰기 책을 샀고, 또 새로 나오는 책마다 모조리 샀다. 내가 지금 갖고 있는, 글쓰기에 관한 책이 오백여 권! 아, 물론 나도 그 책을 다 읽지는 않았다. 그런데 실제로 글을 쓸 때 도움이 되는 책은 별로 없다. 처음부터 그런 책을 보고 글을 쓰지 않았기 때문인지도 모른다.

이 책에는 다른 이들이 겪지 못했던 특별한 내 경험이 들어 있다. 독자들은 내 이야기를 들으면서 글을 쓸 수 있는 용기가 생길 것이다. 또 주부들, 노동자들, 학생들에게 글쓰기 강연을 했던 내용을 실었다. 그리고 월간 〈작은책〉에 연재했던 '안건모의 삐딱한 글쓰기' 일부분도 고쳐 실었다.

여기에 나오는 보기글은 대부분 내가 쓴 글과, 글쓰기 강연을 다니면서 수강생들한테 받은 글이다. 글을 쓴 분들에게 허락을 받아야 하지만 글쓴이를 찾지 못해 못 받은 것도 있다. 잘 쓴 글이지만 이왕이면 더욱 매끄럽게 고치면 좋겠다고 다듬은 것이니 이해해 주시기를 부탁 드린다.

글은 그 시대를 반영한다. 지금 우리 나라는 친일파 청산을 하지 못해 삐딱하게 돌아가 버렸고, 이 시대는 가진 게 없는 이들에게 가혹한 신자유주의 시대다. 이런 시대에는 아름답고 고상한 글보다 삐딱한 글쓰기가 필요하다. 우리 모두 신나고 통쾌하고 가슴 후련한 글을 쓸 수 있게 되기를 바란다.

안건모

차례

둘째 마당 어떤 글을 써야 하나?

셋째 마당 글을 어떻게 시작해야 하나?

첫째
마당

글을
왜 써야
하나?

글을
왜 써야 하나?

좋은 직장에 들어가기 위해서?

직장 생활을 잘하기 위해서?

책을 내기 위해서?

작가가 되기 위해서?

이름을 널리 알리기 위해서?

기억을 간직하기 위해서?

삶을 돌아보기 위해서?

삶을 치유하기 위해서?

삶을 풍성하게 하기 위해서?

지혜와 경험을 들려주기 위해서?

이 사회를 비판하기 위해서?

이 사회를 고발하기 위해서?

이 책을 읽는 분은 글을 왜 쓰려고 하시는지? 앞에 적은 여러 까닭들 가운데 맞는 항목이 있는지?

글을 왜 써야 할까? 글을 쓰지 못하면 살아갈 수 없을까? 사람들은 글을 안 쓰고 살면서도 늘 글을 쓰고 싶어한다. 왜?

나는 초등학교를 졸업하고부터 공장에서 일했고, 청소년 시절에 건축 현장에서 노동일을 했고, 이십 년 동안 시내버스 운전을 했다. 그러다 나이 마흔 넘어서부터 글을 쓰게 됐고, 지금은 잡지를 펴내고 있다. 대학을 나오지도 않고, 글쓰기를 배운 적도 없는 사람이 어떻게 글을 쓰게 됐는지 다들 궁금해 한다. 그래서인지 여러 단체에서 글쓰기 강연을 해 달라는 청탁이 온다.

강연을 다니다 보면 먼저 '글을 왜 써야 하는지' 그 까닭을 묻는 사람들이 있다. '어떤 글을 써야 하나', '글을 어떻게 써야 하나'도 궁금하지만 '왜 글을 써야 하는지'가 더 궁금한 것이다. 그렇다. 사실 '글을 왜 써야 하는지'를 알고 '글을 꼭 써야겠다'는 마음이 절실하면, 어떤 글을 써야 할지, 어떻게 써야 할지는 저절로 깨닫게 될지도 모른다.

내 이야기를
들려주기 위해서 쓴다

　사람들은 누구나 자기를 표현하려는 욕구가 있다. 나를 드러내고, 내가 보고 들은 일, 겪은 일, 생각하고 있는 것들을 남한테 들려주고 싶은 마음이 있다는 말이다. 사람들은 두 사람 이상만 모이면 이야기를 하고 싶어한다. 누구든지 남에게 들려주고 싶은 것이 있기 때문에 말을 하는 것이다. 글도 마찬가지다. 하고 싶은 이야기가 있기 때문에 쓴다. 나를 드러내고, 내가 겪었던 일이나 내가 알고 있는 것을 남에게 알려 주고 싶어 글을 쓴다.

　에른스트 카시러는《인간이란 무엇인가》에서 "인간은 자기 삶을 표현하지 않고는 살아갈 수 없다"고 했고, 루츠 폰 베르더는《교양인이 되기 위한 즐거운 글쓰기》에서 "자아 표현의 욕구야말로 살아 있는 인간의 참을 수 없는 본능"이라고 했다. 자기를 드러내는 것이 글을 쓰는 목적 가운데 하나다.

'나'를 드러내는 것은 말처럼 쉽지 않다. 배운 것 없고 가진 것 없는 사람들은 자기가 살아온 과정을 하찮게 여긴다. 나도 마찬가지였다. '내세울 것 없는 사람이 살아온 이야기를 뭐하러 써서 남한테 들려주나?' 하고 생각했다. 하지만 사람들은 내가 어떻게 버스 운전을 하게 됐는지, 어떻게 살았는지, 버스를 타고 다니던 손님들은 어땠는지 하는 이야기를 재미있어 했다. 또 버스 기사들이 그렇게 열악한 조건에서 일을 하고 있는지 몰랐다고 놀라워했다. 사람들은 내가 쓴 글을 보고는 버스 기사들 고충을 이해하게 됐다고 말했다.

그런 이야기를 말로만 하다가 글로 쓰려니 쉽지 않았다. '월급을 얼마나 받아야 쪼들리지 않고 살 수 있을까?' '회사가 어려우면 노동자는 상여금을 반납해서라도 회사를 살려야 할까?' '왜 보수 신문에서는 노동자들이 파업을 할 때마다, 경제도 어려운데 파업을 한다고 비난할까?' '비행기 조종사나 철도 노동자 들을 보고 귀족 노동자라고 하는데 그게 맞는 말일까?' '일하고 받는 임금은 왜 후불제일까?' '임금은 노동의 대가가 아니라 노동력의 대가라는데 그 차이는 뭘까?' 궁금증이 끊임없이 떠올랐다. 모르면 책이나 자료를 찾아봤다.

그러면서 생각이 깊어지고 정리가 되고 잘못된 생각을 고치게 된다. 글을 쓰다 보면 내 생각이 맞는지 분석하게 되면서 논리에 맞게 사고하게 된다. 내가 알고 있는 이야기인데도 글로 써 보면 쉽지 않다. 읽는 이가 내 생각을 납득하고 이해할 수 있도록 조리 있게 설명하려고 애쓰게 된다. 그러면서 논리에 맞고 체계 있게 생각하는 태도를 기를 수 있다.

또 글을 쓰면서 내 자신을 더 잘 이해할 수 있다. 글은 거울처럼 자신을 비춘다. 지난 이야기를 써 놓고 보면 내가 잘못했던 일들이 눈에 들어온다.

나는 아내와 사귀고 처음 우리 집으로 데려갈 때 길에서 마주쳤던 아버지를 싸늘하게 외면했던 적도 있었다. 의처증 때문에 어머니를 때리고 막내 동생이 자기 딸이 아니라고 우기던 아버지였다. 그래도 우산 고치는 일, 칼 가는 일, 미장이 일 같은 온갖 노동일을 하면서 우리를 키운 분이었는데, 그걸 글로 쓰기 전에는 몰랐다. 써 놓고 글을 보니 그 안에 내가 보였다. 못된 놈이었다. 또 아내와 살 때 버스 기사 벌이가 시원치 않아 아내가 맞벌이를 한다고 기계를 갖다 놓았는데 시끄럽다고 부숴버린 적도 있었다. 그걸 쓰고 난 뒤에야 글 속에 내가 보였다.

회사 관리자가 나에게 부당한 대우를 했을 때 나는 어떻게 했는가? 내가 하는 노동은 그저 먹고살기 위한 노동일까? 앞으로 나는 어떤 희망이 있을까? 내가 쓴 글이지만 그 글에서 빠져나와 글을 보게 되면 나를 더 잘 볼 수 있다. 나를 알게 되면 잘못됐던 지난 내 행동을 반성하고 고칠 수 있다.

글쓰기는 내 삶을 가치 있게 만들었다. 글을 쓰면서 나는 무관심하게 지나쳤던 것들을 새롭게 바라볼 수 있었고, 세상을 배울 수 있었다. 내가 사는 세상이 어떤 세상인지 알게 되면 고된 삶도 무섭지 않다. 내가 글을 쓰지 않았다면 이 세상이 노동자 계급과 자본가 계급으로 나누어진 계급사회라는 걸 어찌 알았을까? 노동자가 이 세상의 주인이라는 걸 몰랐다면 나는 평생 못 배웠다는 자격지심에 열등의식을 갖고 주눅 든 채 살았을 것이다.

글은 자기 삶과 미래를 변화시킬 수 있을 뿐만 아니라 다른 사람 마음을 움직이게 한다. 내가 살아온 삶을 보고 다른 사람들이 희망을 찾는다. 아, 이런 사람도 행복하게 잘사는구나. 나보다 못 배우고 가진 게 없어도 당당하게 사는구나. 아, 저 사람은 책을 보고 세상을 배웠구나. 자기도 어려운데 다른 사람 권리를 찾아 주기 위해 악덕 기업주와 싸웠구나. 자기와 아무 상관도 없는 한진중공업 희망버스에 참여해 부산까지 가는구나. 정리해고 당한 쌍용차 노동자들과 함께 소금꽃 행진을 하고 릴레이 일인시위를 하는구나. 그리 많지 않은 월급으로 가난한 단체 여기저기 후원회원으로 가입해 다달이 얼마씩 내는구나. 나도 한두 군데는 후원회원으로 가입해야 하지 않을까? 집회 참가는 못하더라도 거리에서 집회하는 이들한테 길 막힌다고 비난하지는 말아야지. 나도 열심히 살아야겠다. 내 가족뿐만 아니라 다른 이들에게도 관심을 가져야겠다. 글은 이렇게 사람 마음을 움직인다. 내가 다른 사람이 쓴 글을 보고 변했듯이 다른 이들 또한 내 글을 보고 그렇게 변한다. 그게 글의 힘이다.

맺힌 마음을
풀기 위해 쓴다

글을 쓰는 또 다른 까닭은 맺힌 마음을 풀기 위해서다. 나는 글을 쓰기 전에 무척 난폭한 성격이었다. 옳고 그른 걸 깊이 생각하지 않고 내키는 대로 행동했다. 자격지심과 열등감이 있었고 희망이 없었기 때문이었다. 물론 그 성격이 어디 가는 건 아니지만 글을 쓰면서부터 많이 부드러워졌다.

처음 '살아온 이야기'를 쓸 때 눈물이 나서 한참 멈출 때가 있었다. 어릴 적에 길거리에서 신문을 팔다가 번 돈 몇 백 원을 잃어 버렸을 때, 열두 살 나이에 공장에서 일을 했는데 '오야지'가 돈을 떼먹고 도망갔을 때, 아버지를 따라 노가다 일을 하면서 일을 못한다고 구박을 받을 때, 두 살 위 형이 자동차 사고가 나서 전세금을 병원 치료비로 주고 고양시 가라뫼로 이사할 때, 일 끝나고 집에 들어가도 잠잘 자리가 없을 때, 남의 집 자가용 운전 일을 하고 아내가 식모살이처럼 그 집 빨래를 해 주러 갔는데 아이가 혼자 차가운 방에서 뒹굴면서 울던 걸 봤을 때, 아내가 둘째 애를 뱄는데 내가 지우라고 해서 지우고 병원에서 나오면서 나를 원망할 때, 그런 이야기를 쓰는데 눈물이 나서 쓸 수가 없었다. 그때마다 글쓰기를 멈추고 한참 동안 눈물을 훔치고 마음을 다듬어야 했다. 몇 번 그러고 난 뒤부터는 멈추지 않고 글을 쓸 수 있었다. 글을 쓰면서 그렇게 나를 돌아보고 마음에 난 상처를 치유할 수 있었다. 글쓰기는 이렇게 자기 삶을 돌아보면서 성찰하는 시간을 갖게 하고, 자신과 남의 아픔을 위로하고 상처를 치유한다.

슬픔이든 분노든 그것을 있는 그대로 쓰는 일은 자기 감정을 밖에서 들여다볼 수 있는 과정이다. '왜 슬펐지? 왜 화가 났지? 문제가 뭐지?' 글은 자기가 쓰지만 써 놓은 '글'을 보면서 나를 들여다볼 수 있다. 자기 감정을 글로 옮기면서 감정은 걸러지고 풀어지며 문제점이 드러난다.

가정 폭력이나 성폭력으로 입은 마음의 상처를 글쓰기로 치유하기도 한다. 박미라는 《치유하는 글쓰기》에서 "성폭력이나 가정 폭력에 대한 경험을 발설하는 것은 우리 사회의 결혼 제도와 남녀 관계가 가진 빛과 그림자의 측면을 고발하는 것"이고, "동성애자임을 밝히는 커밍아웃은 인간의 다양한 본능을 이성애로만 획일화하려는 것에 대한 반발"이라고 했다. 글쓰기는 우울증이나 스트레스, 분노, 성폭력 같은 마음의 상처를 치료하는 데는 물론이고, 감정을 통제하고 사회관계를 발전시키는 데도 효과가 있다고 한다. 박미라는 지금 여러 단체에서 '치유하는 글쓰기' 프로그램을 이끌고 있다.

셰퍼드 코미나스 박사는 젊은 시절 편두통으로 고생했다. 그러다가 한 의사가 글을 써 보라고 권해 일기를 쓰기 시작했다. 처음 글을 쓸 때는 머리가 더 아팠지만 일주일이 넘으면서 거짓말처럼 편두통이 사라졌다고 한다. 그 뒤 코미나스는 오십 년 넘게 일기를 써 왔다. 그것은 '몸과 마음을 보듬고 영혼을 어루만지는 치유의 글쓰기'로 발전했다. 코미나스는 여러 대학과 암 병동, 문화센터에서 글쓰기가 어떻게 인생을 변화시키는지에 대해 강연을 한다. 코미나스는 《치유의 글쓰기》에서 글쓰기로 일상의 고통과 스트레스를 극복하고, 기쁨과 활력이 넘치는 삶으로 이끄는 방법을 보여 준다.

2011년에 〈작은책〉에서 강연한 이적 목사는 글을 써서 큰 상처를 치유한 본보기다. 민통선 목사로 더 많이 알려진 이적 목사는 삼청교육대 최장기수였다. 전두환 정권 때 지방 일간지 신문에 "산꼭대기 동네에 수돗물이 잘 안 나온다", "공원에 깡패들 득실거려 경찰 단속 손길 아쉽다"는 기사를 썼다가 삼청교육대에 끌려가 죽을 뻔했다. 영하 이십 도 추위에 알몸으로 찬물을 끼얹는 고문을 당하기도 했다.

이적 목사는 1987년 자유실천문인협의회 기관지인 〈민족문학〉에 삼청교육대를 폭로하는 연작시 열 편을 발표하고, 뒤이어 《삼청교육대 정화 작전》이라는 책을 써서 삼청교육대의 만행을 고발했다. 이적 목사가 쓴 책 덕분에 삼청교육대의 만행이 세상에 알려지기 시작했다. 만일 이적 목사에게 자기가 당한 그 억울한 일을 글로 써야겠다는 간절한 목표가 없었다면 지금 이렇게 건강한 삶을 살지 못할 것이다.

이적 목사는 그런 아픔을 어떻게 치유했는가 하는 청중의 물음에 이렇게 대답했다.

"글쓰기를 통해 암울했던 시대적인 한을 풀어 나갔습니다. 제가 쓴 《삼청교육대 정화 작전》 같은 책이 세상에 공개되지 않았더라면 화병에 견디지 못하고 벌써 불귀의 객이 되었을지도 모르죠. 글쓰기는 모든 것을 극복하게 해 주는 강력한 힘이 됩니다."

진실을
알리기 위해 쓴다

나는 작가라는 말을 좋아하지 않는다. 시나 소설은 그렇다 쳐도 노동 현장을 고발하는 글을 몇 편 썼다고 스스로 자기를 '르뽀 작가'라고 소개하는 이도 있다. 그렇게 자기를 소개하면 왜 그런지 민망하다. 왜 그럴까 생각해 봤다. '작가'라는 말을 들으면 글을 '지어내는 사람'이라는 뜻이 떠오르기 때문이다.

일하는 사람들은 글을 '지어낼' 필요가 없다. 우리 사회 현실을 알리고, 비판하고, 부당함을 고발하는 글을 쓰면 된다. 왜 지금 그런 글을 써야 하는가? 지금 우리 사회가, 천민자본주의 사회이기 때문이다. 아무리 열심히 노력해도 비정규직이 될 수밖에 없는 사회다. 언제든 정리해고로 공장에서 쫓겨나는 신세가 될지 모르는 사회다. 자연은 수구 보수 세력들이 철저하게 망쳐 놨다. 곳곳에 핵 발전소가 있는데도 더 지으려 하고 있고 사대강을 파헤쳐 놓았다. 행복한 삶과 아름다운 자연을 노래할 수 있는 그런 시대가 아니기 때문에 사회 현실을 알리고 비판하고 고발하는, 그런 글을 쓸 수밖에 없다.

조지 오웰은 이렇게 말했다.

어떤 책이든 정치적 편향으로부터 진정으로 자유로울 수 없다. 예술은 정치와 무관해야 한다는 의견 자체가 정치적 태도인 것이다. (…) 평화로운 시대 같았으면 나는 화려하거나 묘사에 치중하는 책을 썼을지 모르며, 내 정치적 성향에 대해서는 거의 모르고서 지냈을지도 모른다. (…)

1936년부터 내가 쓴 심각한 작품은 어느 한 줄이든 직간접적으로 전체주의에 '맞서고' 내가 아는 민주적 사회주의를 '지지하는' 것들이다. 우리 시대 같은 때에 그런 주제를 피해 글을 쓸 수 있다고 생각하는 건 내가 보기엔 난센스다.

조지 오웰, 《나는 왜 쓰는가》

조지 오웰은 "누가 과거를 지배하느냐? 과거의 기억을 틀어쥐고 있는 세력이 현실과 미래를 지배할 것이다"라고 했다. 글을 장악한 세력이 세상을 지배한다는 것이다. 우리를 지배하는 자들은 정보를 독점하고 지배자들의 논리를 퍼뜨린다. 신문과 텔레비전, 학교를 장악해 우리를 세뇌한다. 여태껏 우리가 본 역사는 지배자들이 기록해 놓은 역사일 뿐이다.

진실을 말하지 않고 과거를 기억하지 못하는 역사는 되풀이된다. 우리는 살아가면서 어떻게 살 것인가 하는 문제와 늘 맞닥뜨리게 된다. 그럴 때 나를 돌아보는 일이 필요하다. 나를, 과거를 돌아보면 '지금 알고 있는 것을 그때도 알았더라면' 하는 아쉬움이 떠오를 것이다. 아무리 아쉽고 안타깝고 후회스러워도 그때를 없애거나 바꿀 수는 없다. 과거로 되돌아갈 수도 없다. 그런데 미래에는 지금 오늘도 바로 그때가 된다. 오늘이 다시 그때가 됐을 때 계속 이런 후회를 반복하지 않기 위해서 그때를 기억해야 한다. 과거의 기억을 잊지 않기 위해서 글쓰기가 필요하다.

우리는 전태일 열사를 알고 있다. 전태일은 1970년 스무 살 무렵에 버스비 아낀다고 삼 년 가까이 걸어 다니면서 모은 돈을 가지고 동생 같은 여성 노동자들에게 풀빵과 짜장면을 사 주었다. 초등학교 이학년 다니다가 말고 고등공민학교 일 년쯤 다닌 실력으로 깨알 같은 한자투성이 근로기준법을 공부했다. '바보회'를 만들어서 활동하다 평화시장에서 쫓겨났다. 불쌍한 여공들을 위해서 "나를 버리고 나를 죽이고 가마" 하며 결단을 하고 평화시장으로 돌아와 싸웠다. 1970년 11월 13일, 자기 온몸에 기름을 붓고 "근로기준법을 준수하라, 근로자도 인간이다, 우리는 기계가 아니다" 하고 외치면서 스러져 갔다. 그이의 죽음은 1970년대 민주노조운동을 불붙이는 도화선이 됐다. 이런 전태일의 삶과 투쟁과 정신과 사상을 수많은 사람들이 알 수 있는 것은, 물론 전태일이 그런 삶을 살았기 때문이지만, 조영래 변호사가 쓴 《전태일 평전》 덕분이기도 하다.

과거의 사실이 있더라도 그 사실들을 글로 쓰지 않으면 과거는 점점 사라진다. 누군가가 이런 말을 했다. "글로 남기지 않은 사건은 아무 일도 일어나지 않은 것과 마찬가지다."

글을 써야 하는 까닭 가운데 가장 중요한 것은, 진실을 알리고 사회 부조리를 고발하고 비판하는 것이 아닐까 한다. 그래서 좀더 밝고 따뜻한 사회, 희망이 있는 사회, 적어도 상식이 통하는 사회를 만들기 위해서다. 그런 사회가 되면 치유하기 위해 글을 쓰는 이들도 조금 줄어들지 않을까? 희망이 있는 사회는 상처를 받는 사람도 많지 않을 테니까.

나는 그저
열심히 살았다

나는 지금 월간 〈작은책〉 발행인이자 편집인을 맡고 있다. 〈작은책〉은 1995년에 창간한 책인데 쉽게 쓴 시사 월간지라고 볼 수 있다. "일하는 사람들이 글을 써야 세상이 바뀐다"라는 표어를 달고 있다. 나는 2005년 1월부터 〈작은책〉을 맡아 일하고 있다.

나는 원래 버스 기사였다. 스물일곱 살 때부터 마흔여섯 살까지 이십 년 동안 서울에서 버스를 몰았다. 내 최종 학력은 고등학교 이학년 중퇴다. 그리고 노동 현장을 전전했다.

어린 시절 우리 집은 그 무렵 많은 이들이 그랬듯이 가난했다. 육이오 때 이북에서 내려온 아버지는 변변한 기술이 없어 노동일을 했다. 우리 집은 천막집이었다. 바닥에는 가마니가 깔려 있었고 한쪽 구석에는 솥단지와 그릇들이 있었다.

나는 초등학교 때 선생님들을 무척 무서워했다. 공부를 못했고, 몸이

약해 지각 결석이 잦았기 때문이다. 또 집이 가난해 육성회비를 제때 못 냈고, 촌지도 바치지 못했다. 부모님이 학교에 한 번도 찾아오지 않는 아이를 좋아할 리 없었다.

하루는 지각을 했는데 종아리가 시퍼렇게 멍들 정도로 맞았다. 어머니가 그걸 보고 불쌍한 아이를 이렇게 무지막지하게 때렸다고 우셨다. 다음날이었다. 공부 시간에 아버지가 교실을 찾아왔다. 아버지는 담임 선생님한테 항의를 했다. 왜 이렇게 아이를 때렸냐고.

선생님은 정당한 매였다고 우겼다. 아버지는 거짓말을 했다. 아이 삼촌이 신문 기자인데 신문에 한번 나 봐야 정신 차리겠냐고 따졌다. 그때서야 담임 선생은 사과를 했다. 그때 나는, 내가 가장 무서워하는 선생님도 꼼짝 못하는 기자가 대단한 사람이구나 하고 생각했다. 그렇다고 기자가 되겠다고 언감생심 꿈을 꾸지는 않았다. 지금 생각해 보면, 기자가 되겠다고 했어도 금방 되지도 않았겠지만 자기 양심을 파는 기자가 안 된 것이 얼마나 다행인지 모른다.

나는 초등학교를 나온 뒤 열세 살 나이로 공장을 들어갔다. 흔들의자를 만드는 공장이었는데 나는 거기서 '빼빠'라고 하는 사포로 나무를 반들반들하게 만들고 '락카' 칠을 했다. 지금 아이들을 보면 상상할 수도 없는 일이다. 나는 그 공장에서 여섯 달 정도 일하다 '오야지'가 돈을 떼먹고 도망가는 바람에 그만두게 됐다. 그 무렵 수많은 어린 노동자들이 열악한 노동 환경에 시달렸다. 나보다 두 살 어린 내 여동생도 초등학교를 나와 시다를 거친 뒤 홍은동에서 미싱사 일을 했다. 1970년에 전태일 열사가 근로기준법을 지키라고 하면서 분신을 했지만 내가 그런 걸 알리가 없었다.

신문팔이도 해 보고 이것저것 하면서 이 년을 보내고 '인가' 안 난 고등공민학교를 들어갔다. 그곳을 졸업하고 검정고시 시험을 봐서 한양공고를 들어갔다. 하지만 나는 집안이 어려워 돈을 벌어야 했다. 결국 이 학년 초까지 다니다 그만두게 됐다.

그래도 나는 헛된 희망을 버리지 못했다. 공장을 전전하면서 대입 검정고시를 보려고 학원을 다녔다. 누구나 공부만 열심히 하면 법관도 될 수 있고 의사도 될 수 있다고 믿었다. 학교와 사회에서 주입한, 누구나 열심히만 하면 출세할 수 있다는 헛된 망상을 가지고 있었다. "너 커서 공돌이 될래?" 하는 말을 들으면 정말 영원히 공장에서 일을 하게 될까 봐 걱정됐다. 그때는 이 자본주의 사회에서 90퍼센트는 결국 노동자가 되어야 한다는 사실을 몰랐다. 가난한 집에서 태어난 사람들이 출세하는, 그런 꿈은 노력만으로 이루어지는 게 아니었다. 결국 나는 대학 가는 꿈을 접고 건설 현장에서 노가다 일을 하기 시작했다. 주로 집 짓는 데를 잡부로 따라다니며 일을 했다.

1979년 7월 19일에 군대를 갔다. 내가 훈련소에서 비지땀을 흘리고 있을 무렵, 사회에서는 여러 가지 사건들이 일어났다. 그 가운데 중요한 사건이 'YH무역 여공 농성 사건'이었다. 가발을 만드는 공장인 YH무역 사장이 회사 문을 닫고 다른 나라로 도망을 가자 이 회사 노동자들이 들고일어났다.

YH 노동자들은 당시 제일야당이었던 신민당사에서 농성을 하기에 이른다. 이들이 정당한 요구를 하면서 자본가와 독재정권과 싸우는 일은 세상의 이목을 끌었다. 하지만 나처럼 세상 일에 관심이 없고 군대에 있었던 젊은이들은 전혀 몰랐다. 세상에 알려지는 게 두려웠던 정부는 경찰을 동원해 농성 이틀 만인 1979년 8월 11일 새벽에 농성장에 있는 여성 노동자들을 무차별 폭행했다. 이 과정에서 백여 명이 부상당하고 노조 대의원 김경숙이 죽었다. 경찰은 김경숙 열사가 "작전 개시 삼십 분 전에 스스로 동맥을 끊고 투신 자살했다"고 발표했다. (2008년 3월 진실화해위원회의 재조사 결과 경찰이 김경숙을 죽인 사실이 밝혀졌다.)

그 사건은 김영삼 국회의원 제명 사건으로 이어졌고, 억압당하면서 참고 살았던 시민들이 들고일어났다. '부마항쟁'이었다. 1979년 10월 18일 시위가 걷잡을 수 없이 퍼지자 박정희는 부산에 비상계엄을 선포했다. 나는 그때 논산 훈련소에서 신병 훈련을 마치고 진해에서 후반기 교육을 받고 있었다. 사회에서 무슨 일이 벌어지고 있는지 전혀 알 수가 없었다. 사회에 있었어도 언론 통제 때문에 자세한 내용을 알기 어려웠겠지만.

1979년 10월 26일, 진해에서 후반기 교육을 받고 있었는데 갑자기 비상이 걸렸다. 무슨 일인가 했다. 십팔 년 동안 독재 정치를 하던 박정희가 자기 부하였던 김재규의 총에 맞아 죽었다. 그때까지도 나는 박정희가 훌륭한 사람인 줄 알았다. 박정희가 없으면 당장이라도 이북이 쳐내려오는 줄만 알았다. 하지만 아무 일도 일어나지 않았다.

1979년 말 겨울, 나는 후반기 교육을 마치고 자대를 들어간다. 이게 웬일인가. 그곳은 전두환이 사령관이었던 국군보안사령부였다. 하지만 나는 국군보안사령부가 뭐하는 곳인지도 몰랐고 전두환이 누구인지도 몰랐다. 그저 '끗발 있는 부대'라고만 알고 있었다. 사돈의 팔촌까지도 사상 검증을 한다는 보안부대였다. 내가 왜 이런 부대로 왔지? 그저 뺑뺑이로 걸린 것뿐이었다.

도대체 이 사회가 어떻게 돌아가는지 몰랐다. 부대에 들어오는 신문은 조선일보뿐. 광주에서 수많은 시민들이 들고일어났다고 했다. 조선일보는 빨갱이가 일으킨 폭동이라고 선전했다. 그리고 온통 전두환 찬양 기사만 냈다. 1980년 8월 23일자 조선일보는 '인간 전두환'이라는 기사 제목으로 전면에 전두환 기사를 실었다. '육사의 혼이 키워낸 신념과 의지의 행동', '이해 관계 얽매이지 않고 남에게 주기 좋아하는 성격', '사에 앞서 공, 나보다 국가 앞세워', '자신에게 엄격하고 책임 회피 안 해'라는 제목으로 '전비어천가'를 부르짖었다. 나는 신문에 나오는 기사를 믿을 수밖에 없었다. 설마 신문이 거짓말을 할 줄 누가 알았겠는가.

1982년 군대에서 제대하고 나니 살길이 암담했다. 아버지는 당뇨병으로 고생을 하면서 일을 하지 못했다. 나는 공장을 여기저기 전전했다. 기아자전거 주물공장, 장갑 공장도 다녔는데 얼마 버티지 못했다. 똑같은 작업을 되풀이하는 공장 노동이 적성에 맞지 않았다. 일용직으로 노가다 판을 돌아다녔다. 일은 힘들었지만 건물을 짓는 노동판이 내 적성에 맞았다. 하지만 비가 오는 날이나 겨울엔 일이 없었다. 기술을 배우려고 전기 공사하는 데를 다니기도 했다. 그때 한 달 월급이 칠만 원이었다. 아파트 공사장에서 전등을 매달고 하루 종일 나사를 조이면 손목과 고개가 굳어 움직이지 않았다.

그런 일을 하면서 1982년에 1종보통 운전면허를 땄다. 그리고 인간시장이라는 직업소개소에 오만 원을 내고 운전할 데를 구했다. 처음에는 소독차를 운전하는 부림환경에서 일했다. 그 뒤 벽돌을 나르는 화물차, 화장품 화물차, 우아미 가구점을 전전했다. 가장 어려운 시기였다. 그 무렵 형이 교통사고가 나서 병원에 세 달 동안 입원했다. 치료비가 천만 원이나 나왔는데 돈이 없었다. 방세 250만 원을 빼서 200만 원만 주고 병원에서 도망쳐 나와 버렸다.

그렇게 어려울 때 한 여자를 만나 동거하기 시작했다. 내가 스물여섯 살, 아내가 스물두 살이었다. 아내는, 내가 우아미 가구를 배달하는 화물차를 운전할 때 가구점 옆 페인트 가게 경리였다. 살 집이 없어 일산 근처 논밭에 있는 오십만 원짜리 방에서 부모님과 형 식구들과 동생, 아홉 명이 한 방에서 자면서 살았다.

1984년 첫 아이가 태어났다. 그리고 또 둘째를 뱄을 때 아내에게 아이를 지우라고 했다. 변변한 직업이 없어 먹고살기가 막막했기 때문이었다. 아내도 그렇게 느꼈는지 별다른 말없이 아이를 지웠다. 그 일은 나한테 평생 아픔으로 남아 있다. 그렇게 힘들었지만 좌절하지는 않았다. 열심히 살아야겠다는 생각이 들었다.

시내버스
운전사가 됐다

1985년에 대형면허증을 딴 뒤, 버스 운전사로 취직했다. 그때 내 나이 스물일곱이었다. 대형면허증을 딴 지 다섯 달만이었다. 우이동에 있는 삼화교통을 들어가 333번을 운전했다. 두 살 위 형이 거기서 운전사로 일하고 있었다.

사흘 동안 노선 견습을 했다. 노선 견습은 버스를 타고 다니며 정류장을 익히는 것이었다. 하루는 형이 자기가 운행하는 차를 타고 견습을 나가자고 해서 그 차를 탔다. 형이 서울역 광장을 지나 정류장에 멈춰 세우더니 운전대에서 일어났다.

"건모야, 여기서부터 운전 한번 해 봐."

"어? 어떻게 한 번도 안 해 보고 갑자기 버스 운전을 할 수 있어. 나 자신 없어."

형이 버럭 화를 냈다.

"야, 날 때부터 버스 운전한 사람이 있냐? 손님들이 보고 있으니 빨리 운전대에 앉아."

에라 모르겠다, 뭐 버스가 별거냐 하고 운전대에 앉았다. 몇 정거장을 지나면서 감이 오기 시작했다. 아싸, 이거 재미있는데. 나는 이제야 내 직업을 제대로 찾았나 보다 했다.

교통 여건은 최악이었다. 버스는 부족했고 탈 사람은 너무 많았고 길은 꽉 막혔다. 그 무렵 시내버스는 거의 고물이었다. 엔진이 앞에 달려 있어 운전대 옆이 불룩 튀어나와 있었다. 거기서 나오는 열기로 숨이 막혔다. 여름엔 엉덩이에 땀띠가 나거나, 치질로 고생을 했고, 운전복은 완전히 나일론이라 몸에 척척 휘감겼다. 겨울엔 히터가 시원찮게 나와 손발을 비비며 운전을 해야 했다. 숙소는 냄새가 나서 사람이 잘 데가 아니었다. 이불은 곰팡이가 피고 기름때에 절어 있었다. 버스 운전사가 부족해 잠도 못 자고 이삼일씩 근무를 할 때도 있었다. 그럴 때면 머리가 멍해 정류장도 못 찾을 정도였다. 실제로 두 번이나 정류장이 생각 안 나 헤맨 적도 있었다. 하지만 나는 그것밖에는 할 수 있는 게 아무것도 없었기에 열심히 일했다.

사실 그때 그렇게 일을 하던 사람이 나뿐만은 아니었다. 우리 형도 내 여동생도 초등학교를 졸업하고 공장에서 일했다. 수많은 젊은이들이 대가를 제대로 받지도 못하고 힘든 일을 했다.

1987년, 그럭저럭 버스를 운전한 지 두 해가 가까워 올 무렵이었다. 시내에서 노동자 데모가 날마다 일어났다. 최루탄 연기가 자욱하고 버스

지붕 위로 돌멩이들이 날아다녔다. 신기하게도 돌멩이들은 버스 유리창으로는 날아오지 않았다.

시내버스 노동자들도 파업을 했다. 333번도 하루이틀인가 운행을 멈췄다. 노조가 무엇인지도 모르지만 하여튼 파업을 해야 한다는 생각에 마음이 들떴다. 기사들이 모여 근로 조건이 나쁘니, 연장수당, 야간수당을 받아야 하느니 웅성거리고 있는데 모두 옳은 말인 것 같았다. 나도 몇 마디 떠드니까 형이 가만히 있으라고 윽박질렀다.

"찍히면 일 못 해."

파업은 실패했다. 기사들은 운행을 거부하다 회사에서 협박을 해서 한두 사람씩 나가게 되었고, 결국 모두 운행하게 됐다. 시내에서는 여전히 시민과 학생들이 날마다 데모를 했다.

"호헌 철폐 독재 타도! 호헌 철폐 독재 타도!"

시민과 학생들은 이런 구호를 외치면서 경찰에게 짱돌을 던졌고, 경찰은 최루탄을 쏘면서 시민과 학생들을 몽둥이로 때리고 군홧발로 짓밟았다. '호헌'이란 법을 수호한다는 말. 다시 말해 법을 지키겠다는 말이다. 좋은 말처럼 들리지만 그 법은 체육관에서 대통령을 뽑는 간접선거법으로 악법 중에 악법이었다. 세상에 대통령을 체육관에서 간접선거로 뽑는 나라가 어디 있을까. 그 법을 지키겠다는 건 영원히 독재를 하겠다는 말이었다. 시민들은 그 법을 지키겠다는 '호헌'을 철폐하라는 구호를 외치면서 날마다 데모를 했다.

1987년 6월 29일은 그때까지 내가 본 데모 중에서 가장 큰 데모를 한 날이었다. 서울은 전쟁터나 마찬가지였다. 나는 버스를 운행하다가 데모대에 막혀 서울역 정류장에서 꼼짝 못하고 서 있었다. 내 차엔 손님들이 거의 다 내리고 몇 사람 없었다. 서울역 고가차도 위에도 사람들이 빼곡히 차 있었다. 거리엔 돌맹이들이 뒹굴고 최루탄 가스가 자욱했다. 눈이 매워 뜰 수 없을 정도였다. 서울역 광장에서 대학생들로 보이는 데모대들이 백골단에게 쫓겨 내 차로 몰려왔다. 얼른 문을 열어 주었다. 학생들은 그 급박한 순간에도 꼬박꼬박 회수권을 내고 올라왔다. 백골단이 쫓아오는데 뭐하는 거야?

"빨리 그냥 타!" 뒤이어 백골단들이 쫓아왔지만 얼른 문을 닫아 버려 따라 올라오지 못했다. 백골단들은 차 문을 발로 차고 방망이로 유리창을 두드리며 욕지거리를 해 댔다. 하지만 넥타이 부대라는 시민들까지 합세한 그 데모는 백골단과 전경들이 진압하기엔 무리였다. 다른 데모대가 몰려오면서 백골단들이 도망가 버렸다. 학생들은 또다시 우르르 차에서 내려 구호를 외치면서 갔다.

"호헌 철폐 독재 타도! 호헌 철폐 독재 타도!"

결국 노태우가 6.29 선언으로 항복을 했다. 데모대는 환호성을 질렀다. 그 뒤부터 데모가 약간 수그러들었다. 세상이 변할 줄 알았다. 우리 버스 운전사들도 대우가 조금 나아지나 했다. 월급봉투에 항목이 찍혀 나오기 시작했다. 그 전에는 기본급이 얼마인지 수당이 얼마인지 전혀 찍혀 있지 않았다. 하지만 그밖에 눈에 띄는 변화는 별로 보이지 않았다. 일하는 형편은 전과 다름없었다. 게다가 내가 다니던 333번 삼화교통이

한성이라는 새 회사로 넘어가 버렸다.

나는 사표를 쓰고 홍제동에 있는 161번 삼화교통으로 왔다. 나는 아내와 같이 살 방을 구해야 했다. 그동안 아내가 부업도 하면서 악착같이 살아서 이백만 원을 모을 수 있었다. 그걸로 홍제동에 방을 구하려고 했다. 복덕방에서 보여 주는 개천 옆 방은 너무 허름해 응암동에 주인집과 부엌을 같이 쓰는 방을 하나 구해 살았다.

이 년이 지나 회사 가까운 곳에 방을 구하려고 사백만 원을 모아 다시 홍제동으로 갔다. 복덕방에서 사백만 원짜리 방이라며 이 년 전에 본 개천가 그 집을 보여 주었다. 악착같이 모아도 전세값을 못 따라가고 있었다. 누구한테 속고 있다는 기분이 들었다. 사백만 원짜리 방은 산동네밖에 없었다.

홍제동 산동네에다 허름한 방 하나를 구해서 살다가 돈을 조금 더 모았다. 산 밑으로 이사 오고 싶어 돌아다녀 보니 지하 방밖에 없었다. 노동조합 선거가 한 번 있었지만 그게 우리 사는 것과 무슨 상관이 있는지 몰랐다.

책을
읽기 시작했다

　삼화교통 161번을 운전하면서 동네에 있는 주민 독서실에서 책을 빌려 보기 시작했다. 《쿠바 혁명과 카스트로》라는 책을 봤다. 첫 장에 "막대한 희생을 무릅쓰고서 마침내 승리를 쟁취한 쿠바의 민중들에게 뜨거운 마음으로 이 책을 바친다"고 적혀 있었다. 나는 '쿠바' 하면 공산주의 국가, 아주 나쁜 나라로만 알고 있었다. '카스트로' 하면 우리 이북의 김일성만큼이나 무서운 독재자라고만 알고 있었고, 쿠바는 미국에게 망한 줄 알고 있었다.

　나는 그 책을 보고 엄청난 충격을 받았다. 그 책은 나를 어둠 속에서 처음으로 끌어낸 책이었고 세상의 다른 한 편을 볼 수 있게 만든 책이었다. 스페인이 아메리카 원주민을 죽이면서 쿠바를 지배하는 과정이 나오고, 스페인을 몰아내는 전쟁을 수십 년 치른 뒤에는 미국이 들어와 지배하는 과정이 나와 있었다. 나는 그걸 보면서 '우리 나라하고 어떻게 이렇게 비슷하지?' 하는 생각이 들었다. 우리 나라도 일본 식민지에서 해방된 뒤 미국이 들어와 점령한 게 아닐까 하고 생각했다. 쿠바에서는 피델 카스트로와 체 게바라가 미국이 지원하는 바티스타 독재 정권을 무너뜨리고 미국마저 쫓아냈다. 내가 속고 살았을지도 모른다는 생각이 들었다. 알고 싶은 게 너무 많아서 버스 운전을 하면서 책을 보았다.

《태백산맥》,《남미의 혁명가 체 게바라》,《찢겨진 산하》,《거꾸로 읽는 세계사》,《거꾸로 읽는 한국사》,《노동의 새벽》,《새는 좌우의 날개로 난다》 같은 책을 봤다. 세상에, 이렇게 감쪽같이 속고 살았다니. 박정희는 독립군 때려잡던 일본 관동군 소좌였다. 5.16혁명이 아니라 쿠데타였다. 이승만이 건국의 아버지인 줄로 굳게 믿었는데 친일파를 등에 업고 단독정부를 세운 '망국의 아버지'였다. 나는 그동안 감쪽같이 속고 살았다는 걸 깨달았다. 그때서야 내가 군에 있을 때 부대 사령관이던 전두환이 쿠바의 바티스타 같은 독재자였다는 걸 알았다. 우리 우방이며 혈맹이라고 굳게 믿었던 미국이, 온 세계를 점령하고 무기를 팔아먹고 남의 나라 민중을 무차별로 죽이고 있다는 사실을 알았다.

어느 날 내가 받는 월급을 계산해 보려고 하니 셈이 되지 않았다. 월급 계산하는 게 왜 이렇게 복잡해? 노동조합에서는 알려 주지 않고 구박만 했다. 서울운수노동자협의회라는 노동운동 단체를 찾아 임금계산법을 배웠다.

버스 기사들의 임금을 계산하려면 근로기준법, 단체협약을 알아야 했다. 근로기준법 책을 사 보고 단체협약을 공부했다. 연장근로수당이라는 항목도 그때야 알았다. 그제서야 생각이 났다. 전에 우이동 333번에서 일할 때 연장근로수당을 찾는다고 기사들이 떠들어 월급봉투에 몇 푼 더 나왔던 것을. 그 당시 한참 말이 많던 통상임금이 뭔지도 알았다. 통상임금은 기본급에다 정기로 지급되는 근속수당, 승무수당, 식대와 교통비를 합한 임금을 말하는데, 월차수당이니 야간근로수당이니 하는 수당을 계산할 때 기본이 되는 임금이다. 그런데 시내버스 사업조합과 서울버스지부가 '기본급(통상임금)'이라고 요상하게 협약을 맺어 놓고 기본급은 곧 통상임금이라고 우기며 통상임금으로 계산해 주어야 할 수당을 기본급으로 계산해 지급해 왔다. 계산해 보니까 삼 년 동안 못 받은 돈이 이백만 원이 넘었다. 임금 시효가 삼 년이었다. 서울에서만 시내버스 기사가 이만 명쯤 되니 그게 얼마나 큰돈인가.

버스 회사가 기사들 임금을 떼어먹는 방법이 한두 가지가 아니었다. 1987년에는 연장근로수당을 오랫동안 떼어먹은 것이 들통 나 기사들이 들고일어나니 못 이기는 척하면서 떡값 이름으로 얼마씩 주기도 했다. '통상임금은 곧 기본급'이라고 정해 놓고 임금 계산을 하고, 월차는 적치하지 않고 곧바로 수당으로 주어 휴가권을 없애 버리기도 한다.

버스 기사들은 하루에 아홉 시간 일한다. 여덟 시간은 기본근로, 한 시간은 연장근로인데 이른바 '따블'이라는 이름으로 하루 종일 일하면 열여덟 시간을 일하게 된다. 여덟 시간은 기본급으로 하고 나머지 열 시간은 연장근로로 계산해야 하는데, 사업주들은 열여섯 시간을 기본급으로, 나머지 두 시간을 연장근로로 계산했다. 기사들 임금을 착취한 것이다.

사업주들은 근속수당도 떼어먹었다. 근속수당은 회사에 들어온 날부터 해마다 올라야 하는 게 원칙이다. 하지만 1987년까지 근속수당을 주지 않았다. 그게 들통이 나 주기 시작했는데, 아무리 오래된 기사들도 1987년에 입사한 것으로 해서 계산하는 것이다. 그러면서 사업주는 임금협상에서 다른 수당을 없애 그 손해를 때워 왔다. 나는 그때만 해도 관심이 없어 잘 생각나지 않지만 승무수당이라는 것도 있었는데 그것도 언제인지 슬그머니 없어져 버리고 말았다.

1997년 2월 당시 버스 기사들 기본급은 648,576원밖에 되지 않았다. 거기다 교통비니 근속수당이니 무사고수당, 연장근로수당, 여러 가지 수당을 합쳐야 월 백만 원이 조금 넘었다. 회사에서 시내버스 뒤 유리창에 월급 150만 원이라고 붙여 놓았지만, 150만 원이 되려면 휴일에도 일을 해서 휴일근무수당에다 상여금에다, 또 퇴직하고 받을 퇴직금까지 다 합쳐야 했다. 하기는 상여금도 퇴직금도 임금이라고 하면 할 말은 없지. 하지만 빠진 게 있다. 버스 기사들은 빡빡한 운행 시간 때문에 사고가 나거나 딱지를 떼기도 해서 일 년에 한두 번 정지를 먹을 때가 있는데, 그런 '손실임금'은 아예 계산에 넣지도 않는다.

기사들이 회사에서 먹는 밥도 문제가 많았다. 기사들이 흔히 개밥이나 짬밥이라고 하는데 그럴 만했다. 그때까지만 해도 밥값은 천 원이었다. 그나마 버스 회사 거의가 월급봉투에 그 밥값이 찍혀 나오지 않는다. 그게 찍혀 나오면 퇴직금 계산할 때 많아지기 때문이다.

복지는 어땠는가. 노사가 맺은 단체협약대로라면 기숙사, 휴게실, 양

호실 따위 여덟 가지 복지 시설이 있어야 하는데, 시내버스 회사 어디에도 그런 복지 시설이 있는 곳이 없었다. 지금도 버스 업계엔 그런 복지 시설이 별로 없다.

기사들은 그런 환경에 반발하기가 쉽지 않다. 회사에 찍히면 지각이나 사고를 핑계로 일을 주지 않기 때문이다. 법으로 싸우려면 이삼 년 노동 일이라도 하면서 버텨야 하는데, 우선 먹고살기 힘들어 못 버티고 스스로 나가게 된다. 또 소송을 걸면 다른 곳에 취직하기가 힘들다. 그 때문에 기사들은 법정까지 갈 생각을 아예 하지 못하는 경우가 많다.

주면 주는 대로 받고 일만 하던 나는 이런 사실들을 다 알고 난 뒤부터는 회사에 내 권리들을 요구하기 시작했다.

권리를 찾으려고
회사와 싸웠다

　1990년 초반에, 나는 먼저 '기본급은 통상임금'이라고 맺은 잘못된 단체협약 때문에 못 받은 통상임금을 달라고 소송을 걸었다. 지난 삼 년 동안 받은 임금을 계산해 보니, 못 받은 통상임금이 이백만 원쯤이었다. 받지 못한 임금을 되돌려 받을 수 있는 '임금 시효'는 삼 년뿐이라 우선 그걸 달라고 요구했다. 변호사 없이 소송을 하려니 소장을 내가 직접 써야 했다. 남이 쓴 소장을 참고삼아 글을 썼다. 글을 제대로 써 본 건 아마 그때가 처음이었던 것 같다.

　변호사도 없이 법원에 들락거리면서 누가 우리 편이고 누가 적인지 분명히 알게 됐다. 그리고 '회사를 내 집처럼, 근로자를 가족처럼'이라는 번드르르한 말 뒤에 온갖 방법으로 우리 임금을, 권리를 떼어먹는 이들이 있다는 것을 알게 됐다. 또한 법이 우리처럼 없는 사람들을 위해 있는 게 아니란 것도 알았다. 일심과 이심, 모두 패소하고 대법원까지 올라갔지만 법원 판결문은 오지 않았다. 그때 담당 판사가 이회창이었다. 이런 판사를 '대쪽 판사'라고 불렀으니 참 어처구니가 없다.

내 권리를 찾기 위하여 회사와 싸우기 시작했다. 다음은 '휴가 찾아 먹기'였다. 시내버스 단체협약에 월차, 연차가 있었는데 회사는 휴가를 주지 않았다. 열심히 일만 하던 내가 휴가를 요구하니 회사는 나를 탄압하기 시작했다. 십 분 지각했다고 배차를 빼서 만근을 깨지 않나 조그만 사고 났다고 징계위원회 올리지 않나, 온갖 방법으로 괴롭혔다.

삼화교통에 들어간 지 칠 년이 넘었을 때 회사가 삼화상운으로 넘어갔다. 삼화상운이 삼화교통을 살 때 기사들에게 먼저 사표를 받는 조건을 내걸었다. 일단 사표를 쓰면 다시 입사를 시켜 준다는 것이었다. 본래는 회사가 넘어가면 기사들까지 같이 넘어가는 '고용승계'를 원칙으로 해야 한다. 근속수당을 없애고 햇수 차는 기사들 퇴직금을 떼어먹자는 수작이었다.

겉으로는 회사가 끼어들지 않고 어용 노조가 뭘 받아먹었는지 사표를 받았다. 나는 인쇄물을 만들어 돌리고 사람들을 모아 절대 사표를 쓰지 말자고 설득했다. 회사에 고용승계를 해 달라고 요구했다. 회사는 한 사람씩 불러 꼬드기더니 다섯 사람이 남자 나에게 해고 통보서를 보냈다. 그걸 보더니 나머지 사람들도 사표를 써 주고 말았다. 우리 기사들은 뿔뿔이 흩어졌다.

1993년에, 서울 동해운수에 입사했다. 누가 받아줄 것 같지 않아 고민만 하고 있다가 고양시 원당에 있던 동해운수를 찾아갔다. 사무실에 들어가 입사를 하고 싶다니까 과장이 대뜸 다른 곳에서 조합 일에 관여하지 않았느냐고 물었다. 시내버스 사업주들한테는 그게 가장 중요한가 보다. 나는 그런 거 모른다고 오리발을 내밀었다. 과장이 전에 있던 회사에 전화로 조회한다고 했다. '까짓것 안 되면 말지 뭐.' 생각했지만 가슴이 두근두근했다. 틀렸나 보다 생각하는데 과장이 들어오라더니 내일부터 노선 견습을 하라면서 건강진단을 받으란다. 그때까지도 삼화교통 본사에 사표를 안 써 주고 해고무효소송을 건다고 했는데, 삼화교통에서 좋게 말해 주었을까? 내가 취직이 되면 삼화교통으로 소송이 안 들어올까 생각했는지도 모르지.

동해운수는 영업소가 모두 경기도에 있었지만 본사는 서울에 있어서 서울 관할 버스였다. 버스 회사가 서울 버스냐 경기 버스냐 하는 차이는 크다. 왜냐하면 임금과 노동 조건이 전혀 다르기 때문이다. 경기 버스는 임금이 서울 버스 임금의 3분의 2 정도밖에 되지 않았다. 게다가 휴무일도 적었다. 그렇다고 서울 버스가 노동 조건이 좋다는 이야기는 아니다. 빡빡한 운행 시간에 28일 일해서 월급이 130만 원 정도밖에 되지 않았다. 기사들이 쉴 수 있는 휴게소 하나 없었고, 기숙사는 컨테이너 박스였다.

와서 일을 해 보니 동해운수는 더 개판이었다. 숙소에 쥐가 돌아다니고, 월차 적치도 안 해 줘 월차 휴가도 갈 수가 없었다. 운행 시간이 너무 빡빡해 밥 먹고 오줌 눌 시간도 없었다. 단체협약은 있으나마나고 관리자들은 기사들에게 반말로 대했다. 그래도 여기에서는 조금 참아 보려고 했다. 마누라가 너무 고생하는 게 안타까웠다. 참고 조용히 일만 하자고 생각하면서 일하고 있었다. 그런데 조그만 사건이 또 터졌다.

원당 영업소로 발령이 나서 거기서 일하고 있을 때였다. 기사들이 '가다 브레이크가 들었다'고 하는데, 브레이크가 한쪽이 밀리는 바람에 앞 승용차를 받는 접촉 사고가 났다. 차 뒤 범퍼에 상처만 난 조그만 사고였는데 회사에서 배차를 빼고 일을 주지 않았다. 운전사가 조그만 사고를 냈다고 일을 주지 말란 법은 없었다. 과장에게 왜 일을 주지 않느냐고 따졌다. 그때까지도 감히 과장에게 항의한 기사가 없었다. 회사에 찍혀 버렸다. 회사는 나를 집하고 멀리 떨어진 화전 영업소로 발령을 내렸다.

나는 "원당으로 발령받은 게 언제라고 금방 또 화전으로 가서 일을 하라고 하는 거요?" 하고 또 항의를 했다. 회사는 내 이름표를 화전에다 걸어 놓고 거기서 일을 안 하면 무단 결근이라고 주장했다. 그걸 무시하고 원당으로 출근했다. 해고당할 걸 걱정한 선배 기사 하나가 나를 말렸다.

"야, 건모야, 싸우더라도 링 위에서 싸워야 해."

그래, 여기서 해고되면 오랫동안 일을 못하겠지. 마누라 얼굴이 떠올랐다. 결국 화전 영업소로 쫓겨났다.

노보를
처음 냈다

 나는 또다시 회사의 불합리한 대우에 맞서기 시작했다. 글을 써서 동료 기사들과 시민들에게 시내버스 실정을 고발하고 싶었다. 나는 화전 영업소에서 일하면서 동해운수 노보를 창간했다.

 그 무렵 완전 어용이던 노조 조합장이 선거에서 떨어지고 약간 진보 성향이 있는 조합장이 당선된 뒤였기 때문에 노보를 낼 수 있었다. 시내버스에서 둘째로 생긴 노보였다. 첫째는 삼양교통에서 나왔는데 그때는 벌써 없어져 버린 뒤였고 우리 동해운수에서 나오는 노보뿐이었다. 노보는 조합원들 의식을 깨우치는 중요한 무기가 되기 때문에 사업주들이나 어용 노조들이 가장 싫어한다. 지금도 버스 현장에서는 정기로 발행되는 노보가 하나도 없다.

 노보를 창간하고 글다운 글을 처음 써 봤다. 회사 전무가 기사를 상대로 교육을 했는데 기사가 운전하다가 사고가 나면 기사가 물어야 한다는 내용이었다. 나는 단체협약에 회사가 물어 주게 되어 있다고 반박했다. 문장은 엉망이었지만 버스 기사들은 아주 통쾌해했다. 물론 이름은 밝히지 않았지만 회사에서는 내가 쓴 글이라는 걸 알았다.

무슨 무슨 교육이라고 해서 참석을 하였다. 들어온 지 얼마 안 되는 졸병 운전사가 참석하지 않는다면 어떤 불이익을 받을지 모르기에……. (…) 전무님이 두어 시간 하신 교육 내용 중에서 가장 인상깊은 내용은 구상권에 관한 것이었다. 말인즉슨 민법에 구상권이라는 것이 있어 기사가 사고가 나면 기사에게 구상권을 청구할 수 있다고 하면서 버스에서 내리는 손님을 오토바이가 치는 사고를 세 건이나 냈는데, 회사에서 기사에게 구상권을 청구하면 기사가 물어야 하는데 인정상, 도의상 청구를 안 하고 있는 것을 우리 기사들이 잘 모른다는 것이었다.

듣는 사람이 무식해서 그런가, 인정상, 도의상 구상권 청구를 안 한다니 인정이 있고 도의가 있다면, 우리 노동자들과 철석같이 맺은 노사간 단체협약에 구상권을 청구할 수 없다고 못이 박혀 있는데, 민법이 상위법이라는 온당치 않은 논리로 단체협약을 무시해 버리는 건지 아니면 단체협약에 그런 내용이 있는지조차 모르고 하는 말인지 도대체 알 수가 없었다.

어느 조합원이, 〈보수교육 유감〉

이 글이 나오고 난 뒤 회사 분위기는 찬바람 부는 시베리아 벌판 같았다. 감히 이런 글을 버스 기사가 쓰리라고는 생각도 못할 시절이었다. 전무는 기사를 해고할 수 있는 권력을 가진 사람이었다. 그런데 회사에서는 이 글을 내가 쓴 거라고 짐작했겠지만 아무 반박을 하지 못했다.

나는 글이 말보다 힘이 있다는 걸 어렴풋이나마 느꼈다. 말로 그렇게 항의를 했더라면 어떻게 됐을까? 바로 해고당했을지도 모를 일이었다. 회사에서는 나한테 대놓고 이야기 한마디도 못 하고 조합 노보가 못 나오도록 압력을 넣었다. 의식이 곧지 못했던 조합장도 금방 어용으로 돌아서 버려 도와주지 않았고 버스 기사들은 회사에 찍힐까 봐 도와주지 않았다. 무엇보다 나는 노보를 발행할 돈이 없었다. 결국 그 노보는 두 번 나온 뒤 나오지 못했다.

그 일이 있고 난 뒤, 회사에서는 날 쫓아낼 꼬투리를 잡으려고 눈에 불을 켰다. 살얼음판을 걷듯이 일했다. 그렇게 조심하다 지각을 해서 열흘 정지도 먹었다. 그 당시 회사에서는 월차 휴가를 그냥 임금으로 지급하고 휴가를 주지 않았다. 나 혼자 월차를 휴가로 써 먹었는데 회사에서는 다른 기사에게는 휴일에도 연장근로 근무를 넣었지만 나에게는 휴일에 근무를 넣지 않아 한 번도 휴일에 일을 하지 못했다. 그러면 휴일근로수당이 없어 임금에서 차이가 많이 난다.

아내는 동해운수에 와서도 그런다고 좀 조용히 살자고 애원했다. 아내에게는 미안하지만 내 권리를 알고 있는 한 조용히 일만 할 수는 없었다. 조용히 일만 하면 사업주는 노동자를 인간 취급하지 않고 무시하고 권리를 빼앗는다. 회사에서 찍히고, 어용 노조에서 제명당했다. 의심할 것도 없이 회사와 어용 분회장이 짜고 나를 제명시킨 것이었다.

시내버스 파업은
쇼였다

버스 기사들의 열악한 노동조건은 참을 수 있었다. 참을 수 없는 건, 그렇게 열악하게 일하면서 대우도 못 받고 무엇보다 시민들한테까지 욕을 먹고 살아간다는 것이었다. 1990년대에는 서울 시내버스가 파업하는 게 연례 행사였는데 그건 버스 노동자들이 한 게 아니라 버스 사업주, 정부, 어용 노조가 짜고 친 고스톱이었다. 서울버스지부(현재 서울버스노동조합)는 기사들에게 어용이라고 욕을 먹으면서, 해마다 파업을 무기로 쇼를 해 왔다. (지금도 그렇다.)

어용 노동조합과 회사가 임금과 단체협약을 맺을 때가 되면 회사는 늘 적자를 핑계로 대면서 터무니없는 조건을 내세운다. 그러면 어용 노동조합은 파업하겠다고 경고하고 실제로 파업 찬반 투표를 한다. 회사는 밑질 게 없다. 파업을 시작하면 회사는 은근히 부추기고 도와주기까지 한다. 기사들이 파업하는 걸 무시하고 일을 나가려고 하면 아예 회사 관리자가 나와서 차를 세울 때도 있다. 하지만 결론은 늘 '파업 직전 극적 타결'이었다. 시내버스 요금을 올리기 위해서다. 그리고 버스 노동자들의 임금도 쥐꼬리만큼 올려 주었다. 대신에 상여금 조항 같은 걸 고쳐 노동 조건을 더 열악하게 만들었다.

　원래 파업은 노조 집행부가 하는 게 아니라 조합원들이 하는 것이다. 그런데 조합원들한테는 노동교육 한 번 안 하고 홍보 한 번 하지 않았다. 노보를 만들어 의식을 깨우치지는 않고 오히려 방해만 했다. 그러다가 해마다 '극적 타결'로 끝을 맺었다. 시민들은 그런 걸 모르고 파업을 한다는 기사가 나오면 우선 버스 기사를 욕했다. 언론에서 "난폭 운전하는 버스 기사가 웬 파업?" 하고 버스 기사를 조롱하는 기사를 내보내기 때문이었다. 나는 그런 글들을 보고 글을 쓸 수 있으면 좋겠다고 생각했다. 내가 글을 쓸 수 있다면 시내버스 파업이 버스 기사가 하는 게 아니라는 사실을 알리고 그 사정을 낱낱이 까발릴 수 있을 텐데 하고 안타까워했다. 하지만 나는 그때까지도 글을 쓰지 못했다.

일하는 사람들의 글모음
월간 〈작은책〉

어느 날, 한겨레신문에서 아주 조그만 쪽 광고 하나를 발견했다.

'일하는 사람들의 글모음' 월간 〈작은책〉. 일 년 구독료 만 원. 광고에는 "일하는 사람들이 글을 써야 한다"고 나와 있었다. '일하는 사람들이 글을 써?' '일하는 사람들이 무슨 글을 써?' 나는 그 말에 긴가민가하면서도 책값이 싸서 신청했다. 한 권에 천 원, 일 년 구독료 만 원이었다. 만원이면 기사들하고 술 한 번 안 먹으면 되는 값이다. 〈작은책〉은 1995년에 창간한 책인데 나는 지난 창간호까지 신청을 했다.

며칠 뒤 〈작은책〉이 집으로 왔다. 이런 책도 있구나. 신기했다. 수첩보다 조금 크고 한 십 분이면 다 볼 만하다 싶을 정도로 얇았다. 게다가 책가운데를 호치키스로 찍어서 접은 책이었다. 책 표지에 나온 부제는 '일하는 사람들의 글모음'이었다. 일하는 사람들이 글을 쓴다고?

그 책을 보고 《쿠바와 카스트로》를 봤을 때처럼 놀랐고 감동을 받았다. 노동자들이 투박한 말투로 쓴 일터 이야기, 눈물이 울컥 나는 글들이 실려 있었다. 그 글 속에서 내 이야기들을 보았다. 나처럼 열세 살 때부터 공장에서 일했던 박영숙 씨가 살아온 이야기도 실려 있었다. 지어내거나 꾸민 글이 아니었다. 나도 그런 글을 써 보고 싶었다. 버스 운전을 하면서 힘들었던 일들을 글로 써 보고 싶은 마음이 늘 있었는데 이 정도는 나도 쓸 수 있겠다는 자신이 들었다.

낮에는 시계 공장에 밤에는 야학에 그럭저럭 잘 다니고 있는데 어느 날 공장에서 인원감축이라고 회사에 나오지 말라고 했다. 첫 해고였다. 해고인지도 모른 채 해고 수당도 못 받고 일 년이 안 되어 퇴직금도 받지 못한 채 그냥 나가라니까 나왔다. 아마 회사에서 내가 어리니까 문제 제기를 안 할 거라고 생각을 했고 나 또한 그러려니 했다.

그러다가 야학 언니 소개로 약수동에 있는 보세수출 공장으로 옮겼다. 그 공장은 솜잠바를 만드는 곳이었다. 그 공장 화장실은 너무 무서웠다. 쥐가 사람을 보고 도망가지도 않고 눈을 부릅뜨고 내게 덤비면 나는 발로 겁을 주다 내가 참고 말지 하면서 화장실을 못 간 적도 많다.

박영숙, 〈꽃다운 여성 노동자의 운명〉

〈작은책〉에는 '노동자 글쓰기 어떻게 할까? ─ 일하는 사람이 글을 써야 한다'라는 꼭지도 있었다. 내 마음을 확 잡아끌었다. 딱 두 쪽 되는 짧은 글이었다. 글 쓰는 방법이구나! 신난다. 이런 책이 있었다니. 글쓴이는 이오덕이었다. 나는 그때 이오덕이라는 이름을 처음 들었다. 옆에 괄호로 아동문학가라는 설명이 있었다. 그 글이 정말 마음에 들었다.

노동자들도 글을 써야 한다고 말하면 세상의 글쟁이들은 거의 모두 비웃을 거 같다.

"뭐, 노동자가 글을 써? 모든 게 전문으로 돼 가는 세상에 일꾼들은 일만 할 것이지, 임금 올려라, 일하는 시간 줄여라 하여 농성하고 데모하고 하더니 이제는 글까지 쓰겠다고? 참 별꼴 다 보겠네."

그러니 이런 따위 말에 일일이 대답할 것도 없겠다.

노동자가 써야 할 글을 생각하니 여러 가지 문제가 떠오르는데, 그중 중요한 것 세 가지만 들어 보자.

첫째, 왜 써야 하나?
둘째, 어떤 글을 쓰나?
셋째, 써서는 어떻게 하는가?

첫째, 왜 쓰나?

사실 이런 물음은 필요가 없다. 쓰지 않을 수 없어서, 어쩔 수 없이 쓰는 글이어야 하겠는데, 왜 써야 하나 하고 그 까닭을 알아서 쓴다면 좋은 글이 나올 수 없기 때문이다. 그러나 쓰지 않을 수 없어 쓰는 까닭을 스스로 물어 확인할 필요는 있다. 왜 쓰는가? 한마디로 진실을 말하기 위해서다. 노동자들이 겪고 있는 그 소중한 삶의 세계, 마음의 세계를 보여 주기 위해서다. 그래서 그 삶을 지키고, '말'을 지키고, 겨레의 생명을 지키기 위해서다.

일하지 않는 사람은 밥을 먹지 말라는 말이 있다. 나는 일하지 않는 사람은 글도 쓰지 말라고 말하고 싶다. 방 안에 앉아 밤낮 글만 쓰고 있는 사람이 쓴 글이 무엇을 얘기하고 무엇을 보여 주겠는가? 지금 우리 사회는 온갖 글이 온갖 인쇄물에 실려 나와 엄청난 글 공해를 일으키고 있다. 정작 말을 하고 글을 써야 할 사람들은 일만 하다 보니 쓸 틈도 없고, 또 스스로 무식하다는 열등감에 빠져 글을 못 쓴다. 이래서 사회가 죽어 가고 있는 것이다.

둘째, 어떤 글을 쓰나?

노동자들이 쓰는 글은 긴 소설 같은 글이 아니고 짧은 이야기 글이 적당하다. 이 이야기는 어떤 사건일 수도 있고, 모두가 잘 알고 있는 어떤 일에 대한 생각이나 주장을 쓴 것일 수도 있다. 어쨌든 노동자들은 이른바 문인들이 쓰고 있는 소설이나 수필이나 시를 흉내 내려고 하지 말아야 한다. 노동자들이 쓴 글은 소설이니 동화니 수필이니 하는 따위 이름을 붙일 필요가 없다. 그냥 이야기다. 굳이 글의 종류를 자세하게 밝힌다면 생활 이야기, 겪은 이야기, 들은 이야기, 일기, 편지……. 이렇게 되겠다.

나는 일하는 사람들이 쓴 이런 이야기 글이 문학이라고 쓴 작품보다 더 가치가 있다고 생각한다. 그 까닭은 신춘문예보다 노동자나 일하는 어머니들이 쓴 살아온 이야기가 훨씬 더 감동을 주고 재미있게 읽히기 때문이다.

셋째, 쓴 것을 잘 보관해 두면 뒷날 한 역사로 남을 것이다. 옛날에는 임금들이 역사를 기록하도록 했지만 이제는 노동자들이 역사를 기록해야 한다.

끝으로 노동자들에게 나는 다음 세 가지를 묻고 싶다.

첫째, 노동에 대한 믿음을 가지고 있는가?

둘째, 무식한 사람들이 하는 말, 그 말이 진짜 우리 말이다. 우리 말에 대한 믿음이 있는가?

셋째, 세상을 바르게 살아가려는 결심이 서 있는가?

그렇다면 글을 쓸 것이다. 글이 역사를 만들어 가는 세상이니까.

이오덕, 〈일하는 사람이 글을 써야 한다〉, 작은책 1995년 5월호

이런 글은 처음 봤다. 너무 명확했다. "일하지 않는 사람은 글도 쓰지 말라"는 말에서 충격을 받았다. "정작 말을 하고 글을 써야 할 사람들은 일만 하다 보니 쓸 틈도 없고, 또 스스로 무식하다는 열등감에 빠져 글을 못 쓴다"고 한 말에 정말 공감이 갔다. 내가 그랬구나. 나는 무식해서 글을 못 쓸 거라는 열등감에 빠져 있었어. 글은 우리 같은 사람이 써야 하는 건데 말이야.

〈작은책〉에는 또 이런 광고가 실려 있었다.

"작은책은 노동하는 사람들이 겪은 억울한 일을 담습니다."

그런데 정말로 글을 쓸 용기를 갖게 한 것은 이런 말이었다.

"작은책은 노동하는 사람들이 쓴 솔직한 글이면 철자법이나 띄어쓰기가 틀려도 정성스럽게 읽고 살펴서 담습니다."

용기가 생겨 글을 한 편 보냈다. 그 글이 〈작은책〉 1996년 4월호에 실렸다. 작가가 된 기분이었다.

(…) 왜 이렇게 일하는 게 힘이 들까. 왜 잠을 서너 시간 자며 따블을 타도 생활이 나아지지 않을까. 왜 사고를 내면서 딱지를 떼면서까지 신호위반 또는 과속, 난폭 운전을 할까. 우리 버스 운전사들은 원래 그런 사람들일까. 아니었습니다. 그건 사업주들의 욕심 때문이었습니다. 우리 운전사들은 봉이었습니다.

사업주들은 임금 떼어먹는 도사였고 부려먹는 데 귀신이었습니다. 연장 근로수당 떼어먹고, 기본급을 통상임금이라 우기며 떼어먹고, 따블 수당 떼어먹고, 사고 나면 운전사한테 부담시키고, 일 년쯤 될까 말까 하는 운전사 퇴직금 주지 않으려고 트집 잡아 권고 사직시키고, 사고 나면 회사에서 물어야 할 벌금까지 운전사보고 내라고 하고, 눈알이 팽팽 돌아갈 정도로 뺑뺑이를 돌리고(운행 횟수가 많이 나오게) 식사 시간은 단체협약에 삼십 분을 주고 있지만 어림없어요. 앞차와 간격이 많이 벌어지면 먹지도 못하고 나가는 경우도 숱합니다.(십 년 전이나 지금이나 별반 차이 없어요.) 십 년 전과 견주어 보면 차가 얼마나 많이 늘었습니까? 그때 탕수(운행 횟수)가 지금까지도 그대로 내려오고 있는 곳도 있어요. 줄어봤자 한 탕이나 줄었을까.

노조는 무얼 하느냐고요? 이승만이 만들어 놓은 관변 단체인 저 위의 대한노총에 뿌리를 둔 한국노총, 그 밑에 전국자동차노동조합 연맹, 그 밑에 서울버스 지부, 그 밑의 노동조합 분회, 이렇게 되어 있는데 조합비를 임금 총액의 2퍼센트씩이나 떼어가면서 자기네들 사리사욕만 채우기에 바빴고 우리 노동자들의 비참한 현실을 외면했습니다. 한 가지 예를 들어 볼까요. 1992년도에 제가 버스 회사를 상대로 소송을 건 적이 있어요.(당시 6대 도시

60명이 소송을 걸었음) 기본급 외에 고정적으로 지급되는 승무수당, 근속수당, 식대 및 교통비는 통상임금에 포함되어야 한다는 소송을 걸었는데 회사에서 징계를 먹이는 건 보통 써먹는 수법이니 당연하다고 생각되지만(오죽하면) 정작 도와주어야 할 조합에선 저를 제명시켰고 지부에서는 지부 신문에 그것이 과연 통상임금에 속하는가 라며 조합원들을 현혹시키고 은근히 회사 편을 들었습니다.(1992년 11월 8일자 한겨레신문 참조, 또는 전후 동아일보, 한겨레신문 독자투고란) 결국엔 졌지만 저는 지금도 도저히 납득할 수 없습니다. 왜냐구요? 택시는 지금도 근속 수당이니 식대니 하는 것을 통상임금으로 받고 있거든요. 왜 같은 나라에서 법이 달라야 하는지. (…)

〈요즘 시내버스 어떻습니까?〉, 작은책 1996년 4월호

그런데 〈작은책〉에 실린 글은 내가 보낸 글보다 짧았다. 편집부에서 쓸데없는 곳을 줄인 것이다. 내가 보낸 글은 A4용지로 석 장이 넘었는데 한 장 정도로 줄인 듯했다. 내가 보낸 글과 〈작은책〉에 실린 글을 보면서 어디서 글을 줄였을까 견줘 보았다. 처음으로 글 공부를 한 것이다.

이 글이 실리고 나서 나는 글쓰기에 조금 자신감이 들었다. 글을 지어 내지 않고 있던 일을 쓴다면 못 쓸 것도 없었다. 더구나 버스 운전 일은 내가 전문 아닌가. 시내버스 사정을 알리는 글은 자신이 있었다. 더구나 회사 편만 드는 어용 노조의 문제점을 깨닫고 한참 활동하는 중이었다. 근로기준법 책을 갖고 다니면서 배우고, 시내버스 단체협약도 달달달 외울 때였다. 하지만 실제로 글을 쓰려니 쉬운 일이 아니었다.

글쓰기
모 임

〈작은책〉 1996년 4월호에 내 글이 한 번 실리고, 얼마 뒤 전화가 왔다. 작은책에서 글쓰기 모임을 만들려고 하는데 참석할 수 있냐는 거였다. 어이구, 평생 노동만 했던 내가 무슨 글쓰기 모임을 하나. 그때만 해도 여전히 나는 글은 지식인만 쓰는 줄로 알았다. 몇 번 사양을 하다 그래, 한번 가 보자 하고 나갔다. 〈작은책〉 사무실은 합정동에 있었다.

거기서 이오덕 선생님을 처음 만났다. 그리고 〈작은책〉 편집장을 하고 있던 강순옥 씨, 현대중공업 이재관, 또 〈작은책〉에 '살아온 이야기'를 연재했던 박영숙 씨 말고도 몇몇이 더 있었다.(내 기억이 맞나 모르겠다.) 모임에 나온 이들은 노동자들이 현장에서 쓰는 말투로 이야기를 했다. 난 글을 쓰는 사람들은 좀 고상하고 점잖고 잘난 체하는 사람들인 줄만 알았다. 이 사람들은 내가 봤던 지식인들과는 좀 다르다고 생각했다. 이오덕 선생님이 '글은 일하는 사람이 써야 한다'는 주제로 삼십 분쯤 말씀하셨다.

다음달부터 숙제로 글 한 편씩 써 오라고 했다. 사실 글 한 번 써서 〈작은책〉에 실리긴 했지만 글을 어떻게 써야 할지 막막했다. 먼저 글감이 문제였다. 뭘 쓸 거리가 있나? 아무리 생각해도 쓸 거리가 없었다. 그래서 노동자 집회에 처음 나갔던 일을 썼다. 제목은 '김영삼과 정태춘'이었다. 김영삼이 하는 행태를 정태춘의 노래 가사에 대입해 비판한 글이었는데 별로 마음에 들지 않았다. 글쓰기 모임을 하루 앞둔 날, 한겨레신문을 보고 있었다. 눈에 번쩍 띄는 글이 있었다. 성균관대 교수 박승희가 쓴 글이었는데 시내버스를 타는 손님 처지에서 어쩌면 그렇게 잘 집어서 썼는지 감탄을 했다.

그런데 시내버스를 운전하는 처지에서 보면 그럴 수밖에 없는 까닭이 있었다. 그래서 그 글을 바꿔 보고 싶었다. '김영삼과 정태춘'이 마음에 들지 않아 뭘 한 편 더 써 갈까 고민했는데 잘됐다 싶었다. 내가 쓴 글 가운데 가장 쉽게 쓴 글이다. 그대로 흉내를 낸 것이니까.

글쓰기 모임 날 숙제를 내놓으라고 했다. 글쓰기 모임은 써 온 글을 참석한 사람들 숫자대로 복사해 나눠 주고 글쓴이가 읽는 형식이었다. 내 글을, 내가 있는 데서 남이 본다는 게 왠지 쑥스러워 한참을 머뭇거리다가 내놓았다. '김영삼과 정태춘'을 먼저 읽었다. 그런데 반응이 별로였다. 잘 썼다고 손뼉을 치고 칭찬을 하지만 진심에서 우러나오는 칭찬이 아닌 줄 누가 모를까. 기름밥 먹은 지 십 년이 넘었는데 말이다. 얼굴이 화끈거리는 걸 느끼면서 다른 글을 읽었다.

"서울에서는 시내버스를 타기 위해 최소한 네 가지 정도 능력을 갖추고 있어야 한다. 첫째는 눈이 좋아야 하고, 둘째는 달리기 실력이 있어야 하고, 셋째는 눈치가 빨라야 하고 넷째는 인내심이 있어야 한다. 그래야 겨우 시내버스를 타 보기라도 할 수 있다. 왜 그런가? 우선 눈이 좋아야 자기가 원하는 버스 번호판을 멀리서 읽을 수 있다. 그 번호가 몇 번인지, 파란 번호판인지 빨간 번호판인지, 알아야만 버스를 탈 수 있는데, 눈이 나쁘면 오는 버스마다 달려가서 확인하지 않으면 안 된다. 눈이 좋다 하더라도 달리기 실력이 없으면 아무데서나 멈추는 버스를 탈 수 없다. 그리고 아무리 달리기 실력이 좋고 시력이 좋더라도 차가 어디서 멈출지를 예측해 낼 수 있는 눈치가 없으면 달려 다니다가 끝이 난다. 그리고 언제 올지도 모르는 버스를 기다리려면 인내심이 대단하지 않으면 차라리 밤새워 걸어가는 것이 나을 것이다."

윗글은 내가 쓴 글이 아니라 얼마 전 성균관대 교수 박승희 씨가 어느 신문에 쓴 글이다. 타는 손님 처지에서 어쩌면 그렇게 꼭 집어서 이야기하는지 감탄했다. 하지만 운전하는 사람 처지에서 반대로 생각해 보면 그럴 수밖에 없는 어떤 까닭이 있다는 것을 알 수 있다.

"서울에서는 시내버스를 운전하기 위해 적어도 네 가지 정도 능력을 갖추고 있어야 한다. 첫째는 눈이 좋아야 하고, 둘째는 달리기 실력이 있어야 하고, 셋째는 눈치가 빨라야 하고 넷째는 참을성이 있어야 한다. 그래야 살벌한 시내버스 회사에서 운전할 수 있는 자격이 있다. 왜 그런가?

우선 눈이 좋아야 멀리 숨어서 단속하는 경찰관을 발견할 수 있다. 눈이 나쁘면 일 년에 몇 번씩 정지 먹는 딱지를 뗄 수밖에 없다.

달리기 실력이란 속된 말로 '조진다'고 한다. 운전하면서 옆 차 백미러와 내 차 백미러 사이에 두꺼운 도화지 한 장 끼우면 딱 맞을 정도로 사이를 두고 70, 80킬로로 조질 수 있는 실력이 있어야 한다. 그래야 종점에 들어가서 오줌 눌 시간을 벌 수 있다.

또 아무리 눈이 좋고 잘 조진다 해도 눈치가 없으면 정류장을 통과할수 없다. 저 손님이 내 차를 탈 '말뚝 손님'인지 아닌지를 판단해야 하고술에 취한 사람인지도 판단해야 한다. 정류장을 통과해야 밥 먹는 시간 오분을 벌 수 있다. 그리고 지독하게 참을성이 없으면 끝없이 싸우자고 덤비는 옆 차 기사들과 또 손님들과 하루 종일 대가리 터지도록 싸울 수밖에없다."

'진흙탕에서 싸우는 개 꼴'이라 하는가. 정작 싸움 붙인 사람들은 뒤에서느긋하게 즐기고 있다. 누구인가. 시내버스 사업주와 정부가 싸움을 붙인 장본인이다. 결국 피해자는 시민과 운전사들이다.

하지만 버스에 대해서 전혀 모르는 사람들은 진짜 열 받는 일이다. 한 이십 분을 기다렸는데 통과하다니 '저런 개새끼'. 오죽 화가 났으면 택시 타고쫓아와서 싸우는 사람도 있을까……

〈시내버스 알고나 탑시다〉, 1996년 10월

이 글을 읽었더니 사람들이 놀랐다. 실제로 이러냐는 거였다. 버스를 타고 다니는 손님 처지에서만 생각하기 때문에 이런 사실을 알 리 없었다. 맨 마지막 부분, '이십 분 기다리다가 버스가 통과하니까 쫓아온 손 님' 이야기도 실제로 가끔 일어나는 일이었다. 시내버스가 이런 줄 정말 몰랐다, 절묘하게 비유했다, 화가 나도 택시 탈 돈으로 집으로 가면 되지 쫓아오는 사람도 있냐, 이렇게 잘 쓰면서 글을 안 내놓고 있었다 하면서 웃었다.

글을 쓰고 처음으로 칭찬을 받았다. '칭찬은 고래도 춤추게 한다'고 하 지 않는가? 아마 그 칭찬 때문에 내가 글을 쓰는 사람이 됐는지 모른다.

1997년 3월 26일. 늘 정부, 사업주, 어용 노조가 짜고 '파업 직전, 극적 타결'로 시민들에게 겁만 주던 연례행사가 '극적 타결'을 보지 못했다. 버스 운행이 정말 멈췄다. 이것도 정부, 사업주, 어용 노조가 짜고 한 파 업이었다. 시내버스 요금 올리자는 수작이었다. 그런데 그런 내용을 아 는지 모르는지 국민일보, 한국일보 같은 보수 신문에서는 버스 기사들을 상대로 비아냥거렸다. 아래 기사 내용이다.

서울, 인천, 대전 등 전국 주요 도시의 시내버스 운행이 중단됐다. 밤샘 임 금협상이 결렬되자 노조 측이 전면 또는 부분 파업에 돌입했기 때문이다. 시 민들은 오지 않는 버스를 기다리며 발만 동동 굴러야 했다. 출근길 직장인들 과 등교 학생들이 갑작스런 버스 파업으로 제시간에 직장과 학교에 도착하 지 못했는가 하면 귀가시간까지 늦어지는 등 수많은 시민, 학생들이 큰 불편 을 겪었다. 수송분담률이 높은 대중교통 수단이 제 기능을 안 하면 직접적인 피해는 시민들의 몫이 된다. 시내버스 파업으로 야기된 26일의 혼란과 불편이 이를 증명한다. 시민을 볼모로 한 파업이 계속돼서는 안 되는 이유다. (…)

국민일보, 1997년 3월 26일, 〈시내버스 파업〉

서울, 인천, 대전 등 3대 도시의 시내버스 노조가 임금인상 협상의 실패를 이유로 파업을 결행, 시민의 발인 시내버스가 12시간여 동안 운행이 전면 중단되는 소동을 빚었다. 어이없는 일이 아닐 수 없다. (…)

그뿐만이 아니다. 지금이 어느 때인가를 노조 측에 반문하지 않을 수 없다. 한보사건 등으로 나라 안이 어수선하기 짝이 없다. 경제마저 불황의 늪에 빠져 부도로 도산하는 기업이 속출하는 비상시국이라는 것을 버스 노조가 모를 리 있겠는가. 그렇지 않아도 심란하기 짝이 없는 시민들의 삶의 발목을 임금인상 협상 실패란 어이없는 명분을 걸어 붙들어 매야만 했는지를 묻는 이유가 바로 이 때문이다.

한국일보, 1997년 3월 27일, 〈시내버스 파업 소동〉

이 기사를 보고 그날 밤 바로 글을 썼다. 어디다 실을 데도 없었지만 너무 열이 받았다. 작은책 글쓰기 모임에라도 갖고 나갈 생각이었다.

오늘 배차 시간이 여섯 시 사십오 분, 혹시 진짜 파업이라도 할까 봐 조금 여유 있게 새벽 다섯 시에 시계를 맞춰 놨다. 해마다 새벽 네다섯 시쯤에 '극적타결'이라는 연극을 해 왔지만 혹시 아나.

텔레비전을 켜 봤지만 아무것도 나오지 않는다. '파업은 무슨 파업' 하고 버스를 타려고 집을 나섰다. 엘리베이터를 타고 내려왔는데 그 새벽에 경비가 잠을 자지 않고 있다. 어떤 아주머니 한 분은 교회라도 갔다 오는지 엘리베이터 쪽으로 들어오고 있다. 경비에게 오늘 시내버스 다니냐고 물으니 경기도 시내버스 '명성운수'만 다닌다고 한다. 아주머니는 그 말을 듣고 엘리베이터를 타려다 말고 "명성운수도 안 오던데요" 한다. 새벽 네 시 반부터 나가 한 삼십 분 버스를 기다렸지만 한 대도 오지 않아 다시 들어오는 중이라고 한다.

야, 진짜 파업을 하나 보다. 이상하다. 어떻게 차가 안 나갔을까. 회사에선 가만히 있었을까. 다시 올라와 아내를 깨우고 자가용 차 열쇠를 갖고 나왔다.

본사 종점에 와 보니 버스들이 시동이 걸려 있었고 한 대도 나가지 않았다. 기사들이 어디 있을까. 대기실에 들어가 보니 영업소 소장이 먼저 보였고 기사들 몇몇이 앉아 있다.

텔레비전엔 계속 시내버스가 파업했다는 소식이 나오고 있다. 조합 간부를 찾아 봤지만 아무도 나오지 않았다. 이상하다. 차가 안 나가면 영업소 소장이 내보내려고 애를 쓸 텐데 그런 기미도 없다. 그날 첫차인 기사에게 누구한테 연락을 받고 안 나갔냐고 물으니 그냥 안 나갔다고 한다. 내 상식으로는 차가 안 나가면 회사에서 어떤 방법을 써서라도 내보내고 만다. 87, 88년도에 삼화교통 노조에서 파업한다고 했을 때 회사에서는 우선 첫차에게 나가라고 하고, 안 나간다고 하면 해고를 시켜 버리겠다고 협박을 한다. 그래도 버티면 만만한 기사에게 나가라고 한다. 결국 마음 약한 기사 한 사람이 운행을 나가면 또 다른 기사가 따라 나가고 그러다 보면 어쩔 수 없이 운행할 수밖에 없다.

지난 노동자 총파업 때, 서울버스지부가 파업한다고 했을 때는 본사에서 직원이 둘씩이나 나와 버티고 있었고 조금이라도 늦게 출근하는 기사들에게 혹시나 해서 전화까지 걸어 주는 자상함(?)을 보여 주기까지 했는데 이번엔 소장밖에 나오지 않았고, 그나마 소장이 차를 끌고 나가는 기사에게 나가지 말라고까지 한다. 뭔가 잘못돼도 한참 잘못됐지.

기사들은 어쨌든 신이 났다. 이번엔 월급도 괜찮게 오르나 보다 하고, "에라, 이왕 시작한 거 일주일만 해라", "한 달만 가라" 하면서 떠들어 댔다.

그렇게 몇 시간을 있자니 동료 기사들이 너무 지루해하는 것 같아 종점 마당에다 연탄재로 금을 긋고 임시로 네트를 만들어 족구를 몇 게임 했다. 운동을 안 하던 기사들이라 그것 좀 뛰었다고 헥헥거린다. 열두 시가 가까워 오니 소장이 오전반들은 그만 들어가라고 한다. 동료 기사들이 그 말을 듣고 들어가려고 한다. 아무래도 찜찜하다. 어째 노동자들이 파업을 하는데 회사에서 이래라 저래라 하는 걸까. 일산, 원당 영업소에다 전화를 걸어 물어보니 회사에서 들어가라고 해서 오전반 기사들이 다 들어갔다고 한다. 혹시, 회사에서는 이 파업이 어떻게 시작하고 어떻게 끝이 날지 다 아는 거 아닐까.

기사들 열두 명이 오랜만에 한꺼번에 모였다고 현천리 산으로 점심을 먹으러 갔다. 오후 다섯 시에 내려오다 보니 좌석 772번이 다닌다. 어, 벌써 파업이 끝났나? 수색으로 오니 우리 147번이 온다. 어떻게 끝이 났을까. 근처 기사 집에 몰려들어 가 텔레비전을 틀어 보니 임금협상이 기본급 5.5퍼센트, 상여금 50퍼센트 인상에 '극적타결'을 했다고 나온다. 그래놓고 뭐가 기쁜지

서로 악수하고 웃고 별 짓을 다한다. 단체협약 고쳤다는 소리는 없다. 게다가 사업조합은 시에서 버스요금 올려주겠다는 약속을 받았다고 한다. 또 한 번 속았다. 기사들이 분통을 터뜨린다. 5.5퍼센트 올리자고 파업했나. 야, 도둑놈들. 어용 조합인 지부와 사업조합이 완전히 짜고 치는 고스톱이었어. 완전히 시민과 운전사들한테 피박 씌운 거지. 믿었던 우리가 잘못이지. 그럼 그렇지 어쩐지 파업이 너무 쉽게 이루어진다 했더니 그런 속임수였다니.

보문동 노동자협의회에 전화를 해 보니 인천 어떤 사업장에서는 회사 전무가 차 운행을 막더란다. 그 소리를 들은 거기 있던 기사가 하는 말이 "우리 소장도 내가 차를 끌고 종점으로 내려가려니까 못 내려가게 하더라니까" 한다. 그게 어디 노동자가 파업을 한 건가 회사가 파업을 한 거지. 야, 이제 사업주도 파업하네.

〈짜고 치는 고스톱〉, 1997년 3월 27일

이런 글은 글 잘 쓰는 기자가 와서 취재해도 나오지 못할 글이다. 기사들이 사업주에게 밉보일까 봐 속내를 드러내지 않기 때문이다. 이런 글은 그 속에서 일하고 있는 버스 노동자에게만 나올 수 있는 글이다.

버스일터
이야기

동해운수에서 발행하던 노보는 두 번밖에 나오지 못했다. 노보를 만드는 데 실패한 뒤, 나는 악덕 회사와 어용 노조에 대항할 수 있는 조직을 만들려고 마음먹었다. 일산, 원당, 화전 영업소를 합쳐 '일원화'라는 작은 소모임을 만들었다. 그러니까 회사는 기사들이 서로 못 만나게 순번을 갈라 놓았다. 서로 오전반, 오후반으로 만들거나 쉬는 날을 다르게 지정하거나 했다.

나는 '어떻게 하면 기사들이 서로 만나지 못해도 소통하고 친밀감을 느낄 수 있을까?' 고민했다. 그리고 기사들 소식을 알려 주는 소식지를 만들었다. 소식지를 만들어 집으로 보냈다. 모임은 더욱 탄탄해졌다. 서로 일하는 순번이 달라 얼굴 한번 보지 못하는 기사들이 많았지만 글 속에서 소식을 보니 친밀해졌다. 소식지에 기사들이 직접 쓴 글을 실으려고 했다. 하지만 기사들은 글 쓰는 걸 두려워했다. 고민 끝에 기사들에게 전화해 그냥 안부를 물었다. 그렇게 전화 통화한 내용을 글로 써서 소식지에 내기 시작했다. 뜻밖에 호응이 컸다. 기사들은 서로 만나지 못해도 서로 살아가는 형편을 알고 친해지기 시작했다.

그런데 문제는 나였다. '일원화' 소식지를 만들면서 내 글도 써야 했고 남의 글도 봐야 했다. 내가 먼저 글을 써야 했는데 쉽지 않았다. 글은 어딘가 고상하고 아름답고 따뜻하게 꾸며 써야 하는 줄만 알았다. 그렇게 지어 내려고 하는데 글이 잘 나오지 않으니 내가 많이 배우지 않아서 그런가 보다 하고 생각했다.

'일원화' 소식지는 그저 복사용지에다 컴퓨터로 친, 한 달에 한 서너 장 정도밖에 되지 않는 볼품없는 것이었다. 거기에 근로기준법과 단체협약을 집어넣었다. 그리고 기사들이 직접 쓴 글을 싣기 시작했다.

회사는 그 모임이 커질까 봐 방해를 하기 시작했다. 모임 회원들에게 늘 불이익을 주고, 모임에 참여하는 기사가 일하다 사고가 나면 징계를 하고 사표를 강요했다. '일원화'는 결국 일 년만에 해체가 되고 만다.

나는 다시 고양시 버스 기사들과 좀더 큰 조직인 '버스노조민주화추진위원회 버스일터'를 만들었다. 그 모임 소식지 이름도 〈버스일터〉였다. 나는 거기에도 머리글을 써야 했다. 다음과 같은 글이다. 맞춤법이 엉망이지만 그대로 싣는다.

오월, 싱그러운 계절, 오월의 봄은 우리에게 무엇을 느끼게 하는가.

무심코 산을 올려다 보면 어느듯 노란 개나리 꽃이 벌써 파랗게 물들면서 자취를 감추려고 하고 있다. 거리의 가로수는 가지치기를 하여 뼈대만 남은 가지에 파랗게 새순이 돋아나고 공장 앞 마당 기름때 절은 귀퉁이에서는 노란 민들레 꽃이 활짝 피어났다.

우리의 들꽃 민들레, 너무도 반가워 허리를 숙여 흠흠 냄새를 맡아 보고 아— 이런 곳에서 피어날 수 있는 강인한 생명력에 다시금 경탄의 찬사를 보낸다.

숨막히는 공해와 사람들, 차들이 너무 많아 짜증나는 현장에서의 우리의 힘든 노동 때문에 자칫 봄이 언제 왔는지 알지 못하고 시나브로 넘어가는 것을 문득 깨닫게 된다.

많은 어려움 속에 태어난 우리 일원화에서도 따스한 봄이 함께 오기를 기대하며 서로 양보하고 믿음이 있는 그런 굳은 모임이 되길 바라며. (…)

어디서 본 듯한 글이 아닌가? '오월의 봄, 싱그러운 계절, 노란 개나리 꽃' 상투적인 표현으로 멋을 부리려고, 달리는 머리로 쥐어짜 내느라 고생한 티가 난다. 그뿐인가. 이 글은 척 보면 알겠지만 지어낸 것이다.

실제 있었던 이야기와 지어낸 이야기를 잘 구분하지 못하겠다는 분들이 있다. 지어내지 않은 글이라면 "오월, 싱그러운 계절, 오월의 봄은 우리에게 무엇을 느끼게 하는가"라고 하지 않을 것이다. '오월 며칠 회사로 출근하는 중이다. 이제는 추위가 완전히 물러가고 따뜻해졌다.' 이렇게 글이 나올 것이다. 글쓴이가 드러나려면 실제로 몇 월 며칠 어디서, 특정한 날을 정해서 써야 한다.

"무심코 산을 올려다 보면 어느듯 노란 개나리 꽃이 벌써 파랗게 물들면서 자취를 감추려고 하고 있다"가 아니라 '무심코 고봉산을 올려다보니 어느덧 노란 개나리꽃이 벌써 파랗게 물들고 있다' 이렇게 글이 이어질 것이다. "자취를 감추려고 하고 있다"도 개폼 잡는 글쓰기다. 개나리꽃이 뭘 안다고 자취를 감추려고 하고 있을까. 그냥 파랗게 물들고 있는 것이지.

"우리의 들꽃 민들레, 너무도 반가워 허리를 숙여 흠흠 냄새를 맡아 보고 아— 이런 곳에서 피어날 수 있는 강인한 생명력에 다시금 경탄의 찬사를 보낸다." 이 부분도 어디서 따온 것 같지 않은가. 그렇다. 박노해 시를 흉내 낸 것이다. 공장 앞마당 기름 때 전 곳에서 피어난 들꽃한테 무슨 냄새를 맡겠다고 고개를 바닥에 대고 흠흠 냄새를 맡아 볼까. 기름 냄새 때문에 고개 숙이기도 싫을 텐데 말이다. 게다가 동료 버스 기사가 보기라도 한다면 "야, 이 미친 넘아! 머해?" 하고 이죽거릴 것이다. 그런 글을 썼다니, 지금 생각하니 얼굴이 화끈거린다.

〈버스일터〉에 기사들 글도 받기 시작했다. 글을 써 달라고 부탁을 하면 기사들은 손사래를 쳤다. 그래도 써 달라고 보채면 머뭇거리면서 글을 보내 준다.

오늘은 아침부터 신나게 깨졌다. 어제 무단 결근(사실 무단 결근이 아닌데)을 해서 신나게 깨졌다. 김과장 무어라 씨부렁거리며 열 받아 하는 모습이 무척이나 재미있어 보였다. 누굴 위해 충성하는 개인지, 자기나 나는 고용주와 근로계약을 맺어 신성한 노동을 제공하고 그에 상응하는 대가로 월급을 받아 가는 똑같은 노동자일 뿐인데 왜 저리 노동자 위에 서려고 하는지 모르겠다. 싸이코 기질이 다분히 있다. 조심해야지. 미친개한테 물리면 약도 없다는데.

95년 4월 18일 손님과 요금 시비로 언쟁 중 손님 왈 평생 운전이나 해처먹어라. (당시 상복이 열 많이 받았음.) 그러나…… 생각…… 생각…… 곰곰…… 다시 생각…… 가만히 생각해 보니 배운 거라곤 쓰으발— 운전밖에 없는데 일이 년도 아닌 평생을 해먹으라니 얼마나 이쁘던지?

이상복, 〈이럴 땐 이렇게 생각합시다〉

2490호는 내가 운전하는 버스 번호다. 1993년도에 태어났으니 올해로 칠 년이 되었다.

자동차 칠 년이면 그럭저럭 타고 다닐 만하다. 하지만 하루 15시간에서 20시간씩 운행하는 시내버스 여건상 칠 년이면 결코 적은 나이는 아니다. 그나마 예전엔 법으로 최고 팔 년까지 운행할 수 있게 정해 놓았지만, 지금은 자동차 검사만 받으면 사업주 마음대로 굴릴 수 있게 만들어 놓았다. 세상에, 말이나 되는 소리인가. 돈에 눈먼 사업주들이 차가 낡았다고 제때 바꿔 주겠는가. 검사만 맡으면 십 년이고 이십 년이고 사업주 마음대로 굴릴 건 뻔한 일. 검사나 제대로 하는지 의문이다. 시민들의 안전이나 우리 같은 운전수는 언제나 뒷전이다.

동해운수하고도 화전 영업소, 일명 아오지 탄광. 다른 곳은 몰라도 이곳 영업소만큼은 도로에 차가 주저앉기 전에는 절대로 차 바꿔 줄 일은 없을 것이다. 차를 써먹을 때까지 써먹다가 폐차시키고 새 차를 뽑는다 해도 새 차들이 고스란히 화전 영업소로 올 일도 없다. 새 차는 원당 영업소에 주고, 거기서 쓰던 차들을 이쪽으로 줄 것은 뻔하다. 왜? 화전에는 미운 오리들만 있으니까.

화전에 있는 차들은 멀쩡한 차들이 없다. 그 가운데서 내 차가 가장 똥차라고 확신한다. 스페어 기사들이 내 차만 타면 허리가 아프단다. 핸들과 바퀴가 따로 논다는 따위 말들이 많다. 실제로 내 차는 손볼 데가 한두 군데가 아니다. 운전석 의자부터 시작해서 브레이크, 와이퍼, 문짝, 경음기……. 차라리 멀쩡한 쪽 나열하는 게 더 적을 정도다.

내가 가장 불만인 쪽은 브레이크와, 차에서 나는 덜거덕거리는 소리다. 브레이크는 딱딱해서 칙칙이(브레이크를 여러 번 밟는 것)가 되지 않는다. 더구나 브레이크 밟을 때마다 나는 끽, 끽 거리는 소리는 손님들이 짜증을 낼 정도다.

차가 달릴 때 차에서 나는 소리는 심하게 표현하면 귀청을 찢고도 남을 정도다. 운전석 의자에서 나는 삐거덕거리는 소리, 스프링에서 나는 소리, 차 안 여기저기서 나는 덜거덕거리는 소리, 평지를 달릴 때도 시끄러울 정도니 울퉁불퉁한 길을 갔다가는 아휴! 생각하기도 싫다.

혹 정비사들에게 고쳐 달라고 하면 되지 않느냐고 되물을지도 모르겠다. 왜 고쳐 달라고 하지 않겠는가. 날마다 정비사들에게 울부짖고 다닌다. 브레이크는 날마다 고쳐 달라고 얘기하고, 와이퍼는 고쳐 달란 지가 족히 6개월은 되었을 것이다. 차를 고쳐 달라고 얘기하면 정비사들이 하는 얘기는 항상 똑같다.

"차가 하도 낡아서 고쳐도 소용없다." "부속이 없다." "고쳤는데……."

이제는 고쳐 달라고 얘기도 하지 않는다. 차가 고장 날 때까지 그냥 타고 다니기로 했다. 이런 차로 손님들에게 친절하라고? 개똥 같은 소리다. 나 살기도 바쁘다. 언제 어떻게 될지도 모르는 처지인데…….

혹시나 이 글을 읽은 분은 차 번호를 잘 기억해 두기 바란다. 동해운수 147번 2490호. 웬만하면 다른 차 타고 가기를 부탁한다. 제발…….

김정수, 〈이사구공〉, 2000년 3월 11일

이런 글을 읽고 동료 기사들이 아주 속이 '씨원했다'고 한다. 관리자한테 만날 주눅이 들어 있었는데 대신 약을 올려 주니 얼마나 시원하겠는가. 그리고 손님한테 만날 운전이나 해 처먹으라는 소리를 듣고도 대꾸할 말이 없었는데 얼마나 통쾌한가. 시민들과 운전사 안전은 생각하지 않고 낡은 차를 굴리는 회사를 속 시원히 고발했다. 이게 바로 살아 있는 글이다. 맞춤법? 띄어쓰기? 아무 상관없다.

글의 힘은 대단했다. 회사는 그냥 말로만 항의할 때보다 더욱 탄압을 했다. 〈버스일터〉를 처음 낼 때 두 번 테러를 당했다. 한번은 저녁에 집에 가다 산으로 끌려가 당했는데 도망쳤고, 두 번째는 집 앞에서 한 이십 분 동안 각목에 맞아서 죽을 뻔했다. 나는 그걸 또 글로 썼다.

그 글을 쓰고 난 뒤 회사는 비상이 걸렸다. 한겨레신문에 내 기사가 나고, CBS 라디오 프로그램 〈시사자키〉에도 출연했다. 경찰에서 조사를 하러 회사에 왔지만 범인은 잡지 못했다.

그리고 재미있는 일이 하나 벌어졌다. 회사에 빌붙어 갖잖은 권력을 휘두르고 있던 버스 기사가 회사와 짜고 프락치를, 내가 입원한 병원으로 문병을 보냈다. 그 프락치는 버스일터에 관한 정보를 캐 가려고 했지만 나를 만나 보고 생각이 변했다. 내가 입원해서 주눅이 들고 의기소침해 있을 줄 알았단다. 그런데 내가 병원에서 치료 받으면서 문병 온 사람들과 웃고 떠들면서 여전히 버스 기사의 권리에 관해 이야기하는 걸 보고 놀랐단다. 그 버스 기사는 그 뒤부터 우리 '버스일터' 모임에 들어왔고, 버스 회사의 열악한 노동조건에 사사건건 대항하는 '꼴통'으로 변했다.

세상을
살리는 글쓰기

왜 글을 써야 하는지 다시 한번 정리해 보자.

첫째, 내 이야기를 들려주기 위해서 쓴다.

둘째, 맺힌 마음을 풀기 위해서 쓴다.

셋째, 진실을 알리기 위해서 쓴다.

이 세 가지가 글을 써야 하는 까닭이다. 그 가운데 나는 진실을 알리기 위해서 글을 쓴다. 고발하는 글쓰기다. 일하는 데 힘들지 않았다면 다른 이들에게 하소연할 일도 없었을 것이고, 일한 만큼 정당한 대가를 받았다면 회사와 싸울 일도 없었을 것이고, 평화로운 시대라면 뭔가 고발할 일도 없었을 것이고, 억울한 일이 없다면 진실을 밝히려고 글을 쓸 필요도 없었을 것이다. 상식이 통하는 사회라면 나도 아름다운 자연을 그리는 글을 썼을지 모른다.

하지만 이 시대는 잔혹한 파시즘의 시대다. 이런 시대에 아름다운 자연을 노래하는 글을 쓸 수 있겠는가. 아니, 그 자연조차 이명박 같은 자가 사대강 사업으로 다 파헤쳐 버렸다. 우리가 사는 이 시대는 고발하는 글쓰기가 절실한 시대다. 특히 노동자, 농민, 장애인 같은 약자들이 살아가는 이야기가 끊임없이 나와야 하는 시대다. 그런데 그런 약자들은 스스로 열등감에 빠져 글을 쓰지 못한다. 나 또한 그랬다. 그건 지배자들이 우리들에게 세뇌했기 때문이다. 그런 열등감에서 벗어나야 한다.

이오덕 선생님의 말씀을 다시 한번 되새겨 본다.

왜 쓰는가? 한마디로 진실을 말하기 위해서다. 노동자들이 겪고 있는 그 소중한 삶의 세계, 마음의 세계를 보여 주기 위해서다. 그래서 그 삶을 지키고, '말'을 지키고, 겨레의 생명을 지키기 위해서다.

일하지 않는 사람은 밥을 먹지 말라는 말이 있다. 나는 일하지 않는 사람은 글도 쓰지 말라고 말하고 싶다. 방 안에 앉아 밤낮 글만 쓰고 있는 사람이 쓴 글이 무엇을 얘기하고 무엇을 보여 주겠는가? 지금 우리 사회는 온갖 글이 온갖 인쇄물에 실려 나와 엄청난 글 공해를 일으키고 있다. 정작 말을 하고 글을 써야 할 사람들은 일만 하다 보니 쓸 틈도 없고, 또 스스로 무식하다는 열등감에 빠져 글을 못 쓴다. 이래서 사회가 죽어 가고 있는 것이다.

둘째 째
마 당

어떤
글을 써야
하나?

왜 글쓰기가
어렵다고 생각할까?

어떤 글을 써야 하는지 묻기 전에 왜 글쓰기가 어렵다고 생각하는지 그 까닭부터 알아야 한다.

우리는 오랫동안 글은 배운 사람들만 쓰는 것이라고 여겨 왔다. 배운 사람들만 글을 써야 한다고 배우고 그렇게 믿었다. 세종대왕이 한글을 만들었지만 최만리 같은 집현전 학자들은 한글 반포를 반대했다. 따로 언문을 만드는 것은 중국을 버리고 스스로 오랑캐와 같아지려는 것이라 느니 핑계를 댔지만, '무식한 백성'들도 글자를 아는 게 싫었던 것이다.

글자를 모르는 사람은 주눅이 들어 배운 사람에게 머리를 조아리게 돼 있다. 나도 어릴 때 어려운 한자를 몰라서 그런 일을 겪은 적이 있다. 은행에 가서 돈을 찾으려고 금액을 적으려면 壹, 貳, 參 이런 한자를 써야 했다. 다른 한자로 쓰면 一, 二, 三인데 위조하기가 쉽다고 해서 壹, 貳, 參을 썼다. 이런 한자를 쓰지 못하면 은행에 일하는 사람이나 좀 배운 듯한 사람에게 머리를 조아리고 부탁해야 한다. 하지만 한글로도 얼마든지 위조 못하게 쓸 수 있다. 이를테면 '壹萬參千貳百원'이라는 숫자를 지금은 한글로 '일만삼천이백 원', 이렇게 쓰는데 아무 문제 없다. 그런 걸 일부러 어려운 말을 써서 못 배운 사람을 주눅 들게 하고 무시하고 지배하려고 한다. 정보를 공유하고 싶지 않은 것이다.

이제 누구나 한글은 알고 있다. 그런데 지배자들은 대중이 글 뜻을 모르게 일부러 어려운 말을 쓴다. 이를테면 억울한 일을 당해 법에 호소하려고 해도 어려운 말로 된 행정 용어 때문에 쉽지 않다. 게다가 법원에서는 쉬운 말을 쓰지 않아 서민들이 이해하기 어렵다. 특히 판결문을 보면 무슨 말인지 전혀 알 수 없게 비비 꼬아 쓴 말이 많다. 결국 변호사를 선임해야 하는데 돈이 없으니 그것도 못하고 당할 수밖에 없다. 정치인들도 일부러 말을 어렵게 한다. 쉬운 말로 해도 될 걸 공연히 어렵게 한다. 대중이 못 알아먹기를 바라는 것이다.

생활글을 천하게 여기게 되고, 우리가 글을 못 쓰게 된 까닭은 무엇일까? 우리 나라 근대사와 깊은 관련이 있다.

우리 말이 근대 국어로 자리를 잡기 시작한 것은 1910년대가 지나서다. 그런데 우리 나라는 1910년부터 1945년까지 일제의 식민 지배를 받았다. 글은커녕 말도 제대로 할 수 없었다.

해방된 뒤, 일제에 빌붙어서 온갖 악행을 저지르던 친일파들은 처음에는 '이제 죽는구나' 했다. 하지만 남한을 점령한 미군은 그 친일파들을 그대로 요직에 앉혀 남한을 지배했다. 다시 권력을 잡은 친일파들은 일

제시대 때보다 더욱 기세등등해졌다. 권력을 유지하려고 정당성 없는 논리를 대중에게 주입했다. 대중들은 말과 글을 함부로 쓸 수 없었다. 자칫 잘못하면 빨갱이로 몰려 목숨까지 잃었다. 자본주의 사회에서 노동자들은 아무리 열심히 일을 해도 노동자가 될 수밖에 없다. 그런데 친일 자본가와 천민 자본가들은 노동자들도 자본가가 될 수 있다는 헛된 희망을 품게 했다.

학교는 지배자들의 의식을 주입시키는 공간이었다. 친일파들의 뿌리인 이승만, 박정희와, 미 사대주의자 전두환, 노태우로 이어지는 독재 정권은 국민들에게 왜곡된 역사를 가르쳤다. 멸공, 반공 사상을 주입해서 어릴 때부터 국정 교과서를 외우기만 하는 잘못된 교육을 했다. 박정희나 전두환 같은 독재자는 노동자, 농민들을 세뇌해 '안보'를 무기로 겁을 주면서 정권을 유지했다. 박정희는 언론 탄압으로 '말'과 '글'의 자유를 빼앗았다. 그리고 이어진 전두환 독재 정권은 보도 지침을 내려 검열에 걸린 기자들을 해직하거나 대중들을 옥에 가뒀다.

역사는 말과 글을 통해 다음 세대로 전해지는 것이다. 요즘 이십대는 독재 정권의 억압과 검열과는 깊은 연관 없이 살아왔다. 그런데 이들조차 쉽고 재미있는 생활글을 천박하게 생각하고, '나'가 들어가지 않은 관념적인 글을 쓴다. 그리고 현실을 비판하는 글을 쓰지 못한다. 그런 글을 쓰면 혹시 무슨 문제가 생길 수도 있지 않을까 하는 걱정 때문이다. 역사를 봐도 그랬고 현재도 그렇다. 지난 이명박 정권 아래에서 일어난 '미네르바 필화 사건'이나 '천안함 사건'에서 보듯이 실제로 불이익을 받는 이들이 많다. 그런 사건들을 보면서 말과 글을 함부로 하면 안 된다는 것을 젊은이들이 몸으로 느끼고 있다.

게다가 아직도 국가보안법 같은 악법을 쥐고, 이 나라를 지배하고 있는 수구 지배 세력은 아직도 글쓰기를 제대로 가르치지 않는다. 어릴 때부터 지어내고 꾸민 글이 좋은 글이라고 가르치고 있다. 글쓰기 교육을 한답시고 논술을 가르치고 있지만, 논술은 글쓰기에 전혀 도움이 되지 않는다. 논술은 부자들의 자녀들을 대학에 입학시키려는 속임수에 지나지 않는다. 논술문은 다른 여러 종류의 글을 써 본 뒤에 써야 한다. 책도 못 읽게 하고, 제대로 글쓰기를 배운 적이 없는 학생들한테 무턱대고 논술문 훈련부터 시키면 글쓰기를 싫어하게 된다.

대중도 글은 읽고 쓰게 되었지만 옛날과 그리 달라지지 않았다. 함석헌 선생은 "생각하는 백성이라야 삽니다. 생각하는 백성이라야 역사를 지을 수 있습니다"고 했다. 하지만 지배자들은 백성이 '생각하는 사람'이 되기를 바라지 않는다. 글쓰기를 해야 생각을 하게 되고 세상을 알 수 있게 되고, 사회를 비판하는 눈이 생기는데, 친일을 하던 자들이 정권을 잡았으니 그런 현실을 비판하는 글이 나오는 걸 바랄 리가 없다. 어릴 때부터 현실을 비판하는 글은 아예 쓰지 못하게 한다. 지배자들은, 글은 아름다운 것, 고상한 것, 지어내는 것이라는 세뇌 교육을 하고 있다.

글쓰기를
잘못 배웠다

　내가 초등학교 다닐 때는 '글쓰기'가 아니라 '글짓기'였다. 학교에서 내 주는 글짓기 숙제나 백일장에서는 글감이 늘 정해져 있었다. 멸공과 반공을 주제로 한 글이나, '벌'과 '나비'나 '꽃' 같은 제목으로 써야 했다. 생활 속에서 일어나는 일을 쓴다는 건 상상조차 못했다. 글쓰기에서 가장 중요한 쓸 거리를 찾는 단계부터 잘못 배웠다. 그러니 내가 어릴 때 가장 싫어하는 게 '글쓰기'일 수밖에 없었다.

　이호철 선생님은 경상북도에 있는 초등학교에서 어린이들을 가르치면서 어린이들과 함께 '삶을 가꾸는 글쓰기와 그림 그리기'를 오랫동안 해 왔다. 이호철 선생님이 어떤 백일장 대회에서 '달맞이꽃'이란 글감으로 글짓기를 하기 위해 대회장에 들어가는 중학생 몇 명에게 "얘들아, 달맞이꽃 아니?" 하고 물어봤다고 했다. 아무도 본 적이 없다고 했다. '달맞이꽃'을 본 적도 없는 아이들이 글을 쓰면 어떤 글이 나올까? 또 보았다

해도 그 속에서 살아 보지 못한 아이들에게서 어떤 글이 나올까? 아름다운 말만 모아 짜 맞추어 글을 꾸며낼 수밖에 없게 된다. 그런 글에는 감동이 있을 리 없고, 감동이 있다 해도 그건 만들어낸 거짓 감동이거나 억지 감동일 수밖에 없다.

내가 어릴 때 봤던 책들은 거의 모두 현실과 동떨어진 내용이었고 친일파들이 쓴 글이었다.

소설, 수필, 희곡 분야에서 내가 알고 있는 사람들은 거의가 친일파들이었다. 〈발가락이 닮았다〉, 〈배따라기〉를 쓴 김동인, 〈가난한 날의 행복〉을 쓴 김소운, 〈흑룡강〉, 〈대추나무〉, 〈북진대〉를 쓴 유치진, 〈조국으로 돌아가다〉를 쓴 정비석, 〈탁류〉를 쓴 채만식, 박영호, 박태원, 송영, 유진오, 이광수, 이무영, 이서구, 이석훈, 장혁주, 정인택, 조용만, 최정희, 함대훈, 함세덕 들이다. 시인으로는 〈사슴〉을 쓴 노천명, 〈해에게서 소년에게〉를 쓴 최남선, 김동환, 김상용, 김안서, 김종한, 김해강, 모윤숙, 서정주, 이찬, 임학수, 주요한, 이들도 친일파들이다. 친일을 했던 자들이 현실을 드러내는 글을 쓸 리가 없다.

우리는 언제나 백일장에 뽑히는 시를 잘 쓴 시라고 배워 왔다. 한 번도 보지 못한 '달맞이꽃'에 대해 써야 했던 것처럼 제목도 정해 주고 억지로 글을 짜맞추는 '글짓기'를 배워 왔다. 그 결과 사람들은 글이라는 건 '지어내는 것이다' '아무 거나 쓸 수 없다. 그러니 특별한 걸 써야 한다'는 생각을 하게 되었다. 그래서 자꾸 글을 꾸미게 되고 모방하게 되고, 마침내는 거짓말을 쓰게 되었다.

거짓 시와
진짜 시

스승의 날 아침

예쁘게 포장한 선물 가지고

학교에 간다

앞가슴에

꽃 한 송이 달아 드리고

선물을 드린다.

나보다 더 좋은 선물을 드린

애도 있지만

"고맙다"라는 선생님의 말씀

기분이 좋다

스승의 은혜 노래를 부르고

돌아오는 발걸음 어느 날보다 가볍다

이런 시가 정말 잘 쓴 시일까? 나는 요즘 세상에 선생님에게 이런 마음을 품고 있는 아이가 없을 거라고 생각한다. 나보다 더 좋은 선물을 드린 애가 있는데 선생님이 '고맙다'라는 말에 기분이 좋은 아이가 있을까? 게다가 '스승의 은혜'를 부르면서 간다고? 이 시는 솔직하지 않고, 어린아이다운 마음이 담겨 있지 않다. 다음 시를 보자.

우리 선생님은
틈만 나면
"이 개똥바가지 같은
짜샤."

정말 기분 나쁘다.
이 사실을 교장 선생님이
알아서
우리 선생님
혼내 주었으면 좋겠다.

참고로
"쌍놈 새끼"도 한다.

음성 대소초등학교 3학년 전혜진, 〈개똥바가지〉

아이의 말과 마음이 그대로 살아 있지 않은가. 초등학교 삼 학년 아이의 순진한 모습이 눈에 확 들어온다. 이렇게 좋은 시는 교과서에 실리지 않는다. 다음 시는 어떤가?

잔디밭에서
앙금앙금
기어다니던
봄바람이

나뭇가지에 매달려
푸름푸름
그네를 타던
여름 바람이

낙엽을 몰고
골목골목
쏘다니던
가을 바람이

어느새
매끄러운 얼음판을

씽씽 내닫는 걸 보면

바람도 우리들처럼

무럭무럭 자라나 봐.

  학교에서 '앙금앙금', '푸름푸름', '골목골목'처럼 리듬을 타는 게 좋은
시라고 가르쳤기 때문에 이렇게 시를 지어낸다. 그런데 우리 아이들이
이렇게 정말 무럭무럭 자라고 있을까? 공부, 공부에 치여 숨이 막혀 죽
어 가고 있는데 무럭무럭 자란다고? 또래 아이가 쓴 다른 시를 보자.

운동장 못 나가고

교실에서 가만히 앉아 공부한다.

깝깝해서

자꾸 깝깝해져서

자꾸자꾸 운동장 내려다본다.

1학년 아이들이

미끄럼 타고 놀면서

지들끼리 좋다고 난리다.

한참 보다가 자리 앉아

문제 푼다

아, 정말 깝깝하다.

삼척 신동초등학교 5학년 이연우, 〈나머지 공부〉

요즘 아이들 심정이 이렇다. 이렇게 있는 그대로 자기 마음을 보여 주는 시가 좋은 시라는 건 누가 가르쳐 주지 않아도 알 수 있다. 나는 어릴 때 오 학년 때까지 곱셈을 못했다. 산수 숙제를 내 주면 그걸 못해서 저녁마다 징징거렸다. 다음날 숙제를 못 해 가면 선생한테 맞을까 봐 학교 가기가 싫었다. 하지만 그런 심정을 글로 쓴다는 건 상상도 못했다. 이런 시가 진짜 시라는 걸 알았더라면 얼마나 좋았을까?

> 나는 초등학생인데
>
> 시험 기간이라고
>
> 학원에서 밤 11시까지 공부를 했다.
>
> 이렇게 공부 많이 하는데
>
> 중학교 가고
>
> 고등학교 가면
>
> 정말 공부를 얼만큼 할지
>
> 정말 걱정이 태산이다.
>
> 동해 남호초등학교 6학년 김승준, 〈초등학생인데〉

얼마나 생생한 글인가. 내가 어릴 때 이런 시는 천하다고 했다. 아니, 이런 글은 쓸 수가 없었다. "학생이 공부를 해야지! 공부 안 해? 걱정할 시간 있으면 그 시간에 영어 단어라도 하나 더 외워!" 이렇게 혼났지.

정말로 좋은 시, 좋은 글이 어떤 글인지 알려면 이오덕 선생님이 쓴

《글쓰기 어떻게 가르칠까》《삶을 가꾸는 글쓰기 교육》, 그리고 이호철 선생님이 쓴 《살아 있는 글쓰기》를 꼭 봐야 한다. 부모들 자신은 글을 쓰지 않더라도 적어도 자기 아이들이 쓰는 글이 좋은지 나쁜지는 알아야 할 것 아닌가.

이런 시들을 예로 들면서 어떤 선생님들 앞에서 글쓰기 강연을 한 적이 있다. 강연을 하고 있는데 어떤 선생님이 "요즘엔 많이 좋아졌어요" 하고 점잖게 항의를 했다. 글쎄다. 나는 그렇게 생각하지 않는다. 요즘 국어책은 옛날과 많이 달라졌지만, 여전히 현실을 드러내고 사회를 비판하는 글은 실리지 않는다. 세상을 따뜻하게만 바라보도록 꾸미는 글을 좋은 글이라고 보여 준다. 요즘 초등학교 국어책에 나온 시다.

학교에서 돌아오는 길
길바닥에 버려진 동전 한 닢
조심스럽게 주워 들었습니다.

흙 속에 묻혀 삭아들지 않고
발바닥에 밟혀
누그러들지 않고
차바퀴에 깔려 오그라들지 않고

길바닥에 버려진

동전 한 닢
정성껏 닦고 닦아 빛을 냈습니다.

따스한 손바닥에 꼭 쥐고

밟히고 깔려 멍이 들었던
아픔을 감싸 주었습니다.

이 시에는 거짓말 세 가지가 들어 있다. 우선 아이들은 동전을 한 닢, 두 닢이라고 하지 않는다. 둘째, 앞부분에서는 동전이 "흙 속에 묻혀 삭아들지 않고 / 발바닥에 밟혀 / 누그러들지 않고 / 차바퀴에 깔려 오그라들지 않고"라고 했는데 뒷부분에서는 "밟히고 깔려 멍이 들었다"고 한다. 은유법도 모르냐고? 아무리 봐도 거짓말이다. 셋째, 글 내용을 보니 그 동전이 백 원짜리가 아니라 십 원짜리인 듯하다. 요즘 웬만한 아이들은 흙 속에 묻혀 있는 십 원짜리 동전을 줍지 않는다. 게다가 뭘 사먹은 것도 아니고 밟히고 깔려 멍이 들었던 아픔을 감싸 주었다고? 세상에 이런 거짓 시가 어디 있단 말인가. 이런 시가 버젓이 아이들 교과서에 나와 있다.

이렇게 우리는 초등학교부터 고등학교까지, 통틀어서 십이 년 동안 교과서에서 그런 글이 좋은 글이라고 배웠고 그런 시들을 외우기까지 했다. 그 결과 시는 부드럽고 편안하고 서정적인 것이라고 생각하게 되고

고상한 말을 늘어놓아야 멋진 시라고 여긴다. 그래서 아이들은 있는 그
대로 표현하지 못하고 시를 지어 낸다. 그리고 현실과 동떨어진 이야기
를 쓴다.

시험지는 우리를
가슴 설레이게 한다.
시험을 친다고만 하면은
가슴이 두근거린다.

그때 나는 막 죽고 싶은 마음이
몇 번이나 들었다.
하지만 죽는 것이 쉬운 일이 아니다.
우리 어머니도 속이 상하면
몇 번씩 죽는다고 말했다.
하지만 지금까지 못 죽고 살아 있다.

초등학교 5학년 김은숙, 〈시험지〉

이런 기가 막힌 시는 아마 우리 나라에서만 나올 듯싶다.

글은 삶과
일치해야 한다

글은 삶과 일치해야 한다. 하지만 우리 나라 제도 교육은 그렇게 가르치지 않았다. 내가 어릴 때 좋은 시라고 배웠던 박목월의 〈나그네〉도 마찬가지다.

> 강나루 건너서
> 밀밭 길을
>
> 구름에 달 가듯이
> 가는 나그네
>
> 길은 외줄기
> 남도 삼백 리

술 익는 마을마다
타는 저녁놀

구름에 달 가듯이
가는 나그네

　시어로만 보면 아름다운 농촌 마을의 풍경을 그린 멋들어진 시다. 여기서 '나그네'는 나라 잃은 백성들의 체념과 달관을 뜻한다고 하는 이도 있다. 꿈보다 해몽이 좋다. 정말 그럴까?

　그 무렵 조선 사회는 어떤 사회였을까? 이 시가 나온 건 1930년대 말, 일제가 중국 침략을 할 즈음인 일제 말기였다. 우리 백성들은 식량은 물론 놋그릇, 수저까지 일제에게 공출 당하고 소나무 껍질과 칡뿌리로 연명하면서 만주로, 혹은 하와이로 정처 없이 떠돌던 비참한 때였다. 술이 익으려면 쌀이 있어야 하는데 쌀이 어디 있나. 일제에 모조리 강제 공출 당하는 판에 가난한 민중에게 어디 남아도는 쌀이 있어 마을마다 술이 익어갈까. 〈나그네〉는 현실과는 동떨어진, 겨레의 비참했던 삶을 외면한 시다.

　우리는 어릴 때부터 이렇게 분위기 있는 시만 고귀한 문학인 걸로 배워 왔다. 그리고 국어 시간에 숙제로 이런 시를 달달 외워야 했다. 고상한 낱말만 늘어놓은 시를 보면서 그게 무슨 뜻인지는 몰라도 그 속에 무슨 심오한 깊은 뜻이 있겠지, 내가 못 배워 무식하니까 못 깨닫는 거겠지

하고 생각했다. 열등의식이 생겼다. 극우 지식인들과 자본가들이 바라는 대로 노예 의식이 만들어졌다. 현실을 외면하는 시 속에 무슨 깊은 뜻이 있겠는가. 이렇게 현실과 동떨어진 시는 말장난에 지나지 않는다.

내가 중학생 나이 때 알퐁소 도데가 쓴 〈별〉이라는 소설을 교과서에서 본 적이 있다. 깊은 산속에서 양을 치면서 살아가는 목동 이야기다. 목동은 주인집에서 두 주일마다 보내 주는 식량으로, 헛간 같은 곳에서 지내며 양들과 살아간다. 어느 날 하인 대신 주인집 딸 스테파네트가 식량을 가져온다.

스테파네트는 신기한 듯이 주위를 휘휘 둘러보기 시작했습니다. 아가씨는 아름다운 나들이 옷을 더럽힐까 봐 스커트 자락을 살짝 걷어 올리더니, 양을 몰아넣는 울 안으로 들어갔습니다. 내가 자는 구석이며, 양 모피를 깐 짚자리며, 벽에 걸린 커다란 두건 달린 외투며, 내 채찍, 그리고 구식 엽총 따위를 보고 싶어했습니다. 그 모든 것이 아가씨에게는 재미있고 즐거웠던 것입니다.

"그래, 여기서 산단 말이지? 참 가엾기도 해라. 밤낮 이렇게 외로이 세월을 보내자니 얼마나 갑갑할까! 무얼 하며 시간을 보내지? 무슨 생각을 하며?"

스테파네트는 그날, 비가 많이 쏟아져 집으로 돌아가지 못하고 목동 집에서 머물게 되는데, 잠을 자지 못하고 목동 어깨에 머리를 기댄 채 아침을 맞는다. 이 목동은 우리 나라로 치면 조선시대의 머슴, 유럽으로 치면 중세시대 노예다. 이 머슴은 다음날 또 고된 일을 해야 하는데 그런 현실은 글에 드러나지 않는다. 돼지갈비가 먹고 싶다든지 푹 쉬고 싶다든지 하고 바라는 게 아니라 그저 주인집 아가씨를 순수하게 연모하는 마음만 품고 있다. 그런데 그 연모하는 마음이란 주인집 따님과 머슴인 목동 사이는 '이루어질 수 없는 사랑 이야기'로 헛된 꿈으로만 표현된다.

우리는 이렇게 봉건적이고 현실이 담기지 않은 꿈같은 글이 좋은 글이라고 배웠다. 그래서 우리가 쓰는 생활글은 좀 유치하고 열등하다는 생각이 뿌리박혀 있다. 사람들이 살다 보면 별별 일이 다 있다. 남을 보증 섰거나 카드 때문에 신용불량자가 되기도 하고 집회를 하다가 감옥에 가기도 하고 회사에서 해고당하기도 한다. 그런 사실을 있는 그대로 쓰지 않고 뜬구름 잡는 이야기를 쓰는 것이 얼마나 우리 삶에 도움이 안 되는지 이제는 깨달아야 한다.

민태원의 〈청춘 예찬〉, 피천득의 〈수필〉이나 김동인의 〈발가락이 닮았다〉 같은 글들도 그 무렵 서민의 삶이나 현실이 전혀 담기지 않은 글이다. 그 가운데 지금까지도 좋은 수필이라고 알려져 있고 아직도 수능시험에 나온다고 공부를 하는 〈청춘 예찬〉을 한번 보자.

청춘! 이는 듣기만 하여도 가슴이 설레는 말이다. 청춘! 너의 두 손을 가슴에 대고 물방아 같은 심장의 고동을 들어 보라. 청춘의 피는 끓는다 끓는 피에 뛰노는 심장은 거선(巨船)의 기관같이 힘 있다. 이것이다. 인류의 역사를 꾸며 내려온 동력은 바로 이것이다. 이성은 투명하되 얼음과 같으며, 지혜는 날카로우나 갑 속에 든 칼이다. 청춘의 끓는 피가 아니더면 인간이 얼마나 쓸쓸하랴? 얼음에 싸인 만물은 죽음이 있을 뿐이다.

그들에게 생명을 불어넣는 것은 따뜻한 봄바람이다. 풀밭에 속잎 나고 가지에 싹이 트고 꽃 피고 새 우는 봄날의 천지는 얼마나 기쁘며, 얼마나 아름다우냐? 이것을 얼음 속에서 불러내는 것이 따뜻한 봄바람이다. 인생에 따뜻한 봄바람을 불어 보내는 것은 청춘의 끓는 피다. 청춘의 피가 뜨거운지라, 인간의 동산에는 사람의 풀이 돋고, 이상(理想)의 꽃이 피고, 희망의 놀이 뜨고, 열락(悅樂)의 새가 운다. (…)

민태원, 〈청춘 예찬〉

이 수필은 학원이나 EBS 수능특강 같은 곳에서도 '적절한 비유와 함축적인 표현, 대구법과 영탄법, 점층법 등을 사용하여 서정적이고 정열적이면서도 화려한 문체로 인생의 황금기인 청춘의 생동감을 박진감 있게 드러내고 있다'고, 한결같이 잘 쓴 글로 평가한다. 이 수필은 정말로 학생들이 배워야 할 만큼 잘 쓴 글일까?

이 글은 1929년에 〈별건곤〉이라는 잡지에 실린 글이다. 1929년이면 일제 강점기 때다. 일제는 1919년 조선의 삼일 만세운동 등 식민지 민중의 거센 저항을 겪고 나서 문화정치로 형식을 바꾸고 실제로는 경찰, 군대를 늘리는 방법으로 사찰을 강화했다.

1929년은 원산 노동자 총파업이 일어났던 해다. 노동자와 농민계급을 중심으로 일제에 저항하는 운동이 펼쳐지고 있었다. 해외에서도 민족 해방 운동이 활발하게 펼쳐졌다. 그 무렵 해외에 거주하는 조선인은 삼백만에 이르렀다고 한다. 모두 조선에서 살 수 없어 먹고살기 위해서였거나 독립운동을 하기 위해서 해외로 나간 것이다.

또한 1929년은 광주학생운동이 일어난 해다. 광주학생운동은 그해 11월 3일 광주에서 일어난 학생시위가 전국으로 퍼져 나가 1930년 3월까지 민족 독립 만세 운동으로 발전한 운동이다. 일제 식민지 시기에 학생들은 엄혹한 식민지 현실과 이를 극복하려는 이상 사이에서 갈등했다. 학생들은 식민지 사회 현실을 깨트리기 위해 몸부림쳤다. 이들은 자신의 출세가 아닌 민족의 독립을 위해 역사 속에 뛰어들었다.

이렇게 엄혹한 시기에 '청춘 예찬'이라니 말이 되는가. 현실과는 전혀 상관없이 멋진 말만 지어 내면 좋은 글인가. 우리 나라 지배자들은 스스로가 친일파를 뿌리로 두고 있기 때문에 그 당시 사회 현실을 드러내지 않는 이런 글을 좋은 글이라고 내세웠다.

이 〈청춘 예찬〉은 글 내용이 현실과 맞지 않는다는 점에서도 그렇지만 글 형식으로 봐도 그리 좋은 글이라고 할 수 없다. 국어학자 서정수 선생은 1976년 〈뿌리깊은 나무〉라는 잡지에 이 글은 "명문의 요소를 갖추었다고 보기에는 그 내용과 짜임새에 너무 흠이 많다"고 비판했다. 글이 애매해 서로 다르게 분석하고 엉뚱하게 풀이하고 있다는 것이다. 그뿐만이 아니다. 〈청춘 예찬〉은 단락 하나에 소주제문이 하나 들어 있어야 하는, 글의 기본 원리에 어긋나는 데가 많아 내용이 헷갈린다. 왜 이런 글이 좋은 수필이라고 교과서에 싣고 아이들에게 가르쳐야 하는지 알다가도 모를 일이다.

이 글이 나온 뒤 85년이 지난 요즘 우리 사회 형편에 맞는 글을 쓴다면 어떤 글을 써야 할까. 지금은 가짜가 아닌 진짜로 '청춘 예찬'을 할 수 있을까. 부산에서 비정규직으로 일하고 있는 젊은이가 〈작은책〉에 보내온 글을 보면 요즘 우리 '청춘'들이 어떻게 살고 있는지 알 수 있다. 내가 보기에 이 글이 민태원의 〈청춘 예찬〉보다 백 배는 나아 보인다.

우리 회사에서 가장 어린 사람은 나다. 같이 밥 먹는 사람들과는 열 살, 스무 살이 차이 난다. 그래서 나는 식당에 먼저 들어가 수저를 놓아야 한다. 한번은 만날 나만 하는 게 짜증나서 안 하고 있으니 그 두 사람이 내 얼굴만 쳐다본다. 속으론 '뭘 쳐다보고 있노? 지들이 좀 하면 되지. 손이 없나 발이 없나?' 화를 내지만 결국 내가 수저를 놨다. 이런저런 얘기를 하다 인턴 얘기가 나왔다. 내가 조금 있으면 인턴이 끝나기 때문에 정규직이 되는지 궁금해서 관리부 이모한테 물어봤다.

"이모, 저 정규직 될 수 있겠죠? 전무님한테 좀 물어볼까요?"

이모는 거들떠도 안 보고 말한다.

"자영 씨, 그런 건 그냥 가만히 있으면 위에서 다 알아서 하는 거야. 아직 자영 씨가 어려서 모르나 본데 하루라도 더 산 내 말 들어."

나는 정말 중요한 문젠데 이모는 어린 사람은 그냥 말이나 잘 듣고 일이나 계속 하란다. 짜증이 나서 두 그릇 먹던 걸 한 그릇만 먹고 먼저 일어섰다. 사무실에 올라가니 대리님, 차장님, 계장님들 다 의자를 뒤로 젖히고 몬스터 길들이기 게임을 하고 있다. 결재를 맡은 서류가 주인을 기다리며 책상에 쌓여 있어도 들고 가는 사람 한 명도 없다. 다 내가 해야 되는 일인 것이다. 사무실을 돌며 서류들을 전달해 주는데 고맙다는 인사 한마디 없다. 화장실에서 양치질을 하고 돌아오니 내 책상엔 조장님들이 올라와 컴퓨터를 쓰고 있다.

"딴 데 빈 의자에 앉으면 된다 아이가. 내 컴퓨터 하는 거 안 보이나?"

'니 키가 좆만 해가 앉아 있는 것도 안 보인다, 이 개새끼야!' 마음속으로 생각하고 빈 의자에 앉았다. 다른 사람들은 좋지만 저 조장님은 정말 싫다. 만날 담배 피고 가래나 뱉고 담배 냄새 찌든 손가락으로 내 어깨에 은근슬쩍 손 올리는 재수 없는 새끼다. 한번은 내 머리까지 쓰다듬으려고 하길래 앞으로 몸을 슥 숙이며 피하니까 그날 하루 종일 내게 말도 걸지 않았다. 쪼잔하고 더러운 새끼다. 속으로 오만 욕을 다하고 있는데 종이 울린다. 회사 점심시간이 짧은 게 이럴 때는 좋다.

전쟁 같은 업무 시간으로 돌아왔다. 영업부에서 넘어오는 것 중 애매한 의뢰서는 다시 물어보고 필요한 소모품이나 자재들은 전무님에게 결재받은 후에 구매부에 넘겨줬다. 현장에도 의뢰서를 배포해 주고 라벨이 없는 것은 내가 컴퓨터로 뽑아서 현장에 가져다줬다. 그렇게 뛰어다니는 중간에도 현장에 사람들이 없기 때문에 나를 부르며 일을 도와 달라고 한다. 우리 회사는 쇠를 만지는 회사라 조금만 도와줘도 얼굴이며 옷에 쇳가루가 묻어 있고 무거운 물건들이라서 손이 덜덜 떨린다. 그래서 조금 꺼려지기도 하고 사무실에 올라가 컴퓨터에 입력할 게 있어 거절하려 했다. 아저씨들이며 이모들이 다 꾸짖는 것같이 쳐다보길래 할 수 없이 장갑을 끼고 일을 도와 줬다. 오늘 나갈 물건을 다 포장하고 나니 그제서야 보내 준다. 장갑을 벗으며 사무실로 달려갔다. 내 책상 위엔 의뢰서가 또 한 무더기다. 빨리 복사해서 현장에 내려 줘야 한다. 만약 늦게 내려 주면 난 현장 사람들, 영업부, 전무님에게 돌아가며 혼날 것이다. 앉을 새도 없이 의뢰서를 들고 복사기 앞으로 갔다.

복사를 하면서 창밖을 내다본 적은 수도 없이 많았다. 그런데 오늘에서야 나무를 본 것이다. 바람이 부는 것도 아닌데 나무를 바라보는 눈이 어찌나 시린지……. 눈물이 날 것 같아 복사하던 것을 놔두고 화장실로 갔다. 나는 참지 못하고 울어 버렸다. 어른들은 내가 회사에서 열심히 일하는 것이 아름답다 했다. 젊을 때 그렇게 열심히 일하면 늙어서 편안할 것이라고 격려했다. 그래서 나도 그렇게 뛰어다니는 것이 아름답다 생각했다. 그런데 오늘 너무 초라하다. 불쌍하다. 계절은 어느새 겨울이 되고 하늘은 저렇게 예쁜데 나는 건물 안에 갇혀 있다. 그나마 책임질 것이 적은, 젊을 때 자연도 느끼고 여행도 다녀야 되는데 나는 어른들이 말하는 바른 젊은이라는 말에 속아서 건물 안에 갇혀 있다. 집으로 가는 길이 어찌나 긴지. 마음도 고달프고 몸도 고달파 의자에 몸을 파묻었다. 혼이 나간 것처럼 창밖에 시선을 던져 놨다. 내 귀에는 자우림의 '청춘 예찬'이란 노래가 들리고 있었다. 그 어느 때보다 슬프게 들린다.

"하늘은 가슴 시리도록 높고 푸르고 젊은 나는 젊은 날을 고뇌하네. 침묵이 가만히 내 입술을 적시네. 어둠이 조용히 내 어깨를 감싸네. 세상은 눈이 부시도록 넓고 환하고 젊은 나는 내 젊음을 절망하네. 라라라라라라 일월의 태양처럼 무기력한 내 청춘이여. 라라라라라라 닿을 수 없는 먼 곳의 별을 늘 나는 갈망한다."

강자영, 〈서러운 청춘 예찬〉, 작은책 2014년 1월호

어릴 때 교과서에서 배운 서정주 시는 어떤가.

한 송이의 국화꽃을 피우기 위해

봄부터 소쩍새는

그렇게 울었나 보다.

한 송이의 국화꽃을 피우기 위해

천둥은 먹구름 속에서

또 그렇게 울었나 보다.

그립고 아쉬움에 가슴 조이던

머언 먼 젊음의 뒤안길에서

인제는 돌아와 거울 앞에 선

내 누님같이 생긴 꽃이여.

노오란 네 꽃잎이 피려고

간밤엔 무서리가 저리 내리고

내게는 잠도 오지 않았나 보다.

서정주, 〈국화 옆에서〉

〈국화 옆에서〉는 대표적인 서정시라고 해서 내가 어릴 때 교과서에도

실려 있던 시고, 지금까지 많은 이들이 좋아하는 시다. 하지만 이 시는 논란이 많은 시다. 백환희는 《국화꽃의 비밀》이라는 책에서 이 시에 나오는 국화가 일본 왕실을 의미한다고 했다.

그 책에 따르면 일본 제국주의 시대에 노란 국화는 일본 왕실과 태양을 상징한다. 일본은 우리 국사당을 내몰고 조선 신궁을 지었는데, 그 신궁에는 둥근 거울이 있었다. 그 거울은 일본 조상신을 상징하고, 승려들은 그 앞에 서서 기도를 한다고 한다. 백환희는 〈국화 옆에서〉를 쓸 때와 '일왕의 인간선언' 시점이 다같이 1946년 무렵인데, 인간선언 뒤 '살아 있는 신'에서 '인간'으로 돌아온 일왕 히로히토의 이미지와 늦가을 무서리 속에 피어 있는 국화꽃의 이미지가 많이 비슷하다고 말한다.

그 주장이 맞고 안 맞고는 둘째 치고라도, 서정주는 일제 말기 조선인의 징병을 종용하는 글과 친일시를 발표했다.

(…)
마쓰이 히데오!
그대는 우리의 오장, 우리의 자랑
그대는 조선 경기도 개성 사람
인씨의 둘째 아들, 스물한 살 먹은 사내

마쓰이 히데오!
그대는 우리의 가미자제 특별공격대원

귀국대원.

(…)

우리의 동포들이 밤과 낮으로

정성껏 만들어 보낸 비행기 한 채에

그대, 몸을 실어 날았다간 내리는 곳

소리 있어 벌이는 고흔 꽃처럼

오히려 기쁜 몸짓하며 내리는 곳

쪼각쪼각 부서지는 산더미 같은 미국 군함!

수백 척의 비행기와

대포와 폭발탄과

머리털이 샛노란 벌레 같은 병정을 싣고

우리의 땅과 목숨을 뺏으러 온

원수 영미의 항공모함을

그대

몸뚱이로 내려져서 깨었는가?

깨뜨리며 깨뜨리며 자네도 깨졌는가—

(…)

서정주, 〈마쓰이 오장 송가〉

이 시는 서정주가 1944년 12월 총독부 기관지인 〈매일신보〉에 발표한 대표적인 친일시다. 이른바 '자살 특공대'로 알려진 가미가제 특공대의 일원으로 전쟁에서 죽은 조선 청년의 죽음을 숭고한 애국 행위로 미화, 찬양하고 일본과 조선을 일체화시켜 일본군에 입대하라고 장려하려고 쓴 시다. 일제는 가미가제 특공대로 목숨을 버리는 것을, 공명이나 충절을 위해 깨끗이 죽는다는 뜻으로 옥쇄라는 이름을 붙여 미화했다.

서정주는 해방이 되고 난 뒤에도 권력에 아부하고 굴종했다. 해방 직후 이승만 정권에 빌붙었고, 1980년 신군부가 등장한 뒤에는 희대의 살인마 전두환 대통령 후보의 찬조 연사로 나서기도 했으며, 대통령 당선을 축하하는 축시도 썼다. 또 전두환 정권 수립 무렵에 텔레비전 방송에 출연해 전두환 군사 파쇼 정권에 대한 지지 발언을 하기도 했다. 일제와 독재 권력 주변을 맴돌며 '아부와 굴종'을 했다는 지탄을 면치 못하는, 반민중 반민주 친독재에 야합한 인물이다. 서정주는 또 1987년 4.13 호헌조치를 온 국민이 반대할 때, 거룩한 순수의 이름으로 4.13 지지성명서를 내기도 했다. 하다하다 나중엔 전두환 생일 때 '탄신일에 드리는 송시'까지 쓴다. 주인이 바뀌어도 꼬리를 살랑거리며 아양 떠는 애완견하고 비슷하다. 아니 어떤 애완견은 전 주인을 잊지 못하고 우울해하기도 하는데 서정주는 그런 것도 없다.

한강을 넓고 깊고 또 맑게 만드신 이여
이 나라 역사의 흐름도 그렇게만 하신 이여

이 겨레의 영원한 찬양을 두고두고 받으소서.

(…)

이 겨레의 모든 선현들의 찬양과

시간과 공간의 영원한 찬양과

하늘의 찬양이 두루 님께로 오시나이다.

서정주, 〈전두환 대통령각하 제56회 탄신일에 드리는 송시〉

1992년 월간 〈시와 시학〉에 "국민 총동원령의 강제에 따라 어쩔 수 없이 징용에 끌려가지 않기 위해 친일문학을 썼다. 살기 위해 어쩔 수 없었던 일"이라고 변명했지만, 국내 민주화가 이뤄지면서 후배들의 따가운 비판 대상이 됐고, 과거의 시 세계도 빛이 바랬다. 국정 교과서에서 서정주 시를 잇따라 뺐으며 몇몇 검인정 교과서만 실었다.

서정주를 옹호하는 어떤 어리석은 이들은 '문학은 순수해야 한다'고 순수문학을 주장한다. 이들은 '예술을 위한 예술'을 주장한다. 순수문학이라는 게 대체 어떤 문학인가. 문학이 순수하다? 어떤 내용을 써야 순수한 걸까? 일제의 침략 행위를 옹호하고 찬양하던 글들이 순수문학이라는 말인가? 서정주가 권력에 빌붙고 독재에 굴종하는 행태는 도가 넘었다. 극우 이데올로기를 찬양했던 사람이 어떻게 문학은 순수해야 한다고 순수문학을 주장할까? 이런 사람들의 시를 교과서에서 중요하게 다룬다는 게 이게 말이 되는가?

시나 소설이나 수필이나, 모든 글은 인간이 쓰는 것이다. 인간은 그 시대와 동떨어진 생각을 할 수가 없다. 인간이 그 시대에 복종하면서 살든, 저항하면서 살든 마찬가지다. 인간은 그 시대에 내던져져 있다. 소설가 스티븐 킹은 《유혹하는 글쓰기》에서 "여러분이 쓰고 싶은 것이라면 무엇이든지, 정말 뭐든지 써도 좋다. 단, 진실만을 말해야 한다"고 했다. 조정래는 《황홀한 글감옥》에서 "모든 비인간적 불의에 저항하고, 올바른 인간의 길을 옹호해야 하는 작가는 오로지 진실만을 말해야 하는 존재"라고 말했다. 상상력을 동원해 쓰는 소설가조차 이렇다. 독일의 극작가이자, 시인, 연출가였던 베르톨트 브레히트도 마찬가지다. 나치 시대를 살았던 브레히트는 그 시대에 맞는 글을 쓰라고 호소한다.

참으로, 나는 암울한 시대를 살고 있구나!
악의 없는 언어는 어리석게 여겨진다. 주름살 없는 이마는
무감각을 나타내게 되었다. 웃는 사람은
아직 끔찍한 소식을 듣지 못했을 따름이다.
나무들이나 이야기하는 행위가 곧
그 많은 범죄 행위에 관한 침묵을 내포하므로
거의 범죄나 다름없으니, 이 시대는 도대체 어떻게 된 것이냐!
저기 천천히 길을 건너가는 사람은
곤경에 빠진 그의 친구들을
아마 만날 수도 없겠지?

베르톨트 브레히트, 〈후손들에게〉

"나무들이나 이야기하는 행위가 곧 그 많은 범죄 행위에 관한 침묵을 내포하므로 거의 범죄나 다름없으니"가 무슨 뜻인가? 한마디로, 폭력의 시대에는 자연을 노래하는 행위가 곧 범죄나 다름없다는 말 아닌가. 프랑스에서는 나치 강점기에서 벗어난 뒤 가장 무겁게 처벌받은 사람들이 나치 독일에 협조한 문인이었다. 글로 사람을 현혹한 죄는 다른 죄보다 무겁다는 뜻이다. 하지만 우리 나라는 일제 강점기에서 벗어난 뒤 일제의 앞잡이들이 정권을 잡고 권력을 휘둘렀다. 일제를 찬양하고 일본인에게 협조했던 문인들은 무겁게 처벌 받기는커녕 고상한 지식인으로 행세했다. 처벌 받은 이들은 거꾸로 독립을 위해 애쓴 사람들이었다.

우리 나라는 지금 어떤 사회인가? 오랫동안 독재 정권이 이어진 뒤, 이명박 정권과 박근혜 정권이 나타나 민주주의가 삼십 년 거꾸로 돌아간 사회다. 이명박 정권은 집권하자마자 2009년 1월 20일 용산에서 철거민 다섯 분을 불태워 죽이고, 2009년 5월 22일부터 8월 6일까지 사측의 구조조정 단행에 반발해 약 76일간 정당하게 농성한 쌍용자동차 노조원들을 마치 전쟁터에서 적군을 무찌르듯 헬리콥터를 띄워 독가스를 쏟아붓고 테이저건을 쏘고 몽둥이를 무자비하게 휘두르면서 진압했다. 그리고 노조원 예순네 명을 구속했다.

박근혜는 어떤가. 국정원 같은 국가 권력을 동원해 댓글로 여론을 조작해 이승만 때 3.15 부정선거에 버금가는 불법 선거로 당선된 사람이다. 게다가 전자투표 개표 과정도 석연치 않다. 이런 엄혹한 시대에 서정시니 어쩌니 자연만 노래하면 안 된다. 이런 사회 현실을 외면하고 순수주의니 뭐니 하는 사이비 말로 현혹하면 안 된다. 사랑 이야기조차 그 시대 조건과 무관하지 않을 텐데 어떻게 사회 현실을 무시한 이야기를 쓸 수 있다는 말인가?

우리 나라 젊은이들에게 가장 많은 사상적 영향을 끼친 리영희 선생은 이렇게 말한다.

나의 글을 쓰는 유일한 목적은 진실을 추구하는 오직 그것에서 시작되고 그것에서 그친다. 진실은 한 사람의 소유물일 수 없고 이웃과 나누어야 할 생명인 까닭에 그것을 알리기 위해서는 글을 써야 했다. 그것은 우상에 도전하는 이성의 행위다. 그것은 언제나, 어디서나 고통을 무릅써야 했다. 지금까지도 그렇고 영원히 그러리라고 생각한다. 그러나 그 괴로움 없이 인간의 해방과 발전, 사회 진보는 있을 수 없다.

리영희, 《우상과 이성》

서정주가 쓴 〈국화 옆에서〉는 다르다고 그래도 우기는 사람이 있다. 글과 글을 쓴 사람의 삶이 꼭 일치할 필요는 없다고? 이런 '된장!' 어떤 글을 읽으면서 그 글을 쓴 시대를 생각하지 않을 수 있나? 〈국화 옆에서〉라는 시가 아무리 훌륭한 시라고 할지라도, 일제 밑에서 신음하는 민중들의 삶을 나몰라라 하고, 일제가 벌인 침략 전쟁에 우리 나라 젊은이들을 끌어들였던 사람이 쓴 시라는 걸 생각하지 않을 수 있나?

릴케는 자기가 쓴 시가 굶주려 죽어 가는 소녀에게 주어야 할 빵 한 조각만도 못한 것을 탄식했고, 카뮈는 자기가 내세우는 실존주의가 몽마르트 비탈길에서 얼어 죽어 가는 노숙자를 살릴 담요 한 장만도 못하다고 안타까워했다. 조지 오웰과 헤밍웨이는 스페인 내전에 참전했고, 사르트르는 레지스탕스에 가담했으며, 에밀 졸라는 드레퓌스 사건을 짊어지고 정부 권력에 저항했다.

　문학이란 본래 '순수 문학' 또는 '진실 문학'밖에 없다. 이쁜 거 보고 이쁘다고 하고 더러운 걸 보면 더럽다고 하는 순수한 마음에서 쓰는 문학이 진짜 순수 문학이다. 무너질 듯 가난한 오막살이를 보고 "오, 아름다움이여!" 하고 읊는 건 '공갈 문학'이다.

　문학이든 생활글이든, 글은 자기 삶과 일치해야 한다. 삶을 떠난 글쓰기는 없다.

글은 짓는 게 아니라
쓰는 거다

    버스 운전을 하던 어느 날, 나는 야간 근무를 끝마친 뒤 새벽에 동료들과 술 한잔 하고 집에 가서 〈노동의 새벽〉을 읽었다.

    전쟁 같은 밤일을 마치고 난

    새벽 쓰린 가슴 위로

    차거운 소주를 붓는다

    아

    이러다간 오래 못 가지

    이러다간 끝내 못 가지

    설은 세 그릇 짬밥으로

    기름투성이 체력전을

전력을 다 짜내어 바둥치는

이 전쟁 같은 노동일을

오래 못 가도

끝내 못 가도

어쩔 수 없지

탈출할 수만 있다면,

진이 빠져, 허깨비 같은

스물아홉의 내 운명을 날아 빠질 수만 있다면

아 그러나

어쩔 수 없지 어쩔 수 없지

죽음이 아니라면 어쩔 수 없지

이 질긴 목숨을,

가난의 멍에를,

이 운명을 어쩔 수 없지

늘어 처진 육신에

또다시 다가올 내일의 노동을 위하여

새벽 쓰린 가슴 위로

차거운 소주를 붓는다

소주보다 독한 깡다구를 오기를

분노와 슬픔을 붓는다

어쩔 수 없는 이 절망의 벽을

기어코 깨뜨려 솟구칠

거치른 땀방울, 피눈물 속에

새근새근 숨 쉬며 자라는

우리들의 사랑

우리들의 분노

우리들의 희망과 단결을 위해

새벽 쓰린 가슴 위로

차거운 소주잔을

돌리며 돌리며 붓는다

노동자의 햇새벽이

솟아오를 때까지

박노해, 〈노동의 새벽〉

　이 시를 보고는 "아!" 하고 무릎을 쳤다. 버스 기사들이 심야버스를 운행하고 새벽에 동료들하고 술을 먹으면 정말 쓰린 가슴 위로 소주를 붓는 느낌이 든다. 이게 우리들이 읽고 써야 할 시가 아닌가? 일하는 사람한테 나올 수 있는 글, 억지로 지어낸 시가 아니다.

　김남주가 쓴 시는 우리 현실을 깨닫게 하고 정신이 번쩍 들게 한다.

미군이 있으면

삼팔선이 든든하지요

삼팔선이 든든하면

부자들 배가 든든하고요

미군이 없으면

삼팔선이 터지나요

삼팔선이 터지면

부자들 배도 터지고요

김남주, 〈삼팔선〉

잡년아 어제는

미친년 고쟁이로 펄럭이는 히노마루 깔고

쪽발이 왜발이 좆대강이 빨더니

아이고 무서워 아이고 무서워

월남이라 망국사 못 읽게 하더니

잡년아 오늘은

피 묻은 고쟁이로 펄럭이는 성조기 깔고

흰둥이 깜둥이 좆대강이 빨더니

아이고 무서워 아이고 무서워

베트남이라 해방사 못 읽게 하더니

내일은 또 누구의 것 빨면서

무슨 책 못 읽게 하려나 잡년아 썩을년아

김남주, 〈전후 36년사〉

허걱! 소리가 나올 정도로 충격에 휩싸였다. 현실을 몰랐다면 '이게 시
란 말인가?' 하고 무시했을 것이다. 우리 나라 근대사를 알고, 현재를 알
고 나니, 시 한 편에 이렇게 많은 걸 담을 수 있구나 하고 감탄하게 된다.
이런 시들을 읽고 내가 여태 시에 대해서 품고 있던 생각들이 무너졌다.

'내가 못 배워 시를 몰랐던 게 아니었구나. 내가 진짜 시를 몰랐던 게
로구나. 이게 우리들 시구나. 관념이 아닌 생활에서 나온 시! 지어내지
않고 쓴 시! 이게 진짜 시였어!'

우리 나라 제도 교육에서는 사회를 드러내는 이런 시를 아이들에게
가르치지 않는다. 그렇게 배운 아이들은 자라서도 살아 있는 글을 쓰지
못하고 글을 지어낸다.

피곤에 지친 몸으로 지하철을 기다리고 있었다. 회사에서 방금 일을 끝내
고 나온 사람들, 동료들과 함께 한잔 걸친 듯한 직장인들, 늦게까지 공부하
느라 힘들었을 텐데 손에서 책을 못 놓고 있는 학생, 다들 다양한 사연을 안
고 집으로 또는 약속 장소로 이동하려나 보다.

그런데, 하나같이 얼굴에 표정이 없다. 무표정 그 자체다. 어둡기 그지없
다. 무슨 일이 그렇게도 얼굴을 밉상으로 만들었는지……. 아마도 다들 고민

거리와 세상의 힘든 짐을 안고 있겠거니 생각해 본다. 사실 내 자신도 일이 밀리게 되면 자연스레 얼굴 근육이 경직되고 신경은 날카로워진다. 때로는 자신의 능력에 대해 반문해 보기도 한다. 실망도 한다. 어쩌면 누구나 겪는 당연한 일상사가 아닐까?

십여 년 전을 생각해 보면 세상이 많이도 냉정해졌다. 세상살이가 녹록치 않다. 살아남는 자와 쓰러지는 자로 세상은 구분되고 있다. 스트레스가 우리의 삶을 건조하게 만든다. 경쟁이 치열해지면서 개인 스스로가 감당해야 하는 스트레스가 여기저기에서 우리를 가두고 있다. 우울해진다. 행복해지고 싶다. 어떻게 하면 행복을 찾을 수 있을까?

어쩌면 우리는 그 길을 진작부터 걷고 있었는지도 모른다. 단지 조금 비껴서 걷고 있을 뿐이라는 생각이 든다. 하루 일상을 생각해 보자. 사람들을 만나 즐겁다. 혼자 콧노래를 흥얼거린다. 피식 웃음이 나온다. 왠지 컨디션이 좋다고 느낀다. 사람들과 어울려 취미 생활을 즐긴다. 이런 순간을 상상해 보자. 행복은 결코 멀리 있는 것은 아닌 듯싶다.

사람들은 행복해지고자 한다. 나도 마찬가지이다. 누가 과연 행복해지기를 마다하겠는가? 행복이라는 것이 언어적으로 무엇을 의미하는지는 별 상관이 없다. 자신의 스타일에 맞는 행복을 추구하는 것이 실리적이고 구체적이며 자신에게 딱 맞는 행복일 것이다.

행복은 누군가 문득 전해 주는 선물 꾸러미가 아니다. 스스로 우물을 파야만 물을 얻을 수 있듯이 찾아 나서야만 눈앞에 나타나는 친구다. 주변에서 어떻게 해 줄 수 없는 대상이라면 스스로 행복이라는 열매를 찾아보았으면 한다.

우리는 가끔씩 돈과 행복을 평행선으로 본다. 원만한 생활을 영위하기 위해서는 소소한 정도의 경제적인 뒷받침만 있으면 될 듯하다. 돈이 많다고 행복한 건 아니지 않는가? 사람들과 소통하면서 자신의 존재감을 만끽하고, 여유를 즐길 줄 안다면 충분하리라 본다.

가끔은 뜬금없이 미소를 띠어 보자. 지치고, 힘들고, 포기하고 싶어도 어쩌다가 미소라는 친구를 불러 볼 줄 아는 여유가 있었으면 한다. 얼굴에 미소를 짓고 다녀 보자. 자신의 위치에서 행복을 만들어 보자. 쉽지는 않겠지만, 자신뿐만 아니라 나를 둘러싸고 있는 것들에도 힘이 될 듯싶다.

요즘 사람들이 하나같이 얼굴에 표정이 없고 어둡다는 말인데, '그런 고민거리나 힘든 점은 누구나 겪는 당연한 일상사가 아닐까?' 하고 반문한다. 결론은? 돈이 많다고 행복한 건 아니라는 것. 사람들과 소통하면서 자기 존재감을 만끽하고, 여유를 즐길 줄 안다면 충분하다는 것이다. 그리고 가끔은 뜬금없이 미소를 띠어 보면서 자기 자리에서 행복을 만들어 보자고 한다. 언뜻 보면 참 잘 쓴 글로 보인다. 하지만 조금만 깊이 생각해 보자. 과연 그러면 행복해질까? 입시, 입시, 입시에 치여 오로지 일류 대학을 가려고 바둥대다가 경쟁을 뚫고 겨우 졸업을 해도 취직이 안 된다. 취직이 된다 해도 비정규직이 구백만 명이 넘는 나라에서 정규직으로 일하기는 하늘에 별따기다. 그런 처지에서 가끔씩 뜬금없이 미소를 띠어 보면 행복해질까? 잘못된 사회 구조를 깨닫고 비판하고 고칠 생각은 않고, 그렇게 긍정적인 생각으로만 살면 이 세상이 좋아질까?

행복하게 살려면 먼저 자기가 사는 시대를 냉철하게 바라볼 수 있어야 한다. 지금까지 길에서 해고 무효 싸움을 하던 기륭전자 노동자들은 2005년에 월 급여가 최저 임금보다 십 원 더 많은 64만 1,850원이었다. 그거라도 받으면서 묵묵히 일했는데 옆 사람과 말을 나눴다고 해고를 당했다. 지금 이 사회 현실이 얼마나 냉혹한지 알아야 한다.

속았다.

학생회 활동하는 친구 녀석이 본관 점거한다면서 도와 달라고 한다.

일주일만 안에 있으면 된다면서 이틀은 주말이니 별 문제 없다고 한다. 흔쾌히 함께하자 했는데 어느덧 140일을 훌쩍 넘겨 버렸다. 친구 녀석한테 완전 속았다.

한신대학교 종교문화학과 안준영, 〈농성〉

농성 한 달쯤 됐나. 나가고 싶은데 나갈 구석이 없다. 묘안을 생각해 낸 게 죽을랑 말랑 한 나무를 사다 심어서 그게 죽으면 나는 나간다고 선포했다.

처음에는 잎이 잘 자라 걱정을 했는데 다행히도 잎이 하나씩 말라 죽기 시작했다. 잘됐다 싶었는데 며칠 지나자 다시 잎이 마구 마구 자라나기 시작했다. 이제는 완전히 자리 잡았는지 이대로 가다간 내년에는 꽃도 피울 기세이다.

작전을 바꿨다. 벚꽃나무에서 무순으로 바꿨다. 요리하다 잘려 나간 무순을 접시에 물을 담아 올려놨다. 무순도 역시 잘 자란다. 에라 모르겠다. 며칠 간 물을 안 줬다. 완전히 말라비틀어져 있었다. 사람들 보는 눈도 있고 해서 걱정을 해 주는 척하면서 물을 다시 담아 줬다. 이 정도면 말라 비틀어 죽었겠지. 이게 웬걸 저녁이 되니 말라비틀어져 있던 잎들이 다시 생기가 돌기 시작한다. 정말 질기다 질겨. 벚꽃나무도 무순도 우리들만큼이나 질기다.

안준영, 〈벚꽃나무와 무순〉

이게 바로 살아 있는 글이다. 농성장을 나가고 싶어하는 마음을 솔직히 털어놓는다. 한쪽으로는 미안해서 무순에 물을 다시 준다. 그러면서 질긴 자신들을 되돌아본다. 어쩌면 이렇게 그 장면이 생생하게 눈에 들어올까. 이렇게 현실을 그대로 보여 주는 글이 진짜 글이다. 이오덕 선생은 글과 책을 '쓴다'고 하지 '짓는다'고 하지 않았다. 글은 짓는 게 아니라 쓰는 거다.

생활글을
써야 한다

어떤 글을 써야 할까? 평범하게 살아가는 사람들, 일을 해야 먹고사는 사람들은 생활글을 써야 한다. 이오덕 선생님 말씀을 다시 한 번 되새겨 보자.

나는 일하는 사람들이 쓴 이런 이야기 글이 문학이라고 쓴 작품보다 더 가치가 있다고 생각한다. 그 까닭은 신춘문예보다 노동자나 일하는 어머니들이 쓴 살아온 이야기가 훨씬 더 감동을 주고 재미있게 읽히기 때문이다.

윌리엄 진서는 이렇게 말했다.

자기가 사는 세상에 대해 글을 쓰는 방법을 학생들에게 가르치는 우리 같은 사람들은 종종 시대착오적인 오해에 부딪히곤 하는데, 그것은 소설이나 시처럼 19세기에 '문학'으로 인정된 형식만이 그 정의상 문학이 될 수 있다는 생각이다. 그러나 사실 작가들이 쓰고자 하는 것, 출판사와 잡지사가 출간하려 하고 독자들이 요구하는 것의 상당수는 논픽션이다.

윌리엄 진서, 《글쓰기 생각쓰기》

우리는 글 하면 시나 소설, 비평 같은 글만 떠올린다. 그리고 '문학'에 들어가지 않는 생활글은 하찮게 여긴다. 우리가 살아가는 삶 속에서 나오는 생활글을 하찮게 생각하는 것은 지배 세력들에게 그렇게 세뇌당했기 때문이다. 어떤 사실을 주장하는 칼럼에도 생활 속에서 나오는 사례가 없다면 재미도 없고 하나마나한 이야기일 뿐이다. 생활글은 좀 있어 보이는 말로 논픽션이라고 한다. '논픽션' 하면 좀 있어 보이고 '생활글' 하면 좀 하찮게 보이는 것도 착각일 뿐이다.

소설가 장정일은 논픽션 같은 다양한 글쓰기를 해야 한다고 이야기한다. 그래야 우리 사회가 더 바람직하게 변할 수 있다고 한다.

글쓰기의 가짓수는 무척 많고, 교양이란 굉장히 폭이 넓은 세계다. 하지만 우리 나라에서는 글쓰기 하면 곧바로 시나 소설을 떠올리고, 그걸 읽는 게 교양의 다인 양하는 사람들이 많다. 다양한 글쓰기가 가능함에도 불구하고 특정 장르의 문학이 글쓰기의 피라미드 가장 높은 꼭대기에 좌정하고 있으면서 그 외의 글쓰기를 억압하는 사회, 고작 시집이나 소설 몇 권을 읽는 것으로 교양인 행세가 가능한 나라는 가망이 없다.

BBK 같은 사건이 터졌을 때 제대로 된 사회에서라면, 거의 반년 안에 스무 권이 넘는 논픽션이 쏟아져 나와야 한다. 그 가운데 어느 한 종이 100만 부 이상 팔리고 그 사건이 시중의 화제가 되고 칼럼에 오르내리는 사회가《엄마를 부탁해》같은 소설이 100만 부나 팔리는 사회보다 훨씬 바람직할 수 있다.

소설《도가니》도 그렇다. 청각장애자 학교에서 일어났던 성폭력 사건을 유명 작가가 논픽션으로 썼다면, 사회적 파급력은 상당했을 것이다. 어쩌면 그 영향으로 진실이 발본되고 미비한 법들이 고쳐질 확률도 높았으나, 문학이 너무 강한 사회는 온갖 사회적 의제와 다양한 글감을 문학이란 대롱으로 탈수해 버린다.

장정일, 《빌린 책, 산 책, 버린 책》

평론가 도정일도 글을 쓸 때 자기 주변에서 글감을 찾아 써야 한다고 말한다.

(…) 학생들이 가장 잘 아는 자기 삶의 이야기, 친구들과의 관계, 가족 이야기, 사회봉사 가게 되면 봉사하러 갔던 곳에서의 자기 체험들, 이런 걸 가지고 거기서 글감을 끌어내어 써 보게 하라는 거예요. 그러다 보면 학생들은 자기가 쓴 글이 어떤 중요한 주제에 연결되는가를 생각하게 됩니다. 처음엔 그냥 어디 여행 간 얘기 같은 걸 쓰더라도, 가만 보면 그것이 사회적으로나 학문적으로 또는 정치 경제적으로 중요한 이슈와 연결되는 부분이 있음을

발견하게 됩니다. 그런 고리부터 학생들이 스스로 발견하게 하는 것이 중요합니다. 그래서 글쓰기는 다른 공부와 마찬가지로 학생들이 자기 손으로 자기 글감을 찾고 주제를 만들거나 발견하는 기쁨, 그 발견의 기쁨과 연결돼야 합니다. 그런 기쁨이 없으면 글쓰기는 잘 될 수가 없습니다.

도정일, 〈무엇을 쓸 것인가〉, 《글쓰기의 최소 원칙》

솔직한
글을 써야 한다

내가 글을 쓰기 시작한 뒤 글이 술술 나오지는 않았다. 그러다 내가 다시 글을 쓰게 된 계기가 있었다. 1997년에 전태일문학상 생활글 부문에 당선된 것이다. 그때까지 전태일문학상은 시와 소설 부문만 있었고 생활글 부문은 없었다. 〈작은책〉 편집장이던 강순옥 씨가 글을 한번 내 보라고, '살아온 이야기'를 써 보라고 했다. 그때는 글쓰기에 한참 재미 들었을 때라 '그래, 한번 써 볼까' 하고 시작을 했다.

일 끝나고 집에 들어가 며칠 동안 밤새 글을 썼다. 내가 살아온 이야기를 쓰는데 옛 기억을 되살리는 재미도 있었지만 마음 아팠던 일들이 떠올라 울기도 했다. 초등학교를 졸업하고 공장에 들어갔던 이야기, 벌이가 시원치 않아 점심으로 라면만 먹던 이야기, 토큰 두 개, 청자 담뱃값 이백 원, 라면 값 백 원만 가지고 다니던 이야기, 형이 사고가 나서 전세방을 빼 치료비로 병원에 준 뒤 구한 단칸방에서 부모님, 여동생, 형 식구 넷, 게다가 결혼도 않고 같이 살았던 스물두 살 내 아내까지, 아홉 명이(열인가?) 같이 자던 이야기, 화물차를 운전하고 밤늦게 집에 들어가면 잘 데가 없어 밤이슬 맞고 밖에서 자기도 했던 이야기를 쓰면서 울었다. 그 집은 고양시 행신동에 있었다. 논 한가운데 집이 있었고 '완존히' 시골이었다. 밤에 깡소주를 한잔 걸치고 집에 들어가면서 고래고래 소리지르며 노래를 불렀다. 늘 부르던 노래는 개나리 처녀. "개에나아리! 우무울가아에 사랑 찾는 개에나리이 처어녀~" 하루 종일 심심했던 온 동네 똥개들이 난리가 났다. 그런 이야기들을 속 시원히 글로 풀어 냈다.

가장 마음이 아팠던 이야기는 아내가 둘째 아이를 뗄 때였다. 월급 이십만 원 받던 시절에 첫아이도 너무 일찍 나와 인큐베이터에서 살았는데 또 둘째 애를 뱄으니 어찌 키울 수 있으랴. 뱃속에서 다 자란 아이를 뗐다. 아내가 병원에서 나오면서 "괘씸아, 아파서 죽을 뻔했어" 했던 이야기를 쓰는데 눈물이 앞을 가려 쓸 수가 없었다. 상상해 보시라. 내일 새벽에 일을 나가야 하는데 밤새 컴퓨터 앞에서 눈물 콧물 줄줄 흘리면서 글을 쓰는 내 모습을…….

그런데 정작 글을 계속 쓸 수 없었던 건 그 때문이 아니었다. 아내를 만나기 전 다른 여자들과 연애했던 이야기 때문이었다. 그리 많지는 않았지만 군에 있을 때 만난 여자들 이야기. 제대하고 잠깐 동안 같이 살기도 했던 여자가 있었는데 아내가 볼까 봐 글을 쓰지 못했다. 그 부분을 넘기고 글을 쓰려니 이야기가 이어지지 않았다. 사람들이 이래서 소설을 쓰나 보다 생각했다. 하여튼 한참 동안 글을 쓰지 못했다. 전태일문학상

응모 마감일은 다가오고 글은 나아가지 못하고 고민, 고민, 하다 에라 써 버리자 했다. 과감히, 용감하게, 단순 무식하게 그 이야기를 털어놓았다. 물론 아내한테 보여 주지는 않았다. 나중에 상을 받으면 보여 줄 생각이었다.

내가 말하고 싶은 것은, 글쓰기에서 중요한 건 뭐? 바로 정직이다. 가짜로 정직을 꾸미지 말고 마음속에 있는 '정직!'을 쓰라는 거다. 이거 쉽지 않다. 내면의 정직, 진짜 속마음을 털어놓지 않으면 읽는 이들은 금방 눈치챈다. 또한 글을 쓰는 사람도 글이 앞으로 나아가지 않는다. 내가 만일 그때 그런 일들을 풀어 놓지 않았다면 지금까지도 글을 못 썼을지도 모른다. 나는 그렇게 한 달에 걸쳐, 대강 줄거리지만 내가 살아온 이야기를 다 썼다.

글을 쓰려면 먼저 자기가 살아온 이야기를 솔직하게 써 보시라. 써 보는 데 그치지 말고 남한테 보여 주셔야 한다. 보여 준다는 말은 발표를 하라는 말이다. 그걸 자기가 갖고만 있으면 그건 일기밖에 되지 않는다. 살아온 이야기를 쓰면, 그 다음부터는 어떤 글이든 글이 술술술 풀릴 것이다. 그러고 나서도 글을 쓰지 못한다면? 내 책임 아니다. 아마 내면의 정직을 토해 내지 않았을 거다. 마음속에 있는 정직을 토해 냈는데 글이 안 된다면? 내 책임이다. 나한테 오시면 어떤 분이든지 글을 쓸 수 있게 해 드리겠다.

글의 힘은
무섭다

1997년 2월, 〈작은책〉에서 '우리들 이야기, 파업'이라는 특집을 꾸렸는데, 나한테도 글을 한 편 써 달라고 부탁을 해 왔다. 마침 우리 시내버스 현장도 임금협상을 할 때였다. 하지만 한국노총 산하의 시내버스 노조는 사업주와 결탁이 돼 해마다 '파업 직전 극적 타결' 타령만 하고 있었다. 1996년 12월 26일에는 새누리당의 원조 신한국당이 한국노총과 야합해 새벽에 쥐새끼처럼 노동법 개악안과 안기부법을 날치기 처리했다. 십만 명 가까운 노동자들이 파업을 하고 있었다. 나는 글을 쓰고 싶은 마음도, 쓸 거리도 있었지만 만일 청탁이 들어와 억지로 쓰지 않았다면 아마 글은 나오지 않았을 게다.

나는 시내 버스 파업하는 과정이 어떤지를 썼다. 〈작은책〉 1997년 2월호에 실렸다. 어색한 부분이 있지만 고치지 않고 그대로 싣는다.

조용하다. 적어도 겉으로 보기에는 너무 조용하다. 아니 나만 그렇게 느꼈는지도 모르지. 몇 년 동안 한겨레신문을 봤는데 지로용지가 안 온다고 집사람이 이게 웬 떡이냐 하고 내게 알려 주지도 않고 공짜로 한 석 달 보다가 돈을 안 냈다고 지난 12월 끝 무렵부터 신문이 오지 않았다.(난 왜 신문이 안 올까 했지.)

텔레비전 뉴스는 너무 한쪽으로 치우쳐 보도하기에 부러 고개 돌린 적이 많았지만 그래도 아쉬울 때는 울며 겨자 먹기로 가끔씩은 보았는데, 이번에는 강원도 간성에 있는 처갓집을 갔다오고 바로 오후반에 걸려 텔레비전 뉴스도 한 번 제대로 보지 못했다.

어떻게 돌아가고 있을까. 엊그제는 오전반 끝난 기사가 탑골공원에서 데모할 것 같다고 해서 오늘 길 좀 막히겠구나 하고 생각했지만 그날도 역시 조용했다. 파업을 다시 시작했다는 소식은 들었는데 얼마나 많은 노동자들이 참여하고 있는지도 모르고 얼마나 많은 사업장이 파업을 하고 있는지도 모르겠다.

기사들은 관심이 없다. 오로지 사고 안 나고 길 막히지 않고 오전반이면 네 탕, 오후반이면 다섯 탕만 돌면 장땡이다. 그러나 관심이 없다는 건 참여할 방법이 없기 때문이지 누가 옳고 그른 걸 몰라서가 아니다. 버스 운전사들이 누군가. 기름밥, 눈칫밥으로만 살아온 사람들이다. 정리해고제, 변형근로제가 내용이 뭔진 몰라도 노동자 죽이는 법이라는 건 안다. 안기부법이 뭔지는 몰라도 수틀리면 잡아가는 법이라는 것도 안다.

지난달 26일 노예법, 아니 노동법이 날치기 처리되었을 때, 기사들 욕 오죽 잘하나. 배차실에 두셋만 모이면 욕지거리를 해댔다. 개××들이니 ××새끼들이니 죽일놈들 하면서, 새벽에 생쥐들처럼 지들끼리 모여서 날치기 통과를 시켜? 하며 흥분을 했다. 가끔은 신문이라면 보수 일간지건 재벌신문이건 철썩같이 믿는 기사가 있어 "다 똑같은 놈들이야" 하고 이른바 양비론을 말하던 기사들도 그때만은 여당 국회의원 욕하는 소리뿐이었다.

우리는 파업 안 하나? 한숨 섞인 푸념이 나온다. 해마다 임금협상 때면 나오던 시내버스 파업 얘기, 더구나 재작년인가 식대 이백 원 갖고 새벽 네 시까지 마라톤 협상이니 하다 '극적 타결'인지 '극적 타령'인지 그렇게 싸우는 척 쇼라도 했는데 어째 이번 노동법 개악은 식대 이백 원 올리는 것보다 덜 중요한 일인지 쇼일망정 파업하자는 투표도 안 한다.

며칠 전 요즘 텔레비전에 나오는 임꺽정에 빠져 있는 초등학교 육 학년에 다니는 아들놈이 파업 뉴스가 나오는 텔레비전을 뚫어져라 바라보더니 나보고 그래도 옛날보단 지금이 낫다고 한다. 이게 무슨 뚱딴지 같은 소린가 하여 왜 그렇냐고 물었다. 지금은 그래도 파업이라도 해서 싸울 수 있지만 옛날 임꺽정 시대에는 양반한테 당해도 어떻게 할 수가 없지 않느냐는 것이다. 이 녀석 별 생각을 다 한다 하면서도, 그래도 무조건 옛날보다 살기가 나아졌다고 하며 비판 없이 요즘 세상을 바라보는 사람들보단 차라리 한 계단 높단 생각이 들어 대견스러웠다.

참 한심하다. 자기들도 해도 해도 너무했다 싶었나. '후속대책'이라고 내놓고 달래는 걸 보면 그게 또 우습지도 않다. 마치 곰 쓸개에다 빨대 꽂아 놓고 빨아먹으면서 입에 사탕 물리는 것 같다.

주택구입, 전세융자기금 2천억 원 증액이니 근로자우대저축 신설이니 근로자 자녀 대학학자금 융자제도 마련이니 맨 융자 얘긴데, 한마디로 말하면 노동자들은 연장근로 해서 먹고사는데 연장근로 수당 없이, 융자받은 돈은 무슨 수로 갚고, 아무리 이자가 많이 나오는 저축 제도가 있어 봐야 저축할 돈이 있어야 저축하지. 또 실업급여 대상 확대 암만 해 봐야 모가지 잘린 다음 급여의 50퍼센트 밖에 안 되는 돈이고(그것도 쉽게 주나?) 기껏해야 여섯 달인데 정리해고 당한 다음 석 달만 살면 그 다음엔 하늘에서 돈이 떨어지나 땅에서 솟아나나.

어떤 이는 후속대책을 보고 '암 환자에게 소화제 주는 꼴'이라고 하지만 그건 좀 낫다. 내가 보기엔 '에이즈균 수혈해 놓고 연고제 주는 꼴'이다.

"아 씨펄, 우리 시내버스는 진짜 파업 안 하나?"

내가 이런 생각이나 먹고 있으니 조합에서 제명당하지.

〈시내버스는 파업 안 하나?〉, 작은책 1997년 2월호

이 글을 쓰고 난 뒤 나는 얼마나 통쾌한지 속이 다 시원했다. 이 글을 읽은 분들은 시내버스 파업 속내를 알았을 것이다.

그 뒤 나는 〈작은책〉에 글을 연재하기 시작했다. '안건모의 일터 이야기'였다. 억지로라도 글을 쓰니 한 달에 한 번은 글감이 생겼다. 이렇게 연재하지 않았더라면 계속 글을 쓰지 않았을지도 모른다.

시내버스 이야기를 여기저기 쓰니까 한겨레신문에서 연락이 왔다. 처음엔 자신이 없어서 망설였지만, '흐린 뒤 맑음'이라는 꼭지에 한 달에

한 번 글을 연재하게 되었다. 빡빡한 운행 시간 때문에 버스 기사들이 난폭 운전을 할 수밖에 없는 까닭, 버스가 사고가 나는 까닭, 정류장을 안 서고 통과할 수밖에 없는 까닭, 버스 기사가 불친절할 수밖에 없는 까닭, 시내버스 파업이 버스 기사들이 한 것이 아니라는 사정 등등 시내버스 사정을 낱낱이 까발렸다. 이렇게 정부와, 버스 회사 사업주들을 비판하는 기사를 썼지만 회사에서는 나를 해고하지 못했다. 글의 힘이 그렇게 무섭다는 걸 그때 깨달았다.

일하는 사람은 누구나
글 을 쓸 수 있 다

요즘 나는 가끔 글쓰기 강연을 하러 다닌다. 글쓰기를 어렵게 생각하는 분들이 나에게 강연을 청하기 때문이다. 글이라고는 생전 써 보지 않았던 버스 기사가 전태일 문학상을 타고, 《거꾸로 가는 시내버스》라는 책을 내기도 하고, 〈작은책〉 발행인을 맡아 편집, 교정, 교열까지 하는 사람이 됐으니 그 경험과 비법을 듣고 싶어하는 것이다.

내가 이렇게 글을 쓰게 된 건 이오덕 선생님 덕분이다. 강연을 할 때 가끔 "이오덕 선생님한테 직접 가르침을 받은 '직속' 제자"라고 '뻥'을 친다. 그러면 강의를 들으러 온 이들이 "우와!" 하고 감탄을 하면서 내가 하는 모든 말을 의심 없이 믿는다. 그럴 때마다 선생님이 정말 대단한 분이었다는 걸 새삼 깨닫는다. 흐흐 제자는 제자지. 단 두 번이지만 이오덕 선생님이 나에게 글을 가르쳐 준 건 확실하고, 그분이 아니었다면 내가 지금까지 글을 쓰지 않았을 테니까.

내가 이오덕 선생님을 만난 건 1996년, '글'이라고는 전혀 몰랐던 때였다. 월간 〈작은책〉을 읽으면서 못 배운 서민들, 민중들, 노동자 농민들도 글을 쓸 수 있다는 걸 어렴풋이 깨달았을 때였다. 〈작은책〉에서 글쓰기 모임을 한다는 소식을 듣고 사무실을 찾아갔을 때 허름한 점퍼를 입은 어떤 '아저씨' 한 분이 계셨다. 그분은 글쓰기 모임을 하기 전에 한 삼십 분 이야기를 해 주셨다. 그 가운데 "글은 일하는 사람들이 써야 한다"는 말이 가장 마음에 다가왔다. 그동안 내가 만났던 지식인과는 전혀 달랐다. 그분이 이오덕 선생님이었다.

이오덕 선생님이 그때 말한 내용이 〈작은책〉에 실렸고 《일하는 사람들의 글쓰기》라는 책에도 실려 있다.

일하지 않는 사람은 밥을 먹지 말라는 말이 있다. 나는 일하지 않는 사람은 글도 쓰지 말라고 말하고 싶다. 방 안에 앉아 밤낮 글만 쓰고 있는 사람이 쓴 글이 무엇을 얘기하고 무엇을 보여 주겠는가? 지금 우리 사회는 온갖 글이 온갖 인쇄물에 실려 나와 엄청난 글 공해를 일으키고 있다. 정작 말을 하고 글을 써야 할 사람들은 일만 하다 보니 쓸 틈도 없고, 또 스스로 무식하다는 열등감에 빠져 글을 못 쓴다. 이래서 사회가 죽어 가고 있는 것이다.

이건 나를 위해 하는 말 아닌가? 나는 그때 버스 운전을 십 년 넘게 하고 있었다. 회사에서 어용 노조와 정부와 짜고 파업을 하면 수구 언론은 버스 기사한테만 책임을 돌렸다. 분통이 터졌다. 나도 글을 쓸 수 있으면 시내버스 운전기사의 열악한 노동 현실을 세상에 알리고, 시내버스 파업이 버스 기사가 하는 게 아니라 회사가 정부와 어용 노조와 짜고 하는 파업이라는 걸 고발할 수 있을 텐데 하는 생각이 절실했다. 그런데 나 같은 놈도 글을 쓸 수 있다고? 아니 정작 말을 하고 글을 써야 할 사람이 나라고? 게다가 스스로 무식하다는 열등감에 빠져 글을 쓰지 못하고 있기 때문에 사회가 죽어 가고 있다고? 그래, 나도 글을 써야겠다. 그런데 어떤 글을 쓰지? 이오덕 선생님은 이렇게 말했다.

노동자들이 쓰는 글은 긴 소설 같은 글이 아니고 짧은 이야기 글이 적당하다. 이 이야기는 어떤 사건일 수도 있고, 모두가 잘 알고 있는 어떤 일에 대한 생각이나 주장을 쓴 것일 수도 있다. 어쨌든 노동자들은 이른바 문인들이 쓰고 있는 소설이나 수필이나 시를 흉내 내려고 하지 말아야 한다. 노동자들이 쓴 글은 소설이니 동화니 수필이니 하는 따위 이름을 붙일 필요가 없다. 그냥 이야기다. 굳이 글의 종류를 자세하게 밝힌다면 생활 이야기, 겪은 이야기, 들은 이야기, 일기, 편지……. 이렇게 되겠다.

옳구나! 바로 이거다. 생활글! 글이라는 게 소설이나 수필, 시만이 글이 아니구나. 내가 겪은 이야기를 쓰라면 얼마든지 쓰겠다. 나는 그분이 쓴 책을 바로 샀다. 《글쓰기 어떻게 가르칠까》《우리 글 바로 쓰기》《우리 문장 쓰기》를 읽었다. 그런 책들을 읽고 내가 여태껏 글을 어렵게 생각했던 까닭을 알았다.

그 뒤로 자신감을 갖고 글을 쓰기 시작했다. 그때 마침 전태일 기념사업회에서 문학상을 공모했고 거기에 내가 살아온 이야기를 써서 냈다. 그 글이 생활글 부문 우수상으로 뽑혔다. 긴 글을 쓴 것도 처음이고 상을 탄 것도 처음이었다. 그때 내 글을 심사했던 분이 이오덕 선생님이었다.

그 뒤 내 삶은 많이 바뀌었다. 일터에서 글을 쓰는 노동자로 새로 태어났다. 한겨레신문과 〈작은책〉 같은 데 버스 기사들의 열악한 노동 현실을 고발하는 글을 써서 시민들한테 알렸고,《거꾸로 가는 시내버스》라는 책도 냈다. 그 책은 2014년 오늘까지 2만5천 부가 팔린 거의(?) 베스트셀러가 됐다. 흠! 아직도 안 보신 분은 시대에 뒤떨어진 분이다. 꼭 사 보시길.

이오덕 선생님 때문에 글을 쓰게 되고 삶이 바뀌었지만, 사실 나는 이오덕 선생님의 가르침대로 우리 말을 제대로 살려 쓰지는 못한다. 이를테면 건축 현장에서 노동자가 쓰는 '노가다' 라는 말은 그대로 쓴다. 일하는 사람들은 현장에서 쓰는 말이 더욱 공감이 가기 때문이다. 일본에서 들어온 '적'자도 쓰지 말라고 하셨지만 어쩔 수 없을 때는 그냥 쓰기도 한다. 내가 쓴 책《거꾸로 가는 시내버스》에는 현장에서 일하는 버스 기사들이 쓰는 은어, 속어 같은 낱말들이 많다. 이오덕 선생님이 우리 말을 살려 쓰라고 하신 뜻은 못 배운 민중들이 글을 많이 읽고, 쓸 수 있도록 하자는 뜻이라고 믿었다.

이오덕 선생님은 우리 말을 쓰라고 가르쳤지만 나는 그보다 더 중요한 걸 배웠다. "일하지 않는 자는 (글을) 쓰지도 말라"는 가르침이다. 어쥲잖게 소설이나 수필 같은 글을 써서 '문학을 하네' 하고 문인을 흉내 내지 말라는 가르침이 나에게는 더 다가왔다. 글은 일터에서 나와야 한 다고 배웠다. 그래서 시내버스 운전 일을 그만두고 〈작은책〉 발행을 맡 아 달라고 했을 때 망설였다. 현장을 떠나면 글이 어떻게 나오는가 하는 걱정 때문이었다. 그래도 결국 내가 〈작은책〉으로 오게 된 것은, 일하는 사람이 쓴 글을 일하는 사람들에게 널리 퍼뜨리는 것도 중요하다는 생 각 때문이었다.

이오덕 선생님이 충북 충주시 신니면 수월리에 있는 무너미에 사실 때 찾아 뵌 적이 있다. 선생님은 내가 전태일문학상을 받은 글을 보고 깨 끗한 우리 말로 잘 썼다고 칭찬하면서 앞으로 그런 글을 꾸준히 쓰라고 격려해 주셨다. 아무렴. 이오덕 선생님 가르침 대로 썼으니 우리 말이 살 아 있었겠지.

내가 이오덕 선생님을 못 만났다면 살아 있는 글은커녕 지금까지도 아예 글을 쓸 생각을 못 했을지도 모른다. 그러니 나는 이오덕 선생님 직 속 제자다. 다음에 어디선가 강연을 할 때도 나는 뻥을 칠 것이다.

"내가 이오덕 선생님 직속 제자요. 그러니 내가 하는 말은 곧 진리요. 하하하!"

바른 눈으로 세상을 보고
글을 쓰자

좋은 글이란 어떤 글인가? 목적에 맞게 쓴 글이 좋은 글이다. 관점이 올바른 글이 좋은 글이다. 감동을 불러일으켜 읽는 이의 마음을 움직이는 글이 좋은 글이다. 쓴 사람 마음을 이해하고 공감할 수 있는 글이 좋은 글이다. 그리고 재미있는 글이 좋은 글이다.

관점이 올바른 글이란 어떤 글인가? 세계관이 올바로 서 있어야 한다는 말이다. 너도 옳고 나도 옳다고 하는 글이나, 데모하는 군중도 나쁘고 폭력 진압하는 정부도 나쁘다고 하는 글을 쓰면 안 된다. 피지배자는 피지배자 세계관으로 글을 써야 한다. '모난 돌이 정맞는다', '달걀로 바위치기'라는 자본가들이 세뇌시킨 생각을 갖고 글을 쓰면 안 된다.

노동자의 눈이 아니라 자본가의 눈으로 보면 세상이 다르게 보인다. 세상을 보는 눈을 세계관이라고 했다. 이 세계관이 다르면 글도 달라진다. 다음에 나오는 글은 현대중공업 기관지 〈민주항해〉에 나왔던 시다.

아주 오랜 옛날 내가 살던 그곳에는

파도에 묻힌 하늘과

낯설은 바람결에 어깨 들먹이는 어린 갈매기

그리고 뿌연 수평선 너머로

희미한 고깃배의 그림자가 있었습니다

수많은 새가 하루를 방황하는 그곳에는

새로운 세상을 발견하려 하는

이름 모를 새의 흔적들이 있었지요

타인의 만남이 우연인 듯

수많은 새들도 바다의 천공에서

우연히 우연히 스쳐갔어요

저녁 놀 서산위로 몸 가뉘었을 때

바닷가의 아이들도 하나 둘씩 집을 향하고

밤바다를 지키는 외로운 모래성만이

새벽녘 낡은 교회의 철탑 위로

종소리 울릴 적이면

또다시 어촌의 하루가 시작되었어요

하늘의 꿈을 먹고파 하는 그곳에서

교과서에서 가르치는 것처럼 말장난으로 쓴 시다. 이런 시가 현대중공업 노보 〈민주항해〉에 실렸다. 현대중공업은 노동 강도가 센 사업장이다. 산업재해도 많고 노동자들의 권리가 짓밟히는 사업장이다. 자신들도 그렇게 힘든 데다 다른 영세 사업장 노동자들이나 비정규직 노동자들도 비참한 현실에 놓여 있는데, 현실을 외면한 글을 왜 노동자들이 보는 노보에 실어야 하는지 모르겠다. '바다의 천공에서 수많은 새들이 우연히 우연히 스쳐간' 게 그렇게 아름다웠나? 새벽녘에 교회 종소리가 울릴 적에 또다시 어촌의 하루가 시작되었다고? 하늘의 꿈을 먹고파 하는 그곳이라고? 쎄빠지게 일하는 현장에서 그런 생각이 잘도 나겠다. 하늘의 꿈은커녕 공장 관리자 욕이나 안 먹고 살았으면 좋겠다. 이런 시는 자본가들, 이 사회 귀족들이 보면 아름답고 고상할지 모르지만 우리 노동자들이 읽고 감상에 젖을 시는 아니다. 언제부터인가 현대중공업 노동조합이 어용이 되면서 이런 시가 실리게 되었다. 다음 글은 현대중공업 노동조합이 어용이 안 됐을 때 실렸던 시다.

우리 늘 땀 흘리며
망치질, 쇠를 녹이는 이 현장도
저놈들 시키는 대로 순종하며
기계처럼 생산량에 끌려갈 땐
이미 우리 것이 아녀
우리 사랑하는

우리 피땀 어린 이 현장도
부당하게 짖어대는 저놈들과
당당히 맞서 싸울 때야말로
진정 우리 것이여

여보게!
자네 밥줄 멘 그 자리
시방 자네 딛고 선 그 자리
그 자리가 진정 자네 자리인가
혹시 노예의 자리는 아니던가

안윤길, 〈지금 그 자리는〉, 민주항해 2001년 3,4월호

노동자의 관점에서 써야 할 시는 이거다. 당당히 맞서 싸워야 할 피땀
어린 이 현장이 우리 것이라는 단호함은, 2001년이나 지금이나 조금도
바뀌지 않는 세상에서 품고 있어야 할 노동자의 품성이다. 우리 피지배자
들이 읽고 써야 할 글은 이런 글이다. 서민이 살아가는 이야기는 넋두리
같지만 결코 하찮지 않다. 그 어떤 칼럼보다도 강력한 주장이 담겨 있다.

"즐거운 곳에서는 날 오라 하여도……."
벌써 같은 노래만 열 번쯤을 불렀다. 그제서야 업힌 아이가 잠이 들었는지
툭하고 고개가 등에서 떨어졌다. 살며시 오른쪽 어깨를 움직여 아이 머리를

올려 놓는다. 아빠가 아이스크림을 사 온다며 보채던 아이가 잠이 들었지만 아직도 저만치 남편 그림자는 보이지가 않았다.

지금 내 등에서 잠이 든 아이는 어떤 꿈을 꾸고 있을까? 내가 기억할 수 있는 최대한 오래전 기억을 더듬으면 난 가끔 이렇게 엄마 등에 업혀 엄마와 함께 아빠를 기다렸던 것 같다. 그때 엄마는 아빠가 초코파이를 사올 거라며 내 엉덩이를 두드리면서 노래를 불러 줬던 것 같다. 그리고 엄마 노래가 서너 곡이 끝날 때쯤이면 정말 어김없이 아버지는 초코파이 한 상자를 옆구리에 끼고 걸어오셨다. 그리고 엄마보다도 더 넓고 따뜻한 등으로 나를 업어 주시며 조금 전 엄마가 불렀던 노래를 또 다시 들려주었다.

아빠 등에서는 아빠 심장 소리도 들렸고 아빠의 따뜻한 체온도 느껴졌고 아빠 냄새도 났다. 엄마와는 다른 아빠 등에서 들려오던 그 노래는 나를 깊은 꿈나라로 보내곤 했다. 어느 날은 이상한 나라의 앨리스가 되기도 했고 어느 날은 왕자님을 기다리는 백설공주가 되었고 또 어느 날은 날개가 생겨 무지개 위를 날아다니기도 했다.

너무나 행복했던 그 시간. 오늘 밤 내 남편도 내 기억 속 아버지처럼 그렇게 어서 와 아이를 업어 주었으면……. 아니, 그저 무사히 아무 일 없이 갈지자걸음을 걸어도 좋으니 얼굴에 웃음 한자락 싣고 돌아왔으면 좋겠다.

며칠 전 남편 작업복을 빨면서 한참을 고생해야 했다. 좋다는 세제는 다 써 봤지만 도저히 지워지지 않는 얼룩과 낡아 해진 바짓단을 보고는 안 되겠다 싶어 남편에게 내일 회사에 가면 작업복 바지 하나를 사라고 돈을 쥐어 주었다.

그러나 다음날 오후쯤 남편한테 힘이 빠진 목소리로 전화가 왔다.

"저기, 여보……, 작업복을 살 수가 없다는데……."

"왜?"

"그게, 난 비정규직이라 살 수가 없다네. 작업복은 정규직만 살 수 있고 비정규직은 회사에서 나눠 준 그 바지만 입어야 한대……. 그래서 아는 정규직 사원한테 부탁은 했는데 모르겠네……."

알았다며 전화를 끊었지만 가슴에서 알 수 없는 서러움이 밀려왔다. 그리고 그날 저녁 남편은 마치 죄인인 양 내 앞에 새로 산 작업복을 내놓으며 바짓단을 줄여 달라고 했다.

남편과 아이가 다 자는 새벽. 남편 작업복을 꺼내 가위로 길이를 잘라 내고 손바느질을 하면서 자꾸 흐르는 눈물 때문에 시야가 흐려져서 손가락을 몇 번이나 찔려서야 완성할 수가 있었다. 뜨거운 다리미로 곱게 주름 잡아 옷걸이에 걸어 놓고 순간 나도 모르게 다시 바지를 바닥에 패대기치고는 발로 밟아 버리고 손으로 비틀기를 몇 번 하고 나서야 내 가슴 속의 무엇인가가 비로소 내려가는 느낌이었다.

다시 물을 채운 분무기로 바지 위에 물을 뿌리고 다리미로 주름을 잡으며 생각했다. 하늘같이 높고 귀한 남편과 마주 앉아 있는 1시간이 60분이라면 58분을 잔소리하는 나지만 나 말고는 그 어느 누구도 우리 남편에게 싫은 소리 가슴 아픈 소리 안 했으면 좋겠다고…….

농담처럼 나는 남편에게 이런 소리를 한다.

"당신은 백 점 만점에 95점짜리 남편이다."

그러면 남편은, "왜 5점은 빼는데……."

그럼 나는 웃으며, "돈 못 벌어 오는 거 그게 당신 인생의 오점이지."

그리고 남편과 나는 배꼽 빠지게 웃는다. 내가 정말 미워서 싫어서 하는 소리가 아니라는 걸 알기에 남편은 너그럽게 철없는 아내의 농담을 가볍게 넘겨 주는 것이니까.

그리고 결국 얼마 전 남편은 비정규직이라는 이유만으로 또 다른 차별을 받아야 했다. 그날 밤 힘들게 남편이 말을 꺼냈다.

"무슨 일이 있어도 나 믿어줄 수 있지? 나 당신 굶기지 않아. 알지?"

안다고, 힘들면 그만 회사를 나가라고, 아침 출근하는 남편 어깨에 묻은 먼지를 털어 주었다.

그리고 출근하는 남편의 가슴속 한 켠에 접어 둔 사직서에 자꾸만 눈길이 가는 것은 왜였을까? 힘들면 그만두라고 했으면서도 다른 한쪽에서는 앞으로 뭘 해서 먹고 살아야 할까? 고작 한 달 월급 팔십만 원인 박봉이지만 조금만 더 참아 주면 안 될까? 하는 이기적인 생각이 들기까지 했다면 나는 정말 나쁜 아내일까?

이 노래가 멈추면 남편이 돌아오지 않을 것 같다. 내 노래 소리를 듣고 남편이 빨리 돌아왔으면……. 냉장고 속 꿀물이 얼기 전에 빨리 돌아왔으면……. 저 어두운 골목을 벗어나 이 환한 가로등 불빛에 서 있는 나와 아이를 알아봐 줬으면……. 그래서 나는 또 노래를 부른다.

"내 쉴 곳은 작은 집 내 집뿐이리……."

최영미, 〈즐거운 곳에서는 날 오라 하여도〉

비정규직 남편과 사는 아내가 쓴 글이다. 이 글은 비정규직 제도는 안 좋은 제도라고 한마디도 주장하지 않는다. 하지만 비정규직 제도가 얼마나 비인간적인지 똑똑히 보여 주지 않는가? 생각으로만 쓰면 이렇게 강력한 주장글이 나올 수 없다. 이래서 우리가 쓰고, 우리가 봐야 할 글은 일하는 사람이 살아가며 쓰는 생활글이어야 한다.

재미있는
글을 쓰자

아무리 감동이 있는 글이라도 재미가 없으면 읽기 싫다. 글은 아무도 읽지 않으면 소용이 없다. 글은 읽는 이가 자기 생각과 사상에 동조하기를 바라며 쓰는 것이다. 다시 말해 내 처지를 다른 이가 이해해 주기를 바라는 것이다. 그러기 위해서는 재미가 있어야 한다. 글이 재미있으려면 자기를 드러내야 하고 솔직해야 한다.

정직은 두 가지가 있다. 남들이 있을 때 정직한 척하는 게 '도덕적인 정직'이고, 남들이 안 보는 데서 나타나는 속마음, 행동이 '내면의 정직'이다. 이를테면 고등학교 다니는 딸이 남자친구와 뽀뽀했다는 말을 들었을 때 엄마는 태연한 척한다. 하지만 속으로는 어떨까? '뽀뽀만 했을까? 혹시 같이 자지는 않았을까?' 이런 마음이 든다. 그 속마음을 드러내야 솔직한 글이 된다.

토요일, 아침부터 큰딸이 생전 안 하던 방 청소를 한다고 난리다. '스트레스와 과로로 인한 괄약근 조절 기능 장애'라는 웃기지도 않는 병으로 수술을 받은 지 며칠 지나지 않아, 심신이 고달픈 상태였던 나는 딸아이가 청소를 한다고 요란을 떠는 게 반갑지 않았다. 쉬고 싶었다.

"집에 누구 오니?" 그냥 지나가는 말이었다. "응, 엄마. 내일 훈이가 집에 온대." 훈이는 딸아이가 올해 들어간 대안학교에 다니고 있는 열여덟 살 동갑내기 선배 놈이다. '나쁜 년! 그럼 그렇지. 니가 이렇게 집안 청소를 할 년이 아니지.' 확! 욕이 나오는 걸 참았다. 그동안 그렇게 방 청소 좀 하고 살라고 해도 자기는 하나도 불편하지 않다며 엄마가 방에 안 들어오면 되지 않냐고 뺀질거리던 기지배다. "왜 온대?" "엄마한테 인사할려구 그러지." "나 걔 안 보고 싶거덩?" "에이, 엄마아~ 훈이 착해. 우리 학교 간부야. 부회장." "야! 그까짓 학교 부회장이라서 착하면 이 나라 대통령은 엄청 착한 거겠다? 웃기구 있어, 정말!" 나도 딸도 말도 안 되는 논리로 얘길 주고받으며 감정이 서로 삐걱대고 있음을 느낀다.

"엄마, 왜 그러는데? 전에 엄마랑 나랑 남자친구 먼저 생기는 사람한테 밥 사 주기로 내기했잖아!" "야! 그건 니가 남자친구가 안 생길 줄 알고 그런 거지! 그렇게 쌩 날라리 같은 놈이랑 니가 사귈 줄 알았냐?" "날라리 아니야. 만나 보면 알아. 착하다구!"

얼마 전, 딸아이에게 남자친구가 생겼다는 말을 듣고 학교 선생님과 통화를 했다. 둘이 좋아 죽고 못 산다는 얘기, 그렇게 붙어 다닌다는 얘기, 애는 착한 애라는 얘기, 예의도 바르다는 얘기, 헌데 여자애들 편력(?)이 많다는 얘기를 들었다. 한 여자에게 빠지면 그렇게 잘해 주고, 집착을 하고, 그러다 쉽게 싫증을 내고 헤어진다는 것이다. '아! 멍청한 년, 처음 사귄 남자친구가 그런 놈이라니…….' 확! 패 주고 싶었다.

난 살면서 이런 엄마가 될 줄 알았다. 딸아이에게 남자친구가 생기면 축하해 주고, 그 친구와 많은 얘기도 나누고, 함께 가족 여행도 가고, 친구처럼 편하게 대하더라도 품위를 잃지 않는, 아주 우아하고 교양 있고 세련된 엄마! 하지만 그건 꿈이다. 지금 눈앞에 닥친 건 아주 현실적인 문제다. 딸이 남자친구가 생겼다는 말을 했을 때 에미란 사람이 젤 먼저 물은 말이 이거다.

"너 걔랑 뽀뽀해 봤어?" "응, 뽀뽀만." "어디서?" "학교 교실에서." "너 미쳤니? 너네 학교 선생들은 대체 뭐하는 거니? 애들이 교실에서 뽀뽀를 하는지 뭘 하는지 신경도 안 쓰니?"

'아! 열 받는다. 흥분하지 말자. 그래, 이렇게 흥분하고 민감한 반응을 보이면 이 기지배가 다신 이런 얘기도 안 하고 숨길 거야. 그래그래, 차라리 교실에서 뽀뽀하는 게 낫지, 어디 으슥한 공원이나 빈집보다야 나은 거야. 으으으! 내 자신이 가증스럽지만 태연한 척해야지. 이해심 많은 엄마인 척해야지. 으휴우, 흠흠.'

사실 묻고 싶은 게(?) 따로 있었지만 참았다. 꾹 참았다.

그동안 두어 달 집 전화 요금이 십오만 원 넘게 나왔다. 식구들 모두 손전화가 있어서 집 전화 쓸 일이 없는데 이상하다고만 생각하고 있었다. 범인은 큰딸. 새벽 두세 시가 넘도록 침대 속에서 쫑알쫑알대더니 그놈이랑 통화하느라 그런 거였다. 나쁜 년! 당장에 집 전화를 유선으로 바꿔 버렸다. 침대

속으로 못 가져가게……. 그랬더니 이제는 그놈이랑 전화는 손전화로 하고 내게 전화를 걸 때는 콜렉트콜로 한다. 으앙! 괘씸한 년!

이 기지배, 밤 열 시가 넘도록 청소를 끝낼 생각을 안 한다. 지 방 쓰레기를 몽땅 이층으로 옮길 모양이다. 이건 청소를 하는 게 아니라 아예 이사를 한다. 나도 할 수 없이 아픈 몸으로 꼼지락꼼지락 치우고 있는데, 딸아이 손전화 진동이 울린다. 화면에 바로 뜬 문자. "자기야, 왜 전화 안 받아? 걱정되잖아~" 헉! 처음엔 스팸인 줄 알았다. 그런데 그놈 이름이 뜨는 거다. 뭐? 자기? 놀구들 있다. 꼴값을 떤다. 대체 뭐가 걱정되는데?

"야, 딸! 문자 왔다. 니 자기란다. 웃겨 정말. 니네 그렇게 부르구 노니?" "그냥~ 히히." 어이가 없다. 기가 막힌다. 아는 후배의 고1짜리 아들이 여자친구랑 전화할 때 "여보야~" 한다는 얘길 듣고서 요새 애들 왜 그러냐고, 징그럽다고 한참을 얘기했건만 내 딸년이 그 짝 났다. 아! 미치겠다.

"엄마 피곤하거든? 대충 좀 치우면 안 될까? 하루 종일 이게 뭐냐? 엄마 휴일을!" "먼저 주무세요~." "야, 공부를 이렇게 열심히 해 봐라!" 푸하하! 나도 다른 집 엄마들이랑 별반 다르지 않은 여자다. 이 대목에서 공부 얘기라니!

일요일, 아침에 일어나니 딸은 방 정리하느라 밤을 꼬박 새운 모양이다. 아! 또 공부 얘기 나올 뻔했는데 참았다. '너 시험 기간에 밤새 공부해 본 적 있냐? 웬수야!' 속으로만 생각했다. 회사에서도 집에서도 애인에게도 난 하고 싶은 얘기 다 못하고 산다. 이런 게 쌓여 병이 된 거지 싶다.

훈이가 아침 열 시에 온다고 했단다. 일찍도 온다. 더 자야겠다고 들어가 누웠다. 전날 무리했는지 몸이 안 좋다. "엄마, 훈이 왔어요." 세수도 안 하고,

잠옷 바람으로 딸 남자친구를 처음 만났다. "안녕하세요?" "그래, 어서 와라. 아줌마 미모가 말이 아니구나. 아파서 좀 더 누워 있어야겠다. 좀 이따가 같이 점심 먹으러 가자."

"엄마, 훈이 예쁘지." "그래, 너보다 예쁘다." "아니요, 지윤이가 더 예쁩니다." 뭐 눈엔 뭐만 보인다더니 저것들이 내 앞에서 놀구들 있다. 물었다. "나는?" "어머니가 지윤이보다 더 예쁘십니다." 짜식, 보는 눈은 있어 가지구!

점심 때가 되어 집 근처 식당에서 샤브샤브를 먹었다. 이 기지배가 고기며 맛있는 걸 그놈 그릇에 계속 옮겨 준다. 엄마한텐 먹어 보란 말 한마디 없다. 그저 그놈밖에 눈에 뵈는 게 없나 보다. 나쁜 년! 나는 막내딸 그릇에 맛있는 걸 건져 줬다. 에구구, 이쁜 막내딸! 아, 이렇게 예쁜 딸이 커서 지 언니처럼 저런 놈을 데려오면 난 정말 어쩌란 말이냐. 내가 지를 어떻게 키웠는데 하는 이 배반감, 배신감!

집으로 돌아오는 길, 신호등 앞에 서 있는데, 딸년이 그놈 허리에 팔을 두르고 그놈은 딸 어깨에 손을 얹고 있다. "야! 너희 지금 뭐 하는 거야. 죽을래?" "어우, 엄마 괜히 샘 내구 그래! 그럼 엄마도 빨리 남친 만들란 말야." 이년이 까분다. 그동안 너무 허물없이 지냈나 보다. "손 안 치워! 쪽 팔리게. 둘 다 머리는 노래 가지구! 같이 걷기두 챙피해. 너희 둘 다 머리 까맣게 자라면 다시 염색하기만 해 봐라. 알았어?" "네." 훈이가 대답한다.

짐꾼 있을 때 장 봐야지 하는 생각에 애들이랑 마트에 갔다. 평소에 무거워서 사지 않았던 세제며 휴지며 과일이며 사고 있는데 큰딸 중학교 동창 엄마가 알은척을 한다. 턱으로 훈이를 가리키며 누구냐고 묻는다. "응, 큰딸 친구. 집에 놀러 왔길래 먹을 것 좀 사려구." "어머, 자기 개방적이다~." 아, 쓰파. 더럽게 쪽팔린다. 개방은 무슨 개방? 노랑머리에 긴 머리, 두 노므스키가 엄마 망신 다 시킨다. "후후, 그렇지 뭐." "애들 공부 잘하지?" 아, 이 여편네, 만날 적마다 묻는 게 공부다. "그럭저럭." 성의 없이 대답하면서 눈인사하고 헤어졌다.

피로가 쌓여 죽을 것만 같다. 자야겠다. 저것들 둘이 방에 들어가 나오질 않는다. 막내딸을 시켰다. "언니, 엄마가 방문 열어 놓구 놀으래~." 아, 이 년 놈들이 원투 살 어린애도 아니고 이런 것도 가르쳐야 하나? 좀 이따 딸내미 방에 들어가니 딸내미는 침대서 뒹굴거리고 훈이는 책상에 앉아 카프카의 《변신》을 읽고 있다. 니가 뭐 알고 읽냐? 아! 무시하면 안 되는데, 넘의 집 귀한 아들인데…… 근데 왜 이렇게 얄밉냐? "야! 너 안 일어나!" 딸내미를 일으켜 세웠다.

"둘 다 이리 와 앉아." 이놈이 내 앞에서 무릎을 꿇고 앉자 딸내미도 그러고 앉는다. 웃긴다.

"훈이 넌 꿈이 뭐냐." "뮤지션입니다." 아, 돌아 버리겠다. 그래서 노랑머리냐, 이놈아? "대학은 갈 꺼니?" "아직 잘 모르겠습니다." "딸, 넌 꿈이 뭐냐." "모르겠어. 꿈이 너무 많아서 꿈을 정할 수가 없어." "대학은?" "그것도 모르겠어." 속 터진다. 지난 일 년 학교 안 다니며 고민한 게 고작 "모르겠어"라고라고라? 하지만 내가 정작 둘에게 묻고 싶었던 건 이런 게 아니다. 물어야 하나 말아야 하나…… 그래, 묻자.

"야, 너네 같이 잤어?" 다짜고짜 심문하듯 물었다. 훈이가 "아니요" 대답하며 고개를 설레설레 젓는다. 당연히 아니라는 답이 나올 줄 알면서도 묻는 건 뭐냐. 그럼 설마 에미 앞에서 같이 잤다고 하겠냐? 그래도 안심이 안 된다. "너희! 앞으로 같이 잠을 잤다, 사고를 쳤다, 그러기만 해 봐. 둘 다 죽을 줄 알어. 알았어? 그날로 너희 둘 다 짐 싸들구 나가서 벌어먹고 사는 거야. 알았어? 몰랐어!" "네." 훈이가 대답한다. 아! 나도 교양 있고 우아하고 고상한 엄마이고 싶다. 첫인사 온 남자친구에게 할 소리가 아닌 거 안다. 나도 옛날 같으면 이렇게 '원초적 본능' 식으로 얘기하지 않았을 거다. 이랬겠지. "건전하고 예쁘게 사귀렴." 하지만 이젠 아니다. 내가 회사에 다니기 전 교육청에서 학생 상담을 십 년 했다. 중고등학교 아이들에게 저 따위로 점잖게 말하는 게 얼마나 부질없고 씨알도 안 먹히는 짓인지 안다. 그래도 둘에게 마무리 말은 최대한 고상하게 했다.

"너희 꿈이 뭐든 그걸 이루면 좋겠다. 그 꿈 이루는데 서로 방해 되면 안 되겠지? 그리고 솔직히 말해서 엄마, 이 미모에 할머니 되고 싶지 않다. 너희 믿는다."

유이분, 〈딸에게 남자친구가 생겼다〉, 작은책 2009년 8월호

자식을 키우면서 누구나 비슷한 경험을 한다. 하지만 이렇게 솔직하게 쓰기 쉽지 않다. 아이한테 "너네 같이 잤어?" 이렇게 묻기도 쉽지 않지만 이걸 또 글에 표현하기가 쉽지 않다. 감추고 싶은 내용을 끄집어내는 것, 자기 치부를 드러내는 것, 이것이 내면의 정직이다.

가치 있는
글을 쓰자

멋지게 잘 쓴 글이라도 가치가 없으면 안 된다. 남한테 감동을 주고 도움을 주고 이 세상을 올바른 방향으로 나아가게 하는 가치가 있어야 한다. 다음 글은 조선일보 만물상에 나온 칼럼이다. 여기에 글을 쓰는 이들은 이른바 글쓰기 '선수'들이다. 하지만 이들은 그런 글솜씨로 가치 있는 글을 쓰지 않는다.

부장판사 김홍섭이 6.25 난리통에 속임수로 쌀 배급을 더 타 간 여자를 재판하게 됐다. 그는 지인에게 털어놓았다. "나도 배고파서 배급을 좀 더 타 먹었는데 같은 죄인끼리 어쩌란 말이냐." 김홍섭이 세 명에게 사형을 선고하곤 말했다. "하느님 눈으로 보면 재판장석 나와 피고인석 여러분 중 누가 죄인일지 알 수 없습니다. 제 능력이 부족해 여러분을 죄인이라 단언하는 것이니……." 그는 박봉을 쪼개 사형수 가족을 보살폈다. 후배들은 나이 쉰에 떠난 그를 '사도 법관'으로 불러 기렸다.

이찬형은 와세다대에서 법학을 배워 1913년 일제강점기 첫 조선인 판사가 됐다. 그가 선고한 사형이 집행되고 얼마 안 가 진범이 잡혔다. 그는 법복 대신 누더기를 입고 엿장수로 3년을 떠돈 끝에 불가에 귀의했다. 좌선에 들면 절구통처럼 꼼짝 않고 용맹정진했다는 '절구통 수좌' 효봉 큰스님이다.

판사들이 가장 겁내는 것이 오판이다. 재판 받는 사람 목숨까지 왔다갔다 하는 형사재판 판사는 더하다. 23년 전 '강기훈 유서 대필 사건' 재판부는 유죄 선고에 앞서 "나중에 제3자가 나타나 유서를 대신 썼다고 하면 어쩌나 걱정스럽다"고 했다. 강기훈은 얼마 전 재심에서 무죄가 됐다. 어느 판사는 소형차 앞자리에서 청바지 입은 여자가 성폭행 당하는 게 가능한지 가리려고 아내 손을 끌고 주차장으로 데려갔다. 한 대법관은 퇴임식에서 "그간 내 오판으로 고통받은 분들께 사죄한다"며 고개를 숙였다.

서울고등법원이 지난달 인사 때 68명 부장판사들의 지망을 받아 보니 형사부는 한 명이 지원하고 나머지는 민사, 행정부를 골랐다고 한다. 작년에 이 법원 김상준 부장판사가 박사 논문을 쓰며 1심 유죄가 무죄로 뒤집힌 사건 540건을 들여다봤다. 거짓 자백(31.5%), 피해자, 목격자가 착각한 진술(70%), 과학적 증거의 오류(13.9%)가 오판 원인이었다. 자백에 과학 증거까지 믿을 수 없다니, 형사재판 피하고 싶은 판사들 심정 이해는 간다.

한때 1심 형사단독 판사가 "서울시장 안 부럽다" 할 정도로 어깨 힘주고 다니던 시절도 있었다. 형사단독 안 거치면 잘나가는 판사라 할 수 없었다. 요즘 형사부 판사는 일도 제일 많고 마음의 짐도 커 '3D 업종' '기피 부서'로

꼽힌 지 꽤 됐다. 사회적 관심이 큰 사건은 여론 눈치 안 볼 수 없고, 판사가 어떤 결론을 내든 진영 논리 따라 비판하는 게 요즘 법원을 둘러싼 현실이다. 상식과 법리로 재판하고, 판결을 존중하는 성숙한 사회는 기대할 수 없는 것일까.

조선일보, 2014년 3월 6일자, 〈형사부 판사〉

어디 흠잡을 데 없어 보인다. '상식과 법리로 재판하고, 판결을 존중하는 성숙한 사회'를 기대할 수 없는 거냐고 하는데 누가 뭐라고 반박하겠는가. 그런데 우리 나라에서 가장 극우에 속하는 조선일보가 그렇게 '성숙한 사회'를 기대한다고? 소가 웃을 일이다. 글을 다시 한번 자세히 뒤집어 보자.

이 글에서 말하고자 하는 주제가 뭘까? 우리 나라 판사들이 공정하게 판결을 하려고 애쓰는데 거짓 자백, 착각 진술, 증거 오류 때문에 어쩔 수 없이 오판할 수도 있다는 것이다. 그러니까 판사들이 오판을 해도 판결을 존중하는 게 어떠냐 하고 시민들을 점잖게 타이르고 있다. 하지만 하필 왜 이 시점에 이런 글을 썼을까?

이 글이 나온 때는 2014년 3월 6일이다. 그 전달 2월 13일에 강기훈 유서대필 사건이 무려 23년만에 무죄로 판결이 났고, 2월 14일에 부림 사건이 33년만에 무죄 판결이 났다. 이 사건들은 거짓 자백, 착각 진술, 증거 오류 때문에 유죄 판결을 한 사건이 아니다. 협박, 고문, 폭행, 잠 안 재우기 같은 온갖 고문으로 거짓 진술을 하게 해 유죄로 판결한 사건들이다. 그렇게 몇십 년이 지난 뒤 무죄로 판결 난 사건이 한둘이 아니다.

박정희가 간첩을 조작해 무고한 사람들을 살인한 인혁당 사건, 이수근 이중간첩 조작 사건, 남민전 사건 등등 독재 정권을 유지하기 위해 조작해 무고한 사람을 몇십 년이나 감옥에 가둔 사건은 헤아릴 수가 없다. 가까이는 증거도 없이 내란음모죄로 구속한 이석기 사건도 있다. 증거가 없는데 '실체가 없어서 더 위험하다'고? 정말 어이없는 판결이다. 또 서울시 공무원 간첩사건이라고 이름 붙인 유우성 씨 간첩 조작 사건도 있다. 이 사건에는 국정원과 검찰이 증거를 조작해 무고한 사람을 간첩으로 몰려고 한 의혹이 있다. 지난 대선 때 국정원이 여론을 조작해 박근혜 정권이 부당하게 당선되었다며 현 정권은 퇴진하라는 여론이 거세게 일자 한 건 터뜨렸다고 볼 수밖에 없는 사건이다. 이런 시점에서 조선일보는 판사들이 오판할 수도 있다는 기사를 쓴 것이다.

기사에서 본보기로 보여 준 판사 두 사람을 보자. 김홍섭 판사는 사도법관이라고 칭송받는 법관이다. 8.15 해방 후 서울지방검찰청 검사로 조선공산당의 정판사 위폐 사건을 담당했다. 정판사 위조지폐 사건은 미군정기인 1946년 5월 8일, 미군 정보대가 돌연 조선공산당 당사를 습격해 조선공산당 간부이자 조선정판사 사장인 박낙종과 인쇄소 직원 등 열네 명을 연행한 사건을 말한다. 이들이 대량의 위조지폐를 찍었다는 혐의였다. 대개 친일파 출신인 재판부는 고문에 의해 조작된 누명이라는 공산당의 주장을 무시했다. 이 사건은 나중에 미 군정이 저지른 정치 공작으로 드러났는데, 이 사건 뒤로 그 당시 민중들에게 지지를 받던 조선공산당 세력은 급속히 힘을 잃어갔다. 양심 있는 검사 김홍섭은 재판 도중 사표를 제출했다.

김홍섭 판사는 이밖에도 청렴한 판사로 기록될 만한 일화를 많이 남겼다. 고무신을 신고, 군복 물 들인 옷에 도시락을 옆에 끼고 법원에 출근할 정도로 검소한 사도법관이었다. 또 '사람이 사람을 재판할 수 있는지' '재판은 어떤 근거에 의하여 하는지' 근원적인 질문을 자신에게 던지며, 재판하기 전 공정한 재판이 되길 기원했다. 그이는 판결 후 피고인들에게 이렇게 말했다고 한다.

"부덕한 제가 여러분들에게 이런 판결을 내린 것을 무척 죄송하게 생각합니다. 인간으로 태어나 인간의 한계를 극복하지 못한 제가 여러분들에게 판결을 내리는 것이 합당한지 모르겠습니다. 판결에 불만이 있으시다면 무척 죄송하게 생각하고 용서를 빌겠습니다."

이 정도로 인간적으로 대하니 피고인과 가족들도 김홍섭 판사가 얼마나 양심으로 재판에 임하는지 피부로 느끼며 감명했다고 한다. 이런 판사를, 인혁당 사건이나 강기훈 유서대필 사건, 부림사건, 이석기 사건같이, 고문했거나 조작한 냄새가 역력히 드러나는 사건을 정권 유지 차원에서 판단한 판사들과 견준다는 것은 말도 안 된다.

또 한 사람 이찬형 판사는 어떤 사람인가. 정말 우리 사회에서 귀감이 될 만한 판사일까? 이찬형 판사는 조선인 최초로 일제의 판사가 된 사람이다. 그이는 고등법원 격인 평양 복심법원에서 일제에 맞서 독립운동한 투사에게 사형을 선고했다. 그 사형수는 준엄하게 이찬형 판사를 꾸짖었다.

"너도 인간이냐? 너는 같은 조선인으로서 동족을 돕고 힘써 구원하지는 못할 망정 왜놈의 앞잡이가 되어 조선독립운동을 한 나를 왜놈 법에 따라 심판하겠다니 너야말로 개, 돼지만도 못한 인간이 아니냐?"

그리고 이찬형 얼굴에 침을 뱉었다. 이찬형이 그날의 충격으로 이튿날 출가하여 전국을 떠돌다 불가에 입문했다는 일화가 전해진다. 지금도 이찬형은 한국 불교에서 훌륭한 선사로 추앙받고 있다. 뒤늦게라도 깨우쳐 새 삶을 살았기 때문이다. 하지만 이 일화도 지어낸 이야기일 가능성이 많다.

연합뉴스에 따르면, 혜봉 스님이 발간한 《종정열전》을 통해 〈조선총독부 직원록〉 등의 관련 문헌을 살펴보면 효봉 스님이 판사였다는 기록은 어디에도 찾을 수 없다고 한다. 이찬형이 효봉 스님이라는 이야기는 아무리 봐도 허구일 가능성이 많다.

결론은 이렇다. 사도 법관이라고 일컬어지는 김홍섭 판사나 독립투사를 사형 판결한 이찬형 판사를 현재 정치 판사들과 견줘, 판사들이 오판할 수도 있으니 판결을 존중하자는 조선일보 기사는 가치가 없는 글이다. 아무리 좋은 사례를 빌려 썼거나 매끈한 글이라도 이 사회를 잘못된 방향으로 이끄는 글은 좋은 글이 아니다.

문제투성이
교과서

우리 일하는 사람이 써야 할 글이 어떤 글인지, 읽어야 할 글이 어떤 글인지 감이 잡히시는지? 이런 글을 쓰고 읽고 써야 하지만 우리는 그렇게 교육 받지 못했다. 우리 나라 국어 교육 문제점에 관해 잠간 이야기했는데 말 나온 김에 우리 나라 교육이 어떤가 몇 가지만 더 보자.

장관님! 왜 21÷7=3인지 세 가지 방법으로 설명할 수 있습니까? 왜 527+694=1221인지를 만 8세 된 초등생들이 세 가지 방법으로 설명할 수 있어야 합니까? 어른인 저도 모르겠어서 참고서를 봐야 합니다. 혹시 장관님께서도 모르시겠다면 동봉해 드린 ○○전과 26쪽의 7번, 57쪽의 11번 설명을 보시면 됩니다.

《교과서를 믿지 마라!》, 바다출판사

어떤 학부모가 초등학교 삼 학년 수학 교과서를 보다가 너무 화가 나 교과부 장관에게 보낸 편지 내용이란다.

왜 이렇게 아이들에게 어려운 걸 가르칠까? 일 학년 때부터 글씨도 모르는 아이들에게 자기소개서를 적어 친구들 앞에서 발표하라는 과제가 있는가 하면 영어 낱말도 모르는 삼 학년 아이들에게 원어민 교사를 불러들여 회화를 가르치고 있다. 천재가 아니면 교과 내용조차 도저히 따라 잡을 수 없게 돼 있다.

국어는 또 어떤가. 중학교 국어 시험에 이런 문제가 나왔다.

문장 호응 관계를 고려할 때 괄호 안에 알맞은 말은 ?
"내가 (   ) 돈은 없을지라도 마음만은 부유하다."

아마 정답은 '비록'이었겠지. 어떤 학생이 쓴 답은 '씨발'이었다.

"내가 (씨발) 돈은 없을지라도 마음만은 부유하다."

솔직하고 정직할 뿐만 아니라 얼마나 실감나는 답인가?
또 다른 문제. 중학교 가정 문제다.

찐 달걀을 먹을 때는 (   )을(를) 치며 먹어야 한다.

정답은 '소금'이었겠지. 어떤 학생이 "찐 달걀을 먹을 때는 (가슴)을 치며 먹어야 한다"고 했단다. 말도 안 된다고? 그렇다면 찐 달걀을 소금을 쳐서 먹지 않고 그냥 먹는 사람도 답을 '소금'이라고 써야 한다는 말인가? 왜 꼭 소금을 쳐 먹어야 하나? 김치하고 먹는 사람은 없을까?

우리 나라 교육이 엉터리 중에 엉터리인 걸 가장 심하게 드러나는 게 '시' 문제다. 시는 읽고 느끼면 된다. 그런데 우리 나라 학교는 그 시를 해부하고 구조를 분석한다.

2004년 수능 모의고사에 최승호 시인이 쓴 시가 출제됐다.

아마존 수족관 열대어들이
유리벽에 끼어 헤엄치는 여름밤
세검정 길,
장어구이집 창문에서 연기가 나고
아스팔트에서 고무 탄내가 난다.
열난 기계들이 길을 끓이면서
질주하는 여름밤
상품들은 덩굴져 자라나며 색색이 종이꽃을 피우고 있고
철근은 밀림, 간판은 열대지만
아마존 강은 여기서 아득히 멀어
열대어들은 수족관 속에서 목마르다.
변기 같은 귓바퀴에 소음 부엉거리는

여름밤

열대어들에게 시를 선물하니

노란 달이 아마존 강물 속에 향기롭게 출렁이고

아마존 강변에 후리지아 꽃들이 만발했다.

최승호, 〈아마존 수족관〉

그리고 이 시의 주제를 삭막한 도시 문명에 대한 비판과 인간성, 생명력 회복에 대한 바람이라고 했다. 그런데 최승호 시인이 문제를 풀어 봤더니 빵점이었단다. 최승호는 "작가의 의도를 묻는 문제를 진짜 작가가 모른다면 누가 아는 건지 참 미스터리"라며 "이런 가르침은 '가래침'"이라고 덧붙였다.

가난하다고 해서 외로움을 모르겠는가

너와 헤어져 돌아오는

눈 쌓인 골목길에 새파랗게 달빛이 쏟아지는데.

가난하다고 해서 두려움이 없겠는가

두 점을 치는 소리

방범대원의 호각소리 메밀묵 사려 소리에

눈을 뜨면 멀리 육중한 기계 굴러가는 소리.

가난하다고 해서 그리움을 버렸겠는가

어머님 보고 싶소 수없이 뇌어 보지만

집 뒤 감나무에 까치밥으로 하나 남았을

새빨간 감 바람소리도 그려 보지만.

가난하다고 해서 사랑을 모르겠는가

내 볼에 와 닿던 네 입술의 뜨거움

사랑한다고 사랑한다고 속삭이던 네 숨결

(…)

신경림, 〈가난한 사랑 노래〉

눈이 오는가 북쪽엔

함박눈 쏟아져 내리는가

험한 벼랑을 굽이굽이 돌아간

백무선 철길 위에

느릿느릿 밤새워 달리는

화물차의 검은 지붕에

연달린 산과 산 사이

너를 남기고 온

작은 마을에도 복된 눈 내리는가

(…)

이용악, 〈그리움〉

진주 장터 생어물전에는

바다 밑이 깔리는 해 다 진 어스름을

울 엄매의 장사 끝에 남은 고기 몇 마리의

빛 발하는 눈깔들이 속절없이

은전만큼 손 안 닿는 한이던가.

울 엄매야 울 엄매

별밭은 또 그리 멀리

우리 오누이의 머리 맞댄 골방 안 되어

손 시리게 떨던가 손 시리게 떨던가

(…)

박재삼, 〈추억에서〉

　　2011년 수능시험에 신경림, 이용악, 박재삼의 시가 나왔다. 문제는 '세 시의 공통점으로 알맞은 것은 무엇인가?'였다. 다음은 제시된 보기들이다.

　　1) 자연 친화적인 삶의 태도가 나타나 있다.

　　2) 화자 자신의 과거를 반성적으로 되돌아보고 있다.

　　3) 부정적인 현실에 대한 비판적 태도를 보여 주고 있다.

　　4) 화자는 자신의 현재 상황을 회의적으로 바라보고 있다.

　　5) 사랑하는 대상을 향한 그리움과 안타까움이 드러나 있다.

몇 번이 '정답'일까? 정답은 5번이었다. 그러나 신경림 시인은 답을 맞히지 못했다. 신경림은 자기가 쓴 시가 '사랑하는 대상을 향한 그리움과 안타까움을 표현한 시'라는 것을 답을 보고서 '깨달아야' 했다.

철학자 김상봉은 당시 "도대체 수학도 아닌 문학에 관련된 문제를 내주고 거기서 정답을 찾으라는 이런 미개하고 무식한 발상이 어떻게 가능한가"라며, 우리 사회의 학문 경쟁력을 위해서도 수능 시험을 폐지하자고 주장했다.

2010년 소설가 김영하가 '국어 교과서에 내 글이 실리는 것에 반대한다'고 선언했다. 그이가 쓴 글 일부가 검인정 중등교과서에 멋대로 실렸기 때문이다. 저작권법 25조에 따르면 교과서 수록 작품은 저작권자 허가 없이 사용할 수 있다. '교과서에 수록되지 않을 권리'를 주장한 김영하는 자기 글이 국가에 징발돼 입시교육 도구가 되는 걸 거부했다. 이유는 크게 두 가지다. 첫째, 국어 교과서에는 원문이 그대로 실리지 않기 때문에 "작가가 추구했던 내적 완결성은 온데간데없이 사라지고 문학은 문장으로 환원되거나 교과서 '저자'들의 맥락 속으로 폭력적으로 편입돼" "그것을 바탕으로 결국은 입시 교육의 도구가 되고" 만다는 것이다.

둘째는 "국가가 교과서를 만드는 과정에 개입하는 것이 옳은가?" 하는 것이다. 그이는 이 문제에 더 비중을 두고 있다. 김영하는 "교과서에 실리지 않을 권리는 없는가?"라는 성명서에서 "문학 교육을 과연 국가가 주도하는 것이 옳은가요? 다른 대안은 없는 것인가요? 아니, 문학이라는 게 교육되어야 하는 것인가요? 그게 가능하기는 한가요?"라고 물었다. 김영하는 트위터에 이렇게 썼다.

"언젠가 제 소설로 어느 학원에서 시험 문제를 만든 것을 누가 보내줘서 저도 풀어 봤는데 다섯 문제 중에 두 문제 맞혔어요. 이런 걸 창의적 해석이라고 해야 할까요."

학교 교육이
잘못 됐다

유명한 의사가 어릴 때 이야기다. 학교에서 문제가 나왔다. '모래는 어디서 가져오나?' 하는 문제였다. 정답은 뭘까? '강'이었다. 하지만 이 학생은 '영진상회'라고 대답했다. 아버지가 집을 지을 때 모래를 '영진상회'라는 건재상에서 갖고 왔기 때문이다. 제도교육에선 그런 답을 인정하지 않을 뿐만 아니라 두들겨 패지 않으면 다행이다. 하지만 이 아이 아버지는 아이를 혼내지 않았다. 엉뚱한 아이였지만 칭찬을 받고 자란 이아이는 나중에 훌륭한 의사가 된다. '모래는 어디서 가져오나?' 같은 문제는 학교 시험에 낼 문제가 아니다. 자연을 책에서만 배우지 않으면 저절로 알 문제다. 요즘 같으면 사대강 파헤치는 현장을 한번만 데리고 가면 모래가 어디서 나오는지, 더 나아가 이 정권이 얼마나 자연을 파헤쳤는지 산 교육이 될 것이다. 오로지 암기만 하는 교육은 아이들을 바보로만들 뿐이다.

배움은 경쟁이 아니다. 정답을 못 외운 아이들을 열등아로 취급하는 교육은 제대로 된 교육이 아니다. 우리가 많이 알고 있는 이야기가 있다. 미국 어느 학교에 인디언 아이들이 전학을 왔다. 어느 날 교사가 아이들에게 "자, 여러분 이제 시험을 칠 테니 준비하세요" 했다. 백인 아이들은 필기 도구를 꺼내고 책상 가운데에 책가방을 올려 짝꿍이 엿보지 못하게 하면서 시험 칠 준비를 했다. 그런데 인디언 아이들은 책상을 돌려 둥 그렇게 모여 앉는 것이었다. 교사는 "얘들아, 시험 칠 준비하라고 그랬잖니?" 하면서 화를 냈는데 인디언 아이들이 이상하다는 듯 말했다.

"선생님, 저희들은 예전부터 어려운 문제가 있을 때마다 서로서로 도와 가며 해결해야 한다고 배웠는데요."

아이들을 가르치는 교사들은, 수구 세력들이 바라는 대로 아이들을 입시 지옥에 빠뜨리지 말아야 한다. 아이들에게 하고 싶은 일을 하면서 살게 해야 한다.

교사들은 아이들이, 고등학교를 나가서 사회에 나가든, 대학을 나온 뒤 사회에 나가든 노동자가 된다는 사실을 분명히 알고 있다. 계급 사회에서 십 퍼센트 밖에 안 되는 자리에 올라서라고 공부를 강요하면 그건 폭력이다. 정말로 노동이 뭐고 노동자가 무엇인지 알려 줘야 한다. 그걸 알려면 우리가 살고 있는 자본주의를 알아야 한다. 자본주의를 알려면 역사와 철학을 알아야 한다. 역사는 조선시대 '태정태세 문단세 예성연중 인명선'을 줄줄 외우는 게 아니다. 철학은 공자나 맹자, 아리스텔레스나 플라톤 이름을 외우는 게 아니다.

우리 나라가 이렇게 천박한 자본주의 사회가 된 까닭을 알려면 우리 근현대사를 알아야 한다. 제도 교육에선 우리 나라 근현대사에 대해 자세히 가르쳐 주지 않는다. 지금 정치, 경제, 교육 부문의 모든 헤게모니를 쥐고 흔드는 자들 뿌리가 친일파이기 때문이다. 또 노동자의 철학을 가르쳐 주지 않는다. 자기들이 천박한 자본가들이기 때문이다.

요즘 교과부에서, 이승만, 박정희를 미화하고 일제의 만행을 교묘히 감춘, 역사를 왜곡한 교학사 교과서를 채택하라고 학교에 압력을 가했던 일은, 역사 교육이 얼마나 중요한지를 거꾸로 보여 준다. 역사를 모르고 자본주의 사상에 물든 아이들은 알게 모르게 극우 사상을 배운다.

지난 2008년 촛불집회나 2013년 말 학교에 붙인 '안녕들 하십니까?'라는 대자보에서 보듯이, 요즘 학생들은 극우 사상에 세뇌당하지는 않았다. 하지만 자본주의 사회에서 살아가려면 윗사람에게 잘 보여야 한다는 의식에서 벗어나지 못한다. 이런 생각을 벗어나게 하지 못하면 아이들은 하고 싶은 일을 하면서 살지도 못하고, 먼 내일의 아주 짧고 초라한 행복을 위해서 오늘의 행복을 저당 잡히면서 보람도 없이 자기가 노동자라는 사실을 자학하면서 불행하게 살아갈 것이다.

이야기 하나.

지난 2008년 6월 20일, 〈작은책〉 편집위원 김용심 씨가 홍세화 선생과 촛불 집회에 참석한 뒤 집에 가려고 택시를 탔다. 라디오에서 진보신당의 심상정 대표 목소리가 들리더란다. 한미 FTA를 반대하면서 요목조

목 따지고 있었다. 김용심 씨와 홍세화 선생이 반가워했는데, 갑자기 택시 기사가 들으라는 듯 크게 한마디 했다.

"저 여자, 저거 완전 미친 X야."

두 분이 어이가 없어 말문이 막혔다. 김용심 씨가 "에?" 하고 택시 기사를 바라봤다. 택시 기사는 "아, 그렇잖아요. 사사건건 트집만 잡고 완전 미쳤지, 저거" 하면서 더욱 기세등등하더란다.

김용심 씨가 울컥 욕이 튀어나오는 걸 참고 있는데 홍세화 선생이 화를 꾹 누르시고 점잖게 타이르셨다.

"무슨 말씀을 그렇게 험하게 하세요, 다른 사람한테."

하지만 택시 기사는 "아니, 미쳤으니까 미쳤다고 하는 거지요. 하는 짓을 보라고요" 하면서 무조건 욕을 하더란다.

김용심 씨가 택시 기사에게 따졌다. "아니 심상정 대표가 반대하는 내용이 한미 FTA니, 0교시 수업으로 아이들을 죽이는 교육자율화 정책이니, 의료보험 민영화, 수도 민영화 이런 건데, 그럼 그걸 다 해야 한다고 생각해요?" 했더니 말문이 막힌 그 택시 기사 하는 말.

"아, 내가 혼잣말 한 건데 손님이 대체 무슨 참견이야. 싫으면 싫다, 미쳤으면 미쳤다, 그렇게 맘대로 욕할 수 있는 게 민주주의 아니요? 그런데 남이 혼잣말 한 걸 가지고 왜 느닷없이 손님이 시비야. 이 손님, 되게 웃기네."

도대체 누가 웃기는 줄 모른다. 부자들에게 지배를 당하는 구십 퍼센트의 민중들은 이렇게 십 퍼센트가 퍼뜨린 논리에 세뇌당해 있다. 그렇기 때문에 십 퍼센트 부자들을 위한 정책을 펴는 이명박을 당선시키고, 독재자의 딸 박근혜를 당선시키고 특목고나 국제중학교같이 엄청난 사교육비를 유발하는 정책을 펴면서 공교육 바로잡기라고 우기는 사람을 교육감으로 뽑아 주는 거다. 그리고 논리가 달리면 아까 말한 택시 기사처럼 '맘대로 욕할 수 있는 게 민주주의 아니냐?'고 무식함을 드러낸다.

홍세화 선생은 늘 자기 생각이 어떻게 형성됐는지 성찰해야 한다고 말한다.

사람은 생각하는 동물이지만 태어날 때부터 생각을 갖고 태어나진 않습니다. 사회 일원으로 살아가면서 생각을 갖게 되고 그 생각을 고집하며 살아갑니다. 문제는 그 생각이 어떻게 자기 것이 되었는지 물을 줄 아는 인문적 소양을 가진 구성원이 많지 않다는 점이죠. 그래서 90퍼센트의 서민들의 생각을 10퍼센트 부자들이 쉽게 지배할 수 있는 거죠. 그래서 양극화가 더욱 심화되고 90대 10의 사회로 치닫는 겁니다. 결국 이 민주주의 제도는 부자 몇 명이 80퍼센트 되는 서민들을 지배하는 것을 가려 주는 장식물에 지나지 않습니다.

지금 학교 교육은 오로지 대학을 가기 위한 '외우기 시합'이다. 그 외우기 시합엔 우리가 살아가면서 필요한 지식은 거의 없다고 해도 지나친 말이 아니다. 외우기 시합에 유리한 사람은 부유한 집안 자식들이다. 가난한 집안 자식들도 외우기 잘하는 사람이 있다고? 있겠지. 하지만 부유한 사람들은 자기 자식들을 이른바 '일류 대학'에 보내기 위해서 갖은 수단과 방법을 쓴다. 변별력을 높인다고 시험 문제를 어렵게 만들면 만들수록 강남에서 족집게 과외를 하는 부잣집 아이들만 유리하다. 영어 같은 건 외국 유학 한 일 년만 갔다 오면 가난한 아이들이 따라갈 수가 없다. 지금의 대학 입시 제도는 부잣집 아이들만 이른바 '일류대학'에 보내기 위한 속임수다.

이 외우기 시합엔 창의성 있는 아이는 열등한 아이로 낙인찍힌다. 계산하는 수학은 싫어하지만 글쓰기 좋아하는 아이가 있고 수학은 재미있어 하는데 국어를 싫어하는 아이가 있고, 그도 저도 싫은데 미술이나 뭘 만들기 좋아하는 아이가 있는 건데, 우리 나라 외우기 시합에선 한 가지라도 못하는 아이는 그냥 싸잡아서 '공부 못하는 아이'다.

거기에다 변별력을 높인다고 논술 과목을 시험에 넣는다. 이 논술은 정말 엉터리다. 논술은 자기 의견이나 주장을 논리적이고 조리 있게 밝혀야 하는 글이다. 어릴 때부터 그런 훈련이 돼 있어야 하고 책을 많이 읽어야 한다. 그런데 그동안 교과서 외에 다른 책을 못 읽게 하고 여태까지 외우기 시합만 강요하던 아이들에게 어떻게 조리 있게 의견이나 주장을 밝히라는 시험을 볼 수 있다는 말인가. 결국 강남에서 쪽집게 과외를 받은 부잣집 아이들만 좋은 점수를 받을 수밖에 없다. 지금 우리 나라 교육은 속임수에 불과하다.

통쾌한
글쓰기

어떤 이들은 무슨 문학상에 소설이나 시 부문에 당선되면 문단에 데
뷔했다고 자랑을 한다. 어떤 이는 시를 써서 문학상을 받았다고 "홍길
동 시인입니다" 이렇게 인사한다. 아니 시인이 무슨 직업인가. 그럼 나는
"안건모 운전삽니다" 이래야 하나? 그런 이가 책까지 내면 더한다. 골방
에 앉아 담배 꼬나물고 작품을 구상한다고 일 년 내내 처박혀 글만 쓰기
도 한다. 쯔쯔. 굶어죽기 딱 맞지.

나는 글을 쓰지만 여전히 버스 운전사였다. 그리고 내가 일하면서 억
울하거나 고발하고 싶거나 하는 이야기를 썼다. 기사들의 모임인 버스
일터를 운영하고 소식지를 내면서 동료들이 쓴 원고를 받아서 실었다.
기사들은 자기들 생활이 담긴 글을 가장 좋아했다. 그리고 단체협약이
나 근로기준법같이 기사들이 꼭 알아야 할 내용들을 실었다. 〈버스일터〉
소식지는 기사들 의식을 한 단계 높이는 아주 중요한 매체가 되었다.

부끄러운 이야기가 하나 있다. 뭐고 하면 1997년 전태일문학상에 당선됐다는 기사를 내 달라고 한겨레신문사에 직접 찾아간 일이다. 참 나도 뻔뻔스럽기도 하지. 그깟 상이 무어라고 신문사에 찾아가기까지 했는지 지금 생각하면 얼굴이 화끈거린다. 그깟 상은 아니지. 전태일 이름이 걸린 상인데. 한겨레도 그렇게 생각했는지 조그맣게 기사로 내 주었다. 지금은 제목도 기사 내용도 생각나지 않는다. 인터넷에서 검색해 보니까 나오지도 않는다.

나는 버스를 운전하면서 한 달에 한 번 〈작은책〉에 글을 연재하고 있었다. 그러던 어느 날 한겨레신문에서 글을 연재해 달라는 제의가 왔다. 꼭지 이름은 '흐린 뒤 맑음'. 그걸 몇 사람이 돌아가면서 썼던가? 하여튼 한 달에 한 번 정도 쓴 걸로 기억한다. 그런데 거기에 글을 쓰면서 나는 또 중요한 걸 배웠다. 글은 줄여야 좋다는 것. 그 난에 들어갈 글이 원고지 7매 정도밖에 안 된다. 그런데 나는 거기에 보내려고 글을 쓰면 A4용지로 한 석 장이 나왔다. 원고지로 25매도 넘는다. 그렇게 긴 글을 써서 프린트해서 갖고 나와 버스를 운전할 때 운전대 옆에 놓고 줄이면서 일을 했다.

나는 운전 일을 하면서 책도 보고 글도 썼다. 신호를 기다릴 때, 차가 막혀 서 있을 때면 어김없이 책을 보거나 글을 썼다. 조그만 수첩에 깨알같이 글을 써 놓고 집에 가서 컴퓨터에 옮긴다. 버스 운전 끝나고 쓰면 되지 않느냐고? 안 된다. 운전 끝나면 기사들하고 어울려야 한다. 나같이 회사에서 꼴통으로 찍힌 사람은 어울리지 않으면 왕따당한다. 회사에서 나한테 손발 다 든 것도 나를 왕따시키려다 실패했기 때문이다. "야, 너 안건모 옆에 가지 마!" 회사가 얼마나 유치한지. 그럼 기사들은 그걸 나한테 이야기해 준다. "건모 형, ○○부장이 건모 형 옆에 가지 말래" 그럼 나는 관리자한테 쫓아간다. "누가! 내 옆에 가지 말라고 했어!" 몇 번 뒤집어 놓으면 회사에서 왕따시킬 엄두도 내지 못한다.

한겨레신문에 일 년 넘게 글을 썼나? 글의 힘이 얼마나 위대한지 다시 생각하게 됐다. 다음 글은 내가 한겨레신문에 쓴 글이다.

(…) 지난 4월 4일, 시내버스가 파업을 한다고 했다가 극적 타령, 아니 극적 타결을 했단다. 새벽 네 시가 타결 시한이라고 했는데 세 시 사십 분에 아슬아슬(?)하게 극적 타결이 됐단다. 웃기는 짬뽕들.

시내버스 파업! 일반 사업장 파업과 비슷하다고 생각하면 큰 오산이다. 시내버스는 파업을 하면 회사가 도와준다. 아니 도와주는 정도가 아니라 기사가 "나 파업 안 해!" 하고 차를 끌고 나가려 해도 못 나가게 한다. 회사에서 파업을 하는 것이다. 지난 1997년 3월, 오전에 잠깐 했던 파업도 회사에서 배차를 해 주지 않고 관리자들이 못 나가게 해서 차 운행을 못했던 것이다.

이번에는 어땠는가. 파업한다는 전날 4월 3일, 파업출정식이라나 뭐라나. 회사에서는 오전반 기사들보고 파업출정식 행사장을 가라고 오후반 기사들을 일찍 출근하게 해서 친절하게 한 탕을 빨리 교대를 시켜 주었다. 웃기는 일 아닌가. (…)

우리 나라 시내버스 사업주들은 정말 사업하기 쉽다. 어용 조합이 "임금 올려 줘!" 하면 사업주들은 정부에 대고 "버스 요금 올려 줘!" 하면 되니까. 그럼 정부는? 버스 요금을 올리는데 먼저 여론을 잠재워야 한다. 그래서 시내버스 파업 소동이 벌어지고 '극적 타결!' 타령이 나오는 것이다. 그래도 여론이 잠잠해지지 않으면 사업주들은 1997년도처럼 슬쩍 몇 시간 정도 버스를 세운다. '시민들아, 아무 소리 하지 말아라. 버스가 없으니 얼마나 불편하던가' 하고 겁을 주는 것이다. 이렇게 시내버스 파업 소동은 어용 조합과 사업주가 짜고 정부가 들러리를 서서 이루어지는 것이다. (…)

〈짜고치는 고스톱2〉, 한겨레신문 2000년 4월

이 글을 쓰고 얼마나 상쾌! 통쾌! 육회? 아니, 유쾌!한지. 시민들은 시내버스 파업이라는 게 요렇다는 걸 아마 처음 알았을 거다. 이런 사실은 유능한 신문기자가 와서 취재를 해도 '저얼대' 드러나지 않을 것이다. 버스 기사들이 찍힐까 봐 취재에 응하지도 않을뿐더러 신문 기자가 버스 현장의 시스템과 분위기를 파악하지 못하기 때문이다. 이건 그 안에 있는 사람만이 쓸 수 있는 글이다. 그래서 결론은 '글은 일하는 사람이 써야 한다'는 사실.

사람이 글을 쓰는 까닭이 뭘까? 자기를 표현하기 위하여, 아픈 마음을 치유하기 위하여, 삶을 풍요롭게 하기 위하여……. 정말 여러 가지다. 내가 보기에 다 맞는 말 같다. 사람은 누구나 자기 이야기를 남에게 들려주고 싶어한다. 내 생각을 다른 누군가에게 전하고 싶은 거다. 이건 비밀이야 하면서 들려주는 이야기. 들은 사람은 또 "얘, 이건 비밀이래" 하면서 속삭인다. 나는 그런 말을 들으면 입이 근지러워서 참지를 못한다. 입이 싸서 그런가? 감출 걸 감춰야지. 별것도 아닌 것들 가지고 수군거려. 왜 대놓고 이야기 못 하지?

나는 버스 현장을 고발하고 싶었다. 시내버스 현장이 이래. 좀 들어 봐. 기사들 정말 불쌍해. 시내버스 파업은 정부, 사업주, 어용 노조가 짜고 치는 고스톱이야. 그리고 일하다 사고 나면 징계위원회 올라가는데 그 자리에서 내가 다리를 벌리고 앉아 있었더니 전무가 본다고 다리를 오므리래. 얼마나 유치한지 몰라. 글쎄 이제 들어온 새파란 젊은 과장이 아무한테나 반말이야. 노동자들은 다 자기 밑인 줄 알아. 자기는 사무실에 있다고 목에 힘주고 다녀. 크흐흐! 이런 이야기들을 글로 써 보시라. 얼마나 유쾌, 통쾌한지 해 보면 안다. 밤을 새서 써도 피곤하지 않다. 완성된 뒤에 퍼지는 그 오르가슴! 짜르르 가슴속, 머릿속에서 엔도르핀이 퍼져 나오는 듯한 그 짜릿함.

이 글을 읽는 독자님, 갑자기 쓰고 싶은 이야기가 생각나시는지? 빨리 컴퓨터 앞으로 가서 써 보시라. 아님, 종이에라도 쓰든지.

좋은 글을 쓰기 위해
조 심 할   것 들

여태까지 나온 내용만 그대로 실천하면 누구든지 글을 쓸 수 있다. 그래도 못 쓰겠다는 분들은 아직까지도 벼르기만 하고 써 보지 않았다는 말이다.

한국비정규노동센터에서 해마다 비정규직 수기 공모를 한다. 2012년에 공모했던 비정규직 수기는 당선작이 상금 백만 원, 우수작 두 편이 상금 오십만 원씩, 특별상이 열 편으로 상금 십만 원씩이다. 글을 쓰는 데 상금을 준다는 것이 좀 이상하지만 그래도 돈이 걸려 있으면 마음가짐이 달라진다. 원고료는 못 받더라도 조그만 선물이라도 걸려 있으면 글에 쏟는 정성이 다르다.

이번 비정규직 수기 공모 행사에서 내가 글을 뽑은 기준은 이렇다. 이 기준은 비정규직 노동자가 아니라도 좋은 글의 일반 기준으로 삼아도 될 듯싶다.

〈내 마음대로 글을 뽑은 기준〉

1. 비정규 노동자인 자기 삶을 구체적이고 생생하게 쓴 글.

2. 감동과 재미가 있는 글.

3. 관점과 세계관이 올바른 글.

4. 좀더 나은 사회를 만들기 위해 한 발 내딛게 만들 수 있는 글.

5. 자기 삶을 개인의 문제로만 보지 않고 구조와 사회의 문제로 인식하는 글.

6. 시기에 맞는 글이면서 새로운 시각이 담긴 글.

7. 어려운 삶에 당당히 맞서는 글.

8. 가짜 지식인 말투를 흉내 내지 않고 쉬운 서민들 말투로 쓴 글.

9. 글의 결론을 이야기 속에서 자연스럽게 이끌어 낸 글.

10. 투박한 글이라도 쉽게 이해할 수 있는 글.

〈점수를 깎은 기준〉

1. 단순히 자기 경험에만 그치거나 한탄만 하는 글.

2. 비정규직 문제를 사회 문제로 바라보지 못하고 자기만 열심히 하면 잘살 수 있다는 글.

3. 사회 구조가 잘못된 점을 알면서도, 좀더 나은 삶과 세상을 만들기 위해 행동하지 않고 개인의 삶만을 위해 열심히 일만 하는 글.

4. 상투적인 표현이나, 추상적으로 쓴 글.

5. 가짜 지식인처럼 누구나 쓸 수 있는 칼럼을 흉내 낸 글.

6. 이해하기 어려운 글. (단락 나누기를 하지 않은 글 포함.)

2012년 공모전에 들어온 글은 모두 40편이었다. 몇 편만 빼고는 모두 비정규직 노동자들이 자기가 일했던 경험을 쓴 글이었다. 그 글을 보면서 요즘 비정규직들이 얼마나 힘들게 일하고 있는지 생생하게 알 수 있었다. 이래서 일하는 사람들이 글을 써야 한다.

글을 쓴 분들의 직업을 보면 대충 이렇다. 영화 보조 출연자, 학원 강사, 콜센터 노동자, 도배 노동자, 커피집 알바, 기륭전자 노동자, 학습지 교사 노동자 들이다. 그중에 영화 보조 출연자가 쓴 글을 살펴보자.

점심도 저녁도 아닌 새결이 시간에 밥을 주는 것이 태반이다. 비정규직은 점심을 주지 않는 명명이로만 생각하는 것인가. 서글프다. 밥을 먹자마자 쉬는 시간 없이 바로 촬영에 들어간다. 늦기도 전에 반장이 또 욕을 한다. 옆에 붙어 다니는 세끼 반장 헌술 더 뜬다.

화장실을 가려면 멀리 가야 한다. 출연자들도 많다. 여긴 산속이다. 꽤 넓다. 그래서 화장실이 없는 걸까. 어쩌라고. 아예 화장실은 만들지도 않았다. 아! 이게 웬일인가. 이런, 탈의실도 없다. 모든 알아서 해야 한다. 대사 없이 큐! 들어가면 하는 전문적인 보조 출연자들이기에 화장실, 탈의실 다 알아서 해결하라는 건지. 비정규직이 이런 건가. 비참하다. 슬프다. 인간 이하의 대접. 따질 곳이 없다. 억울하다. 분하다. 갈수록 더한다.

문장이 조금 어색하지만 꾸밈이 없다. 현장이 보이고 일하는 모습이 눈에 들어온다. 이런 글이 없으면 영화 보조 출연자가 이렇게 비참하게 일하고 있는지 아무도 모른다. '새걸이'는 무슨 뜻인지는 몰라도 밥 먹는 시간 사이에 먹는 '새참'이라는 뜻으로 짐작된다. 사전에 없으면 어떤가. 현장에서 쓰는 말 그대로 쓰면 된다. 그이가 쓴 글을 조금만 더 보자.

　　욕 안 먹으려고 옆에 남자가 있든 말든 정신없이 옷을 갈아입고 다음 씬을 위해 뛰기 시작하여 준비를 하고 그 대열에 들어가 숨죽여 촬영을 했다. 기침소리라도 내면 그날은 서거하는 날이라고들 했다. 잘릴까 진짜 무섭다. 내 발로 나가야지. 짤려 나간다는 것이 무섭다. 그런다고 따질 수도 없다. 속에서 우라가 치밀어도 참아가며 일을 해야 했다.

여자가 남자 옆에서 옷을 갈아입고, 욕을 먹어도 해고당할까 봐 두려워 참고 일하는 마음이 가슴에 와 닿는다. 맞춤법이 좀 틀리면 어떤가. 일하는 사람들에게 이런 글이 쏟아져 나와야 한다. '씬'은 '신'이고 '우라'는 '울화'인데 이런 건 글을 쓰면서 천천히 배우면 된다.
이분은 마지막 결론에 이렇게 썼다. 가장 아쉬운 부분이다.

　　가정도 빚에 실업자가 많으면 파산에 이르러 집을 파는 수밖에는 없다. 나라도 노동자의 위치가 서질 않으면 결국 나라를 잃을 수밖에 없을 것이다. 빈익빈 부익부. 젊은 사람들의 실업, 취업란, 명예퇴직. 줄어드는 일자리. 대기업의 횡포. 방치하는 국가.

　노동력을 존중하고 노동자들이 제자리를 찾을 수 있게 국가가 해 주지 않는다면 우리 노동계가 스스로 살기 위해 투쟁해야 한다. 조국의 앞날을 위해서라도 투쟁은 계속될 것이다. 굳은 결심은 하늘을 찌른다.

　다 맞는 말이지만, 이렇게 글쓴이가 결론을 내리면 안 된다. '노동력을 존중', '우리 노동계가 스스로 살기 위해 투쟁해야 한다'는 이런 결론은 글을 읽는 이에게 자연스럽게 나와야 한다. 게다가 '조국의 앞날을 위해서'도 너무 나갔다. 끝이 아쉽지만 잘 쓴 글이다.

셋째
마당

글을
어떻게 시작해야
하나?

글쓰기의
첫 걸음

    맞춤법도 모르던 내가 이렇게 글을 쓸 수 있게 된 게 본래 글쓰기 재주가 있었기 때문이 아니냐고 하는 분들이 있다. 천만의 말씀이다. 맨 처음에는 문장도 어색하고 주어 서술어가 안 어울려도 재미로 막 썼을 뿐이다. 하고 싶은 말이 많았고, 쓰고 싶은 것이 많았다.

    히지만 글을 쓰면 쓸수록 점섬 어려워졌다. 마치 바둑을 배우는 것 같았다. 그냥 바둑알을 네 군데 가둬 따먹기만 할 때는 재미있었는데, 정석을 배우고 길이 있다는 걸 알면서 점점 더 어려워지는 것처럼 글쓰기도 마찬가지였다. 정식으로 공부한 적이 없으니 글쓰기가 금방 늘지 않았다. 그래서 책을 많이 샀다. 물론 인문, 사회, 역사 분야 책도 많이 샀지만 그것보다 더 많이 산 건 글쓰기 책이었다. 글쓰기에 관한 책들은 무조건 샀다. 논술이니 맞춤법이니 하는 글쓰기 책 말고 글을 쓰는 방법에 관한 책들이다. 얼마나 많이 샀는지 지금까지 절반도 못 읽었다. 지금 세어 보니 오백 권이 훌쩍 넘는다. 웬 글쓰기 책이 이렇게 많은지.

시간만 나면 들르는 망원동 한강문고를 며칠 전에 또 갔다. 새로 나온 글쓰기 책이 있어서 집어들었더니 아는 이가, "아니, 글쓰기 선수가 글쓰기 책을 사요?" 하고 물었다. "에휴, 선수는 무슨. 아직 멀었어요. 글쓰기 책이 나오면 혹시 다른 비결이 있나 늘 궁금해서 사게 돼요." 물론 어떤 책을 사든 내용을 보면 다른 글쓰기 책과 거의 비슷하다. 그 가운데 "많이 읽고 많이 써라" 하는 말이 가장 많다. 일기든 편지든 메모든 늘 글을 써야 한단다. 또 글을 쓴 다음에 고쳐야 한다거나, 고칠 때 소리 내서 읽어 보라는 주장들은 책마다 거의 나온다.

그런데 엊그제 산 책에는 여태껏 나온 주장과 전혀 다른 게 하나 있었다. '일기장을 불태우자'라는 글이었다. 글쓴이는 일기를 쓰는 것이 "막대한 시간과 종이를 낭비하는 일"이라고 한다. 다시 말해 글쓰기를 배울 때 별 도움이 되지 않는다는 말이다. 또 이런 주장도 있었다. '동의어 사전을 버리'란다. "더듬거리거나 망설임 없이 쓰는 사람의 마음에서 자연스럽게 흘러나와야" 한단다. 어허, 이거 누구 말을 믿어야 하나. 이 사람은 소설을 쓰는 사람이다. 글쓰기 책은 이렇게 쓴 사람에 따라 다른 주장들이 많다.

그러고 보니 글을 무조건 많이 써야 한다는 주장과 무조건 많이 쓴다고 되는 게 아니라는, 서로 다른 주장은 많이 봐 왔다. 나는 '무조건'은 아니고, 많이 써야 한다는 주장에 동의한다. 그런데 내가 '많이 써야 한다'는 뜻은 이것저것 많이 쓰라는 게 아니라 단 한 편이라도 완성된 글을 내

놓으라는 뜻이다. 글쓰기 초보자들은 글 한 편을 완성하려면 치열한 노력을 기울여야 한다. 한 편이라도 끝까지 붙들고 늘어져 완성한 글을 내놓아야 한다.

이것저것 글을 많이 썼는데 완성하지 못하면 말짱 도루묵이다. 단 한 편이라도 완전히 마무리한 글, 그 안에 어떤 내용이 담겨 있는 글, 자기가 하고자 하는 말이 분명하게 드러나 있는 글, 그리고 어떤 신문, 잡지에든, 내 블로그에든 다른 인터넷 사이트에든, 어디에든 써 먹을 수 있는 글, 그래서 다른 이가 읽고 도움이 될 수 있는 글을 쓰라는 뜻이다. 세상에 내놓는 그런 글은 분명한 결론이 있어야 한다. 아, 그렇다. 그런 면에서 일기는 글쓰기에 도움이 되지 않는다는 말에 공감이 간다.

글을 쓰는 행위는 일단 남을 의식하는 것이다. '글을 읽는 대상'이 있어야 한다. 누가 읽어 주지 않는 글은 아무 필요가 없다. 일기는 기억에 도움이 될지언정 글쓰기에는 도움이 되지 않을 듯하다. 문장도 남을 의식하지 않으니까 고치지 않는다. 뭐 고치기는 고쳐도 대충 넘어갈 것은 뻔한 일. 글을 어색하지 않게, 재미있게, 치열하게 고치려고 생각할 필요가 없다. 한강문고에서 산 이 책에서 한 가지 배웠다. 이렇게 책 한 권에 한두 가지만 깨달아도 좋으니까 나오면 나오는 대로 책을 사게 된다. 하지만 책 제목은 알려 드리지 않겠다. 그것 말고는 그 책에서 더 배울 건 없다. 독자님들은 그냥 책 한 권 값 번 셈이다.

'글을 읽는 대상이 있어야 한다'고 생각하고 컴퓨터 앞에 앉으시라. 누구한테 내 글을 읽힐까? 누가 내 글을 보면 좋을까? 내가 쓰는 이 글은 물론 이 책을 읽는 이들을 대상으로 쓴다. 이 글을 읽는 독자들은 신문 독자들처럼 '불특정 다수'다. 쬐끔 어려운 말 나왔다. 남녀 불문, 직업 불문, 나이 불문, 가지가지 여러 종류의 많은 사람들이라는 말이다. 불특정 다수가 보는 이런 글은, 대개 중학생들이 이해할 수 있을 정도로 쓰면 된다. 글을 어렵게 쓰는 사람들이 있는데 잘난 척하는 것이다. 이 대목에서 우스갯소리 하나.

"감각의 소산과 이지의 소산의 갭은 인위적 관념으로 메울 수 없다."

농사꾼 한 분이 이 말이 너무 멋있어 보여서 그걸 배우려고 학자를 찾아갔다.

"부탁입니다. 학자들이 말하는 법을 가르쳐 주십시오."

학자는 선선히 대답했다.

"첫째, 아무도 알아들을 수 없는 말을 하게. 둘째, 되도록 '~의'나 '~적' 이라는 말을 많이 쓰게. 셋째, 가장 중요한 건데 말을 할 때는 그 말을 하는 자네도 무슨 뜻인지 몰라야 하네."

지루할까 봐 우스갯소리를 했는데 아주 흰소리는 아니다. 정말 쉬운 말도 이렇게 어렵게 하는 화상들이 있다. 자, 다시 하던 이야기로 돌아가서, 내 글을 읽는 대상을 생각한 다음 중학생들이 읽을 정도로 쉽게 쓰자.

그 다음 뭘 쓸 것인가, 주제를 정해야 한다. 주제는 쓸 거리다. 만일 내가 우리 아들 한 사람이 읽는다고 하고 글을 쓴다면 어떤 주제로 쓸까?

"태희야, 아부지다. 요즘 잘 지내고 있냐? 요즘 신종 인플루엔자 때문에 걱정이 많은데 너무 걱정하지 말아라. 그냥 좀 심한 감기일 뿐인데

황색 언론에서 너무 떠들어 공포감을 조성하고 있구나. 그것보다 검찰과 우체국이라고 하면서 오는 전화 사기, 보이스피싱인지 뭔지 조심해야겠더라. 의심 많고 똑똑한 이 아부지도 당할 뻔했다."

뭐 이렇게 쓰겠지. 내가 하고 싶은 말, 들려 주고 싶은 말, 우리 아들이 알아야 할 내용, 도움이 될 만한 내용을 쓸 것이다.

사람들은 늘 글을 쓰고 싶다는 마음뿐 실제 글을 써 보지는 않는다. 조금 써 보다가 금방 포기하기도 한다. 글쓰기는 기타, 피아노, 바둑, 그림을 배울 때처럼 꾸준히 해야 한다. 사람들은 다른 걸 배울 때는 온 힘을 기울이면서 글을 배울 때는 온 힘을 다하지 않는다. 그러고는 글쓰기가 늘지 않는다.

〈작은책〉 일꾼들하고 이야기를 나누다가 '안건모'가 읽은 글쓰기 책 가운데 다섯 권만 소개하면 독자들에게 도움이 되겠다는 이야기가 나왔다. 다섯 권이라? 한번 골라 보자. 어떤 책이 글쓰기에 도움이 될까? 쌓아 놓고 치열하게 골라 봤다. 이건 저것보다 나을까? 아냐, 이게 나을까? 몇 날 며칠을 골라 보니 여섯 권이다. 한 권을 빼려니 도저히 뺄 수 없다. 우리 말법에 관한 책에서부터 글쓰기 동기를 부여하는 책, 실제로 글을 쓸 때 올바른 문장을 쓰는 법까지 골고루 골라 보았다.

《우리 글 바로쓰기 1, 2, 3》 (이오덕, 한길사, 2009)
글을 쓰려는 사람이 가장 먼저 봐야 할 책이다.

"좋은 글은 쉬운 글이다. 쉬운 글을 쓰려면 어떻게 해야 하나. 우리 말법이 따로 있다. 하지만 우리는 지난 천 년 동안 우리 겨레는 끊임없이 남의 나라 말과 글에 우리 말글을 빼앗기며 살아왔다."

이오덕 선생은 우리 말법이 아닌 글로 쓴 보기글을 들어 보여 준다. 세 권으로 돼 있는데 신문이나 잡지 같은 곳에 나온 글을 쉬운 우리 말법으로 고쳤다. 이 책을 읽지 않고서는 글을 쓰려고 생각하지 마시라. 꼭 읽어야 할 첫 번째 책으로 이 책을 꼽는다. 1, 2, 3 세 권짜리다.

《살아 있는 글쓰기》 (이호철, 보리, 1994)

이호철 선생은 농촌 초등학교에서 아이들에게 살아 있는 글쓰기를 가르친다. 학교에서 글쓰기를 가르치는 교사는 물론 글을 쓰고 싶어하는 어른들도 꼭 봐야 할 책이다.

이런 책을 보면 글을 잘 쓰게 될까? 물론이다. 글을 잘 못 쓰게 된 까닭은 초등학교 때부터 잘못 배운 탓이다. 제도 교육은 아이들에게 지어내는 글쓰기를 가르쳤다. 지어내는 글쓰기와 살아 있는 글쓰기의 차이점만 알면, 어떤 글을 써야 할지 깨달을 수 있다.

이호철 선생이 가르친 학생이 쓴 시를 보면 웃음이 터지기도 하고, 가슴이 울컥하기도 한다. 이 책에 나오는 아이들의 시는 내가 다른 곳에서 글쓰기 강의를 할 때 많이 인용을 한다. 가짜 시를 본 뒤 이 책에 나오는 아이들 시를 본 사람들은 무릎을 친다. 이 책을 읽으면 어떤 글을 써야 할지 금방 감 잡을 수 있다.

《나는 시민 기자다》 (김혜원 외 11명, 오마이북, 2013)

내가 왜 이렇게 어려운 글쓰기를 배워야 하지? 그거 안 배워도 잘 살고 있잖아? 이런 생각이 들면 글쓰기를 포기하기 쉽다. 이 책을 읽으면 치열하게 글을 쓰고 싶다는 생각이 들 것이다.

이 책에 글을 쓴 저자들은 글쓰기 전문가가 아니라도, 기자가 될 수 있고, 작가가 될 수 있다는 걸 보여 준다. 주부 김혜원, 농부 송성영, 회사원 이희동 씨 같은 이들은 모두 글쓰기 전문가가 아니었다. 이들은 어떤 과정을 겪으며 글쓰기 실력을 쌓고 자신감을 얻게 됐을까?

이 책엔 "나도 글을 쓰고 싶어!" 하고 눈이 번쩍 뜨이는 사례들이 널려 있다. 그것뿐인가. 좋은 글은 어떤 글인가 알려 주기도 하고 실제로 글을 쓸 때 어떻게 써야 할지도 들어 있다.

《황홀한 글감옥》 (조정래, 시사인북, 2009)

대학생을 중심으로 한 젊은이들이 《태백산맥》을 쓴 소성래에게 보낸 질문에 대답한 편지 형식으로 되어 있다. 이 책에서는 글을 쓰는 사람의 마음가짐, 자세를 알려 준다. 조정래는 말한다.

"막심 고리키가 그랬듯이 수많은 작가는 역사의 중요한 고비고비마다 펜을 든 혁명가의 역할을 해 내며 인간의 인간다운 삶에 기여하고자 했습니다."

그렇기 때문에 역사 의식이 있어야 한다고 강조한다. 소설가 지망생뿐 아니라 생활글을 쓰려고 하는 이들도 꼭 한 번 읽어야 할 책이다.

《글쓰기가 삶을 바꾼다》 (김종철, 21세기북스, 2011)

한겨레신문 논설위원이었던 김종철은 글쓰기를 배울 때 처음부터 실습에 들어가려고 하지 말라고 주장한다. 이 책 처음에 나오는 '말과 인간의 삶', '문자의 역사와 글의 발전'을 차분히 읽고 나서 다음 단계로 들어가라고 한다. 수필, 시, 소설, 기행 문학, 편지 글, 일기뿐만이 아니라 자기소개서와 인터넷 글쓰기까지 다양한 분야의 글쓰기 방법이 나와 있다. 이 책은 글쓴이가 학생들에게 가르친 경험 속에서 나왔다. 글을 잘 쓰면 삶이 바뀌는 건 분명하다.

《문장부터 바로 쓰자》 (송준호, 태학사, 1996)

실제로 글을 쓸 때 문장을 어떻게 쓰는가 하는 내용이 나와 있다. 각 단원마다 실제 보기글과 연습 문제가 있어 공부하기 좋은 책이다. 답을 보지 말고 끝까지 해 보면 문장 실력이 훨씬 좋아질 것이다. 연습 문제 해답은 이 책 맨 뒤에 나오는데 친절한 설명서가 없어서 처음엔 헷갈리기도 한다. 제목을 보면서 찾아보면 금방 알 수 있으니 연습 문제를 꼭 풀어 보시기를.

글쓰기 책으로 이렇게 여섯 권을 우선 추천한다. 꼭 이것만이 가장 좋은 책이라고 할 수는 없다. 《글쓰기 생각 쓰기》(윌리엄 진서 씀, 이한중 옮김, 돌베개, 2007), 《유혹하는 글쓰기》(스티븐 킹, 김진준 옮김, 김영사, 2002)도 빼놓고 싶지 않은 책이다.

생활 속
이야기를 쓰자

시인이나 소설가를 전업으로 할 생각이 아니라면 대중은 생활글을 써야 한다. 일하는 사람들은 소설처럼 긴 이야기를 쓰기 힘들다. 생활 속에서 일어나는 모든 일들은 생생한 논픽션이다. 짧은 논픽션인 생활글은 일하는 사람들이 쓸 수 있는 가장 좋은 형식이다.

사람들은 글을 시으려고 애쓴다. 하지만 생각해 보자. 자기 둘레에 일어나는 일들만 가지고도 평생 다 못 쓸텐데, 굳이 없는 소재를 만들어서 지어내려고 애쓰는 게 마땅한가? 우리 노동자들이 꼭 그런 글들을 써야 하는가?

우리는 알게 모르게 '글은 고상한 언어로 지어내는 것'이라고 머리에 뿌리박히도록 배워 왔고 또 그런 글들만 보고 살아왔다. 그래서 자기 일터에서 일어나는 일들, 생활 속에서 일어나는 일들을 글로 쓴다는 건 창피해 보이기도 하고 또 글 같지도 않아 보일지도 모른다.

나도 그랬다. '글은 당연히 배운 사람들만 쓰는 게지.' 하는 마음이 굳게 자리 잡고 있었다. 나를 드러내는 글은 좀 유치하다고 생각했다. 다시 월리엄 진서 말을 들어 보자.

궁극적으로 글 쓰는 이가 팔아야 하는 것은 글의 주제가 아니라 자기 자신이다. (…) 글을 쓰는 사람들이 '나'를 쓰게 하는 것은 쉬운 일이 아니다. 그들은 자기 감정이나 생각을 드러내기 위해서는 무슨 특별한 권리라도 있어야 하는 것처럼 여긴다. 아니면 자기중심적이거나 품위가 없어 보인다는 것이다. 학계에 있는 사람들이 특히 그렇다. (…) 자기 자신을 팔자. 그러면 자신만의 주제가 호소력을 발휘할 것이다. 자기 자신과 자신의 생각을 믿자. 글쓰기는 자아의 행위다.

월리엄 진서, 《글쓰기 생각쓰기》

그럼 생활글은 어떻게 써야 할까?

생활글은 살아가는 이야기를 있는 그대로 꾸밈없는 말투로 써야 한다. 우리가 늘 쓰는 말, 사투리나 은어, 욕지거리 같은 말도 그대로 써도 된다. 글은 고상하게 써야 한다는 고정관념을 버려야 한다. 지방 말 쓰는 사람이 서울 말로 쓰지 마시라. 그러려면 쉬운 우리 말로 써야 한다.

남이 쓴 글을 흉내 내지 말아야 한다. 글은 그것을 쓴 사람의 감정과 사상과 삶을 그대로 보여 준다. 남의 글을 흉내 내서 쓰면 감동을 주는 글이 될 수 없다. 물론 처음 배울 때는 흉내를 낼 수도 있지만 자기 생각을 나타낸 글을 써야 한다. 그리고 거짓 없는 글을 써야 한다. 거짓말은 글을 잘 쓰려는 욕심에서 생긴다.

가치 있는 글을 써야 한다. 아무리 정직하고 거짓 없고 재미있는 글이라도 그 글이 남한테 감동을 주고 도움을 줄 만한 가치가 없다면 좋은 글이 아니다.

마지막으로 일하는 사람, 약한 이들의 처지에서 바라보는 세계관으로 글을 써야 한다. "모난 돌이 정 맞는다", "달걀로 바위 치기"라는 자본가들이 세뇌시킨 생각을 갖고 글을 쓰면 안 된다.

글을 잘 쓰기 위한 지름길은 없다. 옛날에 누가 프로기사 조남철 선생한테 바둑을 잘 둘 수 있는 방법을 물었다. 조남철 선생은 "그런 방법이 있다면 내가 알고 싶다"고 했다. 바둑은 그저 많이 둬 보는 수밖에 없다고 한다. 글도 마찬가지다. 끊임없이 쓰고 고쳐 봐야 한다.

생활 속 이야기를 솔직하게 쓴 글 두 편을 보자.

우리 집에 Y서방(맨날 X서방 하니 지겹다), 어제는 저녁 먹다가 엄마, 그거 좀 만들어조바요. 와이서방이 말하는 그거란……

큰 시누이는 남편과 열여섯 살 차이가 난다. 큰누나가 시집을 가서 어쩌다 친정에 매형과 같이 오면, 우리 어머님은 큰사위가 그렇게 어려우셨다고 한다. 그때 특별한 반찬이라고 만든 것이 돼지고기 고추장 구이. 돼지고기를 고추장으로 양념을 해서 그걸 밥하고 난 뒤의 숯불에 석쇠로 구워서 주었던 모양이다. 그거 구울 때 남편이 부엌에 들어와 한 점 얻어먹고는 그 맛을 평생 못 잊는 것이다.

어제도 입맛이 없는가 그냥 가랑파 겉절이에 쓱 비벼 먹더니 엄마 옆에 달라붙어 앉아서 엄마, 그거 좀 만들어조바요. 나보고 만들어 달라고 하지 않는 걸 보아, 내가 했을 경우는 그 맛이 절대로 나지 않을 거란 확신을 나름대로 세운 걸로 보인다. 내가 고기를 사 가지고 오니까 우리 어머님 열 일을 제쳐 놓고 땀 흘리시며 고기 양념을 하신다. 그 정성이란 이루 곁에서 지켜보기 아까운 것이라, 나는 차마 따라 갈 수도 없네.

그렇게 재워 놓은 양념 고기를, 아침에 밭에 가서 싱싱한 상추 한 오큼 뜯어 오고, 숯불 피워 석쇠에 구워 주니 맛있다고 하면서 먹고 나간다.

아무리 십수 년 마누라 해 주는 밥 먹어도 맛있다 소리 잘 안 하더만 지들(?) 엄마 해 주는 반찬이라고 맛있다고 입에 침이 마르도록 이야기하며 먹어쌌는다. 저 어린(?) 남편의 입맛은 첨 길들여진 것이 평생을 가나 보다.

그래서 지금도 뭐 먹고 싶은 거 있으면 엄마, 엄마, 해쌌는다. 눈꼴이 시려서 원 참.

전상순, 〈오십이 되어도 엄마, 엄마〉

얼마나 솔직하게 자기 생각을 숨기지 않고 드러냈는가. 이렇게 솔직하게 써야 읽는 사람이 공감한다. 다음 글도 마찬가지다.

생전 처음으로 친구들과 열린음악회를 보기 위해 즐거운 맘으로 KBS 방송국에 갔다.

남편이 퇴근했을 시간이라 미안한 맘에 집으로 전화를 했다.

"저녁 먹었어?"

"먹었어!"

"고등어는 맛이 어때?"

"고등어 맛이 다 그렇지 뭐!"

내 말이 끝나기도 전에 전화를 끊어 버린다.

늘 다정하게만 대해 주던 남편이 이상하다. 남편 저녁 식사 시간에 나온 거라 미안한 마음도 들고 해서 고등어조림도 해 놓고 다른 때와는 다르게 반찬에도 신경을 많이 썼다. 남편의 퉁명스러움이 좀 낯설고 이상한 생각이 들긴 했지만 오래 생각할 것도 없었다. 열린음악회에서 좋아하는 가수들도 보고 흥겹게 노래도 따라 부르며 정말 아무 생각 없을 만큼 즐거운 시간을 보냈다.

처음으로 간 방송국이라 그냥 오기가 아쉬워 사진도 찍고, 여의도 공원에서 친구들과 이런저런 수다를 떨다 보니 열한 시가 지나서야 집에 돌아왔다. 너무 늦은 시간이라 조심스레 문을 열고 들어왔다. 남편은 소파에 앉아 본체만체하며 텔레비전만 보고 있다. '무슨 일이 있나?' 하는 궁금한 생각이 들었지만 샤워부터 했다. 샤워를 끝내고 옆에 가서 앉았는데 남편이 통지서 한 장을 내밀면서 "이게 뭐야?" 하고 묻는다.

종이를 받아 보니 그건 아들 학자금을 대출 받은 통지서였다. 그걸 보고 남편이 잔뜩 화가 나 있었던 것이다.

돈 관리를 내가 하는 관계로 남편한테 알리지 않고 아들과 둘이서만 학자금 대출을 받았는데 그걸 남편이 알게 된 것이다.

남편 하는 말이 "죽어라 돈 벌어다 주니까 도대체 집에서 살림을 어떻게 하길래 학자금 대출까지 받는 거야? 저금은 못 하더라도 빚은 지지 말아야지 이게 뭐냐?" 하고 나무란다. "옛날에는 더 적은 월급으로도 저금을 하면서 살았는데 지금은 월급을 더 많이 갖다 줘도 빚을 지는 게 말이 되는 거야? 이렇게 나가다는 집까지 다 말아먹겠네" 하며 화를 내고 집을 나가 버린다. 가만히 듣고 있으니 어이가 없다.

'아니, 나에게도 말할 기회를 줘야지. 자기만 말하고 나가 버리면 어쩌잔 말인가. 나 원 참!' 어떻게 옛날이랑 지금이 똑같을 수가 있단 말인가? 어디 그럼 자기가 한번 돈 관리 해 보시지? 그래야 내 맘 이해하려나. 누군 저금 안 하고 싶어 안 하나?

대학 등록금은 2, 3년 사이에 몇 백만 원을 넘어 버렸고 물가는 하루가 멀다 하고 오르고 집에 가져오는 남편 봉급은 4년째 똑같다. 그래도 난 자기가 허탈하고 기죽을까 봐 아들 등록금 대출 받은 것을 말하지 않은 것인데 그 맘도 모르고 화만 내다니 억울한 생각이 든다. 아낀다고 아끼면서 알뜰살뜰 살림을 하는데도 이런 걸 나더러 어쩌란 말이야. 도대체 뭐가 잘못된 것인지 점점 더 살림살이가 힘들어진다. 남편한테는 안쓰러운 마음이 든다. 그러면서 또 다른 마음으로는 서운하고 화가 나는데 누구한테 화를 내야 할지 답답한 마음뿐이다.

정미경, 〈나더러 어쩌란 말이야〉

이렇게 자기 삶을 그대로 드러내면서 거짓 없고 꾸밈없이 쓰는 게 쉽지 않다. 이런 글을 읽는 아내들은 비슷한 일을 겪은 적이 있을까? "죽어라 돈 벌어다 주니까 도대체 집에서 살림을 어떻게 하길래 학자금 대출까지 받는 거야?" 이런 말을 무심코 내뱉는 남편들이 많지 않을까? 그런 남자들은 이 글을 보고 자기 자신을 돌아보게 된다. 이런 글이 가치 있는 글이다.

이 글은 맺힌 마음을 풀기 위해 쓴 글이다. 말을 하지 못하면 병이 난다. 글쓰기 치료는 우울증이나 스트레스, 분노, 성폭력 같은 마음의 상처를 치료하는 것은 물론, 감정을 통제하고 사회관계를 발전시키는 데도 효과가 있다.

나는 11개월 아가의 밥통이다. 이 말보다 더 정확하게 규정지어 줄 말이 또 있을까? 없을 것이다. 난 이 아이의 밥통이다. 그리고 잠이 올 때 꼭 필요한 수면 도구이다. 내가 없으면 잠들기 힘들기에 아가의 수면을 위해선 대기해 있어야 한다. 아가의 밥통인 나는 언제나 아가의 옆에 대기하고 있어야 한다. 어느 누구도 대신해 줄 수 없는 이 고난의 노동을 11개월간 했다.

귀양 간 선비들이 집에서 위리안치 되듯이 아무도 보초 서지 않는 이 집에 이 동네에 이 도시에 나는 아가와 함께 위리안치의 형벌을 받고 있다. 나의 주어진 자유는 유모차가 이동 가능한 길로 아가가 유모차로 이동할 수 있는 최대 이동 시간 한 시간이라는 제한에 묶여서 가던 길만 오갈 수 있는 형벌을 받고 있다. 모두 다 너는 자유인이야 어느 누구도 너를 막지 않아 라고 말하지만 내가 선택한 아이와 내가 선택한 아가 밥통이란 역할로 나는 오늘도 끔찍한 형벌을 온 몸으로 받으며 하루하루를 보낸다.

세 번째 아이를 낳으며 새롭고 더욱 힘든 이유는 무얼까? 나를 이 집에 옭아매는 그 이유들이 많아졌다. 나는 아침에 여섯 시 오십 분에 일어나 남편 아침상을 차린다. 큰아이를 깨우고 큰아이의 상을 차린다. 남편을 내보낸다. 그리곤 둘째 아이를 깨우고 작은아이의 상을 차려 준다. 큰아이를 내보낸다. 작은아이의 꾸물거리는 등교를 재촉하고 현관문으로 아일 밀어낸다. 그럼 여덟 시 삼십 분, 이제야 숨을 돌릴 여유가 생긴다. 물론 이때까지 막내가 깨지 않았을 경우일 때만 해당된다. 막내와 함께 아침을 먹는다. 그리고 일주일의 세 번은 빨래 삶기와 빨래를 이 시간에 한다. 빨래를 널고 어느새 점심 시간이다. 그럼 또 아이와 점심을 먹는다. 둘째 녀석이 돌아온다. 아이의 알림장을 보고 숙제와 받아쓰기를 시킨다. 아이는 친구들과 놀기 위해 쉴 새 없이 들락거린다. 큰아이가 온다. 또 들락거린다. 나는 또 기다린다. 저녁을 먹는다. 그리고 큰아이의 숙제나 공부를 도와준다. 남편을 기다린다.

위리안치 형벌을 받는 나는 점점 집이 되어 간다. 남편이 바쁠수록 아이가 바쁠수록 나는 점점 집이 되어 간다. 가끔 보는 남편은 나에게 지시한다. 나의 업무를 체크한다. 집인지 사람인지 밥통인지 구별하지 못하고 사는 나에게 지시한다. 사람의 역할을 잘 하는지 체크한다. 큰아이 성적이 어떤지 영어 공부는 꾸준히 잘 하고 있는지 체크하라고 둘째 받아쓰기는 잘 시키는지 셋째 예방접종 빼 먹지 않았는지 남편의 입은 리모콘을 누르는 손, 남편의 이야기를 듣는 나는 리모콘이다.

아이를 낳은 후로 단 하루의 휴일도 없이 살아온 나는 정신 차리고 말한다.

"내가 리모콘인 줄 알아. 나한테 지시하지 마."

"애들 신경을 쓰란 말이야. 내가 할 순 없잖아. 집에 있는 당신이 해야지."

"나에게 필요한 것은 당신의 지시가 아니라 휴일이야."

"그럼 나는 휴일이 있냐? 나도 평일 날 몇 시간 못 자. 당신도 알잖아."

"당신 힘든 것 나도 알아. 그런데 당신은 친구도 만나고 하잖아. 나는 애 낳고 오늘까지 단 하루의 휴일도 없었어. 왜 내 휴일은 없는 거야."

내가 바득바득 소리를 질렀다.

"나는 뭐 쉬운 줄 아냐? 나는 돈 버는 기계냐?"며 남편은 소리를 높인다.

11개월된 아기의 밥통, 내가 선택한 이 형벌. 내가 선택했기에 고생해야 하는 것은 당연한 것이겠지만 정말로 너무 힘들다. 밥통이란 형벌이 나를 갉아 먹는다.

강정민, 〈나는 11개월 아가의 밥통이다〉

아이 셋을 키우면서 남편과 갈등을 겪는 이야기다. 물론 이 글을 쓴다고 어떤 해결책이 금방 나오는 건 아니다. 하지만 적어도 글을 쓰면서 멀리 떨어져서 자기 자신을 바라볼 수 있다. 게다가 남편이 이 글을 보고 아내의 심정을 조금이라도 이해한다면 금상첨화다.

생각만으로
쓰지 말자

생활글은 어떻게 써야 하나? 생활글은 실제로 일어난 일을 구체적으로 써야 한다. 그런데 글쓰기를 잘못 배운 우리는, 쓰다가 보면 글을 지어내게 된다.

피곤에 지친 몸으로 지하철을 기다리고 있었다. 회사에서 방금 일을 끝내고 나온 사람들, 동료들과 함께 한잔 걸친 듯한 직장인들, 늦게까지 공부하느라 힘들었을 텐데 손에서 책을 못 놓고 있는 학생, 다들 다양한 사연을 안고 집으로 또는 약속 장소로 이동하려나 보다.

그런데, 하나같이 얼굴에 표정이 없다. 무표정 그 자체다. 어둡기 그지없다. 무슨 일이 그렇게도 얼굴을 밉상으로 만들었는지……. 아마도 다들 고민거리와 세상의 힘든 짐을 안고 있겠거니 생각해 본다. 사실 내 자신도 일이 밀리게 되면 자연스레 얼굴 근육이 경직되고 신경은 날카로워진다. 때로는 자신의 능력에 대해 반문해 보기도 한다. 실망도 한다. 어쩌면 누구나 겪는 당연한 일상사가 아닐까? (…)

우리는 가끔씩 돈과 행복을 평행선으로 본다. 원만한 생활을 영위하기 위해서는 소소한 정도의 경제적인 뒷받침만 있으면 될 듯하다. 돈이 많다고 행복한 건 아니지 않는가? 사람들과 소통하면서 자신의 존재감을 만끽하고, 여유를 즐길 줄 안다면 충분하리라 본다.

가끔은 뜬금없이 미소를 띠어 보자. 지치고, 힘들고, 포기하고 싶어도 어쩌다가 미소라는 친구를 불러 볼 줄 아는 여유가 있었으면 한다. 얼굴에 미소를 짓고 다녀 보자. 자신의 위치에서 행복을 만들어 보자. 쉽지는 않겠지만, 자신뿐만 아니라 나를 둘러싸고 있는 것들에도 힘이 될 듯싶다.

윗글은 생각만으로 쓴 글이다. 왜 그럴까? 다음 글과 견줘 보자.

여느 때처럼 학원을 마치고 집으로 가는 버스를 탔다. 뒷좌석에 자리를 잡고 앉아 창가에 시선을 두었다. 창 밖에는 아침부터 내리던 비가 여전히 거세게 내리고 있었다. 비가 와서 그런가. 사람이 그리운 날이다. 혼자 객지 생활을 하다 보니, 가끔 향수병으로 울적한 날이 있다. 오늘이 바로 그날인 것 같다.

한 정거장을 지나 버스가 정차하자, 사람들이 빗물에 젖은 몸을 털어내며 올라탔다.

각자 빈자리를 찾아 앉은 그들 중에서 유독 눈에 들어오는 사람들이 있었다. 부녀로 보이는 중년의 남자와 젊은 아가씨였다. 버스에 자리가 하나 비어 있었는데, 아버지는 딸에게, 딸은 아버지에게 서로 앉으라고 권하는 것이었다. 그 모습에 흐뭇한 미소가 절로 번져 나왔다. 그 이후에도 내 시선은 여전히 비가 오는 창밖을 바라보고 있었지만, 내 귀는 이미 그들의 대화에 집중하고 있었다.

두 글을 견주어 보면 다르다는 것을 알 수 있다.

앞글은 "피곤에 지친 몸으로 지하철을 기다리고 있었다"까지는 구체적이지만 그 다음부터는 지하철에서 흔히 보이는 광경을 묘사한, 추상적인 글이다. "회사에서 방금 일을 끝내고 나온 사람들, 동료들과 함께 한잔 걸친 듯한 직장인들, 늦게까지 공부하느라 힘들었을 텐데 손에서 책을 못 놓고 있는 학생"들은 어떤 특정한 날을 묘사한 글이 아니다. 지하철에서 흔히 볼 수 있는 모습들을 나열했다.

뒷글은 구체적이다. "뒷좌석에 자리를 잡고 앉아 창가에 시선을 두었다. 창 밖에는 아침부터 내리던 비가 여전히 거세게 내리고 있었다." "한 정거장을 지나 버스가 정차하자, 사람들이 빗물에 젖은 몸을 털어내며 올라탔다." "각자 빈자리를 찾아 앉은 그들 중에서 유독 눈에 들어오는 사람들이 있었다." 어떤 날에 있었던 일을 자세히 그렸다. 그 장면이 생생히 떠오른다. 생활글은 이렇게 특정한 날에 일어났던 일을 구체적으로 써야 한다.

다음 글도 생각으로만 쓴 글이다.

참으로 기가 막힐 지경이다. 어쩌다가 우리 나라가 이 지경이 되었는지 모르겠다. 그동안 수없이 저질러 온 관치금융, 정경유착, 부정축재 따위…….

자기들만의 돈과 명예를 위해서는 어떠한 일이고 서슴지 않았던 자들, 힘 없고 약한 노동자들의 피와 땀을 팔아서 자신의 영달만을 좇던 부도덕한 인간들.

우리는 감히 상상도 못할 수억 원의 돈을 꿀꺽 삼키고 법에 걸리면 정치자금이니 후원회비니 하면서 요리조리 빠져나가려고 하는 꼴을 보면 한심하다 못해 불쌍하다는 생각이 들고 죽이고 싶도록 미운 마음이 드는 것은 나만의 생각이 아닐 것이다.

우리같이 힘없고 빽 없는 사람들이 남의 돈 몇 백만 원, 아니 몇 십만 원 훔치면 거기에 맞는 죗값을 치르는데, 그자들은 구속되었다가도 조금 지나면 병보석, 형 집행유예, 가석방 따위로 풀려 나오는 걸 보면 과연 이 나라의 법이 만인 앞에 평등한 것인지 묻고 싶다. 유전무죄, 무전유죄 소리가 그런 데서 나오지 않았나 싶다.

지금은 IMF시대다. IMF는 세계 2차대전이 끝날 즈음 미국과 유럽 국가들이 중심이 되어서 회원국들이 금융위기를 당하면 도와주는, 이른바 국제기구로써 주식회사 형태로 만든 것이다. 돈을 많이 투자하면 그만큼 의결권이 커지고, 전체 투표권의 85퍼센트의 찬성으로 결정하도록 되어 있다.

미국이 최대 주주이고 18퍼센트의 의결권을 가지고 있으며 한국은 0.55퍼센트의 의결권을 가지고 있다. 다시 말하면 IMF의 의결은 미국이 좌지우지하는 꼴과 같다. 281개의 가맹국이 있고 본부는 워싱턴에 있다.

그럼 우리는 왜 IMF의 구제금융을 받아야 하는가. 앞에서 말했듯이 정신이 썩어 문드러진 자들과 경제는 모르고 '갱제'만 아는 인간들에게 국가 운영을 맡겨 놓은 우리에게도 조금 책임은 있다 하겠다.

정부 당국자에게 부탁하고 싶은 것은 지금이라도 다시 협상을 하여 우리 고통을 조금이라도 덜어 줄 수 있도록 최선을 다해 주길 바란다.

또 수많은 국민에게 지울 수 없는 상처를 안겨 준 자들에게는 준엄한 법의 심판이 있어야 한다. 요즘 보도를 보면 '갱제'만 아는 사람은 청문회에 나가지 않겠다 하니 인생이 불쌍하고 가소롭다. 국민의 이름으로 불러다 놓고 엄하게 따져 두 번 다시 우리 후손들에게는 짐을 지우지 말아야 할 것이다.

우리 노동자들은 어떻게 이 어려움을 슬기롭게 헤쳐 나가야 하는가. 우선 지금 현실을 두 눈 똑바로 뜨고 바라보고 마음을 단단히 먹어야 할 것이다. 그리고 끈끈한 정과 사랑으로 똘똘 뭉쳐 살아 숨쉬는 우리 세상을 만들어야 한다. 해방―IMF의 졸업―의 그날까지 버텨내야만 한다.

다 맞는 말인데 재미도 없고 감동도 없다. 이 글을 읽고 "그래! 맞아, IMF의 졸업의 그날까지 버텨내야만 해!" 하고 마음이 움직일까? 이런 글은 누구나 쓸 수 있다. 이렇게 자료만 모아 짜깁기한 글보다 지금 무슨 일을 하는지, IMF 때문에 무슨 사업을 하다 망했는지, 아니면 내 친척, 친구가 IMF 때문에 삶이 어떻게 망가졌는지, 그런 내용을 써야 한다. 자기만이 쓸 수 있는 글을 써야 한다.

그녀가 고용되었다. 그곳은 식품 가게다. 가게를 여는 아침 열 시까지 한두 시간, 입고된 식품들을 정리하는 것이 그녀가 해야 할 일이다.

그녀는 앞치마를 두르고 장갑을 꼈다, 채소 진열대 앞이다. 늘어선 상자 속 채소를 꺼낸다. 첫 상자는 콩나물이다. 수를 세어 가며 콩나물 봉지, 봉지를 한 줄로 세운다. 입고량을 확인하는 것도 그녀 몫이다. 콩나물 스물, 서른, 점점 자리가 채워지는데 상자 속 남은 콩나물도 만만치가 않다. 그녀 옆으로 숙달된 선배가 다가갔다. "그렇게 하지 않아도 돼요. 이렇게." 선배는 다섯 봉지씩 쑥 밀어넣는다. "콩나물이 다칠까봐서요." 그녀가 혼자 중얼거린다.

이 글은 자기 이야기를 소설처럼 썼다. 왜 이런 글을 소설처럼 쓰는지 이해가 되지 않는다. 아래처럼 고치면 생생한 글이 된다.

(나는) 식품 가게에서 일하게 되었다. 가게를 여는 아침 열 시까지 한두 시간, 들어온 식품들을 정리 하는 것이 내가 해야 할 일이다.

나는 앞치마를 두르고 장갑을 꼈다. 채소 진열대 앞이다. 늘어선 상자 속에 있는 채소를 꺼내기 시작했다. 첫 상자는 콩나물이다. 수를 세어 가며 콩나물 봉지, 봉지를 한 줄로 세웠다. 들어온 콩나물 양도 확인해야 한다. 스물, 서른……. 점점 자리를 채워 보지만 상자 속에 콩나물은 줄어들지 않는다.

그때 숙달된 선배가 다가왔다.

"그렇게 하지 않아도 돼요. 이렇게……."

선배는 다섯 봉지씩 쑥 밀어넣는다.

"콩나물이 부서질까 봐서요."

나는 혼잣말처럼 중얼거렸다.

글은 사람들에게 말하듯이 쉽게 써야 한다. 그렇다고 말할 때 생각을 떠올리거나 별다른 뜻이 없는 말이나 입에 밴 말들을 반복하는 것까지 그대로 쓰라는 말은 아니다. 밑에 글을 보자.

순간 갑자기 가슴에 통증이 오고, 위경련과 복통이 찾아왔다. 손이 떨리고 머리가 어지럽고……. 시간이 약이라고? 그래, 시간이 좀 지났다고 지금은 잘 기억이 나지 않지만, 그날은 둔기로 뒤통수를 얻어맞은 느낌, 목젖까지 이물질이 꽉 차올라 막혀 있는 기분. 그랬다.

"시간이 약이라고? 그래" "이물질이 꽉 차올라 막혀 있는 기분. 그랬다." 술술술 읽히지 않는가? 이렇게 사람한테 말하듯이 쓰라는 말이다.

일단 쓰는 것이 중요하다. 생각을 충분히 하고, 얼개를 짜고, 틀을 만들고, 글을 쓰라고 하는 사람도 있지만, 나는 생활글은 일단 쓰기 시작해야 한다는 주장에 한 표를 던지고 싶다. 물론 주제는 생각해야겠지. 주제란 '내가 하고 싶은 말'인데 그런 생각도 안 하고 연필을 들거나 컴퓨터 앞에 앉는 사람이 있을까. 하지만 얼개니, 개요니 하는 이야기는 논문 쓸 때나 필요한 말이 아닌가 생각한다.

다음 글은 어느 시민단체에서 글쓰기 강의를 했을 때 숙제로 들어왔던 글이다.

　그녀는 특별하다. 그녀가 지나간 자리는 돌에도 꽃이 핀다. 따스한 온기가 남는다. 한겨울 살얼음 따위는 적수가 되지 않는다. 그녀는 예쁘지 않을 수는 있어도 아름답지 않을 수는 없다. 일일이 확인할 수는 없지만 장담할 수 있다. 세상 모든 사람에게 공평하게 딱 한 사람이다. 잘난 사람도, 못난 사람도 오직 한 사람이다. 세상에 이만큼 공평한 경우도 별로 없다. 가장 소중한 존재에 대해서는 신도 공정해서 다행이다.

　여기서 '그녀'는 어머니다. 하지만 이 글을 읽고 어머니를 떠올릴 수 있는 사람이 얼마나 될까? 가장 소중한 존재라는 걸 공감하는 이가 있을까? 그 어머니를 설명하지 말고 어머니의 삶이나 행동을 보여 줘야 한다. "지나간 자리는 돌에도 꽃이 핀다. 따스한 온기가 남는다. 한겨울 살얼음 따위는 적수가 되지 않는다"는 느낌은 읽는 사람이 글 속에서 저절로 느껴야 한다. 그런 느낌을 글쓴이가 설명한다고 읽는 사람이 느끼지 않는다.

글쓰기 모임을 만들면
글이 나온다

〈열린전북〉이라는 월간지에서 일하는 이한테 전화가 왔다. 글쓰기 강연이나 모임을 하려고 하는데 〈작은책〉에서 어떻게 하는지 경험을 듣고 싶다는 것이다. 벌써 십오 년이 넘게 한 달도 안 빠지고 '작은책 글쓰기 모임'을 해 오고 있으니 모범으로 삼을 만하다. 그래서 가끔 지방에서 '작은책 글쓰기 모임'을 견학(?)하러 올 때도 있다.

글쓰기 모임은 글쓰기를 하는 데 정말 필요한 조직이다. '작은책 글쓰기 모임'은 1995년 〈작은책〉 창간 무렵에 시작했다. 처음엔 〈작은책〉에 글을 실은 몇몇 사람들한테 일일이 전화를 걸어, 글쓰기 모임을 같이 해 보자고, 참석해 달라고 권했다. 처음이니까 사람들이 관심을 갖고 올 수 있도록 이오덕 선생님 같은 유명한 분도 오시게 했다. 그땐 나도 〈작은책〉을 알게 된 지 얼마 되지 않아 쭈뼛거리며 참석했다. 첫 모임에서는 이오덕 선생님이 '살아 있는 글'이란 어떤 글인지에 대해 말씀하셨다. 첫 모임이 끝난 뒤 한 달에 한 번 모이기로 하고, 글을 한 편씩 써 오자고 약속했다.

결국 그 글쓰기 숙제 때문에 나도 글을 쓰게 됐다. '다음 모임 때까지'라는 마감 시간이 있으니 글을 쓸 수밖에 없었다. 써 온 글은 회원 수만큼 복사를 해서 나눠 가졌다. 그리고 글을 쓴 사람이 큰 소리로 읽었다. 자기 글을 다른 사람이 읽는 것도 쑥스러운데 그 글을 소리 내어 읽다니. 그건 처음 글을 쓰는 사람들한테는 쉬운 일이 아니다. 글을 다 읽고 난 다음엔 회원들이 그 글의 느낌을 이야기했다. 글을 읽은 사람이나 느낌을 이야기하는 사람이나 쉽지 않았다.

평가를 너무 심하게 하면 마음에 상처를 받고 다시는 글을 쓰지 못할 수도 있었다. 그렇다고 좋지 않은 글을 좋다고 무조건 칭찬하면 글을 쓴 사람이나 다른 회원들이나, 어떤 글이 좋은 글인지 판단력이 흐려질 수도 있으니 그 수위를 조절해야 했다. 글 한 편을 가지고 〈작은책〉 대표이던 차광주 선생과 편집장 강순옥 선생이 서로 논쟁할 때도 있었다. 안 좋은 평을 받은 어떤 회원은 다시는 안 나오기도 했다.

2005년부터 내가 〈작은책〉 발행인을 맡았다. 글쓰기 모임 회장은 〈작은책〉에서 글쓰기를 배워 '살아온 이야기'를 연재한 이근제 씨였다. 이근제 씨는 회원들이 글을 써 오면 비판을 너무 심하게 하지 말자고 했다. 그리고 맞춤법과 띄어쓰기를 지적하지 말자고 했다. 글을 처음 쓰는 사람들이 글을 쓸 용기가 없어진다는 것이다. 맞는 말이었다.

우리 회원들은 그 다음부터 글 합평을 조심스럽게 했다. '작은책 글쓰기 모임'에 처음 나오는 분들이 써 온 글은 될 수 있으면 칭찬을 한다. 아니 칭찬할 부분만 찾는 것이다. 그리고 그 회원이 뒤풀이를 같이 하고 다른 회원들과 친해지면, 그 뒤에 잘못된 부분을 이야기한다. 사람이 친해지면 웬만한 비판에도 끄떡없다. 그래도 애정 어린 비판을 해야지 함부로 비판을 하면 상처를 받는다. 지금은 경험이 쌓여, 처음 나오는 회원들이 써 온 글을 가지고 이야기해도 상처 받지 않게 할 수가 있다.

지금 '작은책 서울 글쓰기 모임'에 나오는 회원들 숫자는 모두 150명쯤 된다. 그 회원들이 돌아가면서 다달이 스무 명에서 서른 명 정도 나온다. 모임에 나오는 글은 적으면 대여섯 편, 많으면 열 편 정도 된다. 써 온 글을 그날 나온 회원들 수만큼 복사해서 나눠 주고 써 온 사람이 읽는다. 소리 내서 읽는 건 참 중요하다. 속으로 읽는 것과 큰 차이가 있다. 잘 쓴 글은 그 리듬이 매끄럽다. 어색한 표현이나 주어 서술어가 안 맞는 문장이나 조사가 틀린 부분은 읽으면서 고쳐 읽기도 한다.

마음에 맞는 사람들이 함께하는 글쓰기 모임은 글쓰기를 배우는 데 가장 좋은 공간이다. 한 번도 글을 써 보지 않았다는 분들이 모임에 몇 번 참석하고 나서 글을 써 오고 또 실력이 금방 느는 걸 보면 참 신기하다. 또 그런 분들이 〈작은책〉에 글을 싣게 되고 연재까지 하는 걸 보면, 글쓰기는 이론이 아니라 실전이라는 걸 새삼 깨닫게 된다. 서울 글쓰기 모임 회장 이근제 씨를 비롯해 우성정밀 노동자 남창기 씨, 세 아이를 키우고 사는 평범한 주부 강정민 씨같이 글 한 번 안 써 보던 분들이 글쓰기 모임에 나온 뒤로 '살아온 이야기'를 연재했다. 또 출판 노동자였던 안미선 씨는 〈작은책〉에 글을 연재하고 단행본까지 냈다.

그런데 일 년 내내 글쓰기 모임에 나와도 글 한 편 안 쓰는 분들도 있다. 그냥 사람 만나고 남이 써 온 글 읽고 뒤풀이하는 게 좋아서 나온다는 분들이다. 물론 〈작은책〉에서는 그런 분들한테 글을 써 와야 된다고 강요하지 않는다. 나오기만 하는 것도 어딘데?

작은책 모임을 본떠 부산, 경남 창원, 충남 아산 지역에서도 '작은책 글쓰기 모임'을 만들었다. 모임을 하려면 우선 모일 곳이 있어야 하는데, 부산은 '실업극복지원센터' 사무실에서 한다. 거기에 근무하는 최문정 고용복지팀장이 〈작은책〉 열성 독자인데다 글 쓰는 걸 좋아해서, 그 사무실을 모임 장소로 만들었다. 최문정 씨는 부산 글쓰기 모임 인터넷 카페도 만들고 스스로 글도 써서 〈작은책〉에 연재를 하면서 글쓰기 모임을 열심히 꾸렸다. 지금은 최문정 씨가 일을 그만두고 최영 씨가 글쓰기 모임을 맡고 있다.

창원 모임은 처음에 금속노조 경남지부 회의실을 빌려서 했는데, 노조와 가깝지 않은 분들이 꺼려해서 마산 가구거리에 있는 '시와 자작나무'라는 북카페에서 했다. 그런데 안타깝게도 글쓰기 모임을 맡은 분들이 너무 바빠 흐지부지 없어져 버렸다.

충남 모임은 처음엔 아산시 노동자 교육문화센터에서 했다. 지금은 온양온천 역 근처에 있는 북카페 '다락'이라는 곳에서 모임을 한다. 처음에는 충남지역노동조합 전 위원장이었던 최만정 씨가 맡아서 했다. 최만정 씨가 민주노총 충남본부장이 된 뒤 현재는 김효태 씨가 맡고 있다. 인터넷 카페도 있는데 좋은 글이 많이 나온다.

그 뒤 전주 고산에도 글쓰기 모임이 생겼다. 2011년에 전주 아이쿱 생협 회원들이 요청해 글쓰기 강연을 했는데, 그 강연을 들은 분들이 글쓰기 모임을 만들었다. 처음엔 전주에서 모임을 하다가 지금은 고산으로 모임 장소를 옮겼다. 또 2013년 말쯤에 서울 노원구에 있는 노원노동복지센터에서도 글쓰기 강연을 했는데 거기서도 글쓰기 모임을 만들었다. 이렇게 글쓰기 모임을 하는 곳에서는 꾸준히 글이 나온다. 억지로라도 글을 쓰기 때문이다.

전국에 이런 글쓰기 모임이 생기면 좋겠다. 누구나 글을 쓸 수 있는 세상이 돼 자기가 살아온 이야기를 쓸 수 있게 되고, 세상을 바로잡을 수 있는 칼럼을 쓰고, 공장 생활의 애환을 드러내고, 농촌 풍경을 생생하게 그려 내면 좋겠다. 혼자 글을 쓰기 재미없으면 글쓰기 모임을 만들어 보자. 어떻게 하는지 모르겠다고? 〈작은책〉으로 연락하시기 바란다.

살아온 이야기부터
시작하자

글쓰기 이론을 열심히 공부해도 글쓰기는 어렵다. 글을 쉽게 쓸 수 있는 비법은 없을까? 내가 정말로 글을 쓰기 시작할 수 있었던 데는 큰 계기가 있었다. 가장 빠르게 글쓰기를 배울 수 있는 건 자기가 살아온 이야기를 써 보는 것이다. 나도 살아온 이야기를 쓴 뒤부터 글쓰기를 할 수 있었다.

1996년 말 무렵 〈작은책〉 편집장 강순옥 선생이 전태일문학상에 글을 내 보라고 나를 꼬셨다. '글 한 편 써 보지도 않은 사람이 무슨 글을 써?' 하고 자신이 없었지만 한번 쓰기 시작하니까 줄줄줄 나왔다. 저녁에 일이 끝나고 술에 취해도 컴퓨터를 켜 놓고 글을 써 내려갔다. 얼개고 뭐고 없었다. 자기 어릴 때부터 쓰면 되는데 뭔 얼개가 필요하겠는가.

어릴 때 홍은동 양철 동네 살던 때부터 가물가물, 드문드문 생각이 났다. 잠깐 머뭇거리다가 쓰기 시작했는데 완전히 빨려 들어가기 시작했다.

장마 지면 양철 지붕 위에 떨어지는 빗물 소리, 해만 지면 야맹증 때문에 마루에도 못 나가던 기억, 초등학교 졸업하고 공장에서 일한 기억, 아버지를 따라 남의 집 아궁이를 고치던 기억, 군대 입대, 부대에서 들은 박정희 사망 소식, 보안대 근무할 때 공수 부대하고 총을 겨누고 있던 일, 제대하고 막노동 하던 일, 처음 버스 운전 하던 날, 자동차 사고로 입원한 형을 간호하다가 아내를 만나 결혼식도 안 하고 같이 살던 기억들……. 떠오르는 기억을 생각나는 그대로 풀어냈다. 지금 그 글을 보면 주어와 서술어도 맞지 않는 문장이 많다. 그때 뭐 그런 걸 알겠는가. 그래도 한번 쓰기 시작하니까 걷잡을 수 없이 쏟아져 나왔다. 글을 쓰다가 몇 번이나 울기도 했다.

아무리 글을 못 써도 자기가 살아온 이야기는 쓸 수 있다. 어릴 때 기억이 나지 않는가? 기억나는 부분부터 쓰면 된다. 어머니 아버지 이야기부터 써도 된다. 어떤 분들인지, 나를 끝까지 잘 키워 주신 분인지, 나를 버리고 도망간 분인지, 나를 사랑으로 감싸 안아 준 분인지, 우리 아버지처럼 어머니를 때리고 아이를 혁대로 때린 분이었는지 생각나는 대로 쓰면 된다.

그다음에는 생각나는 어릴 때 이야기를 써라. 언제부터 생각나는가. 다섯 살? 일곱 살? 사람마다 차이가 있다. 어릴 때부터 쓴 일기가 있다면 기억이 더 많이 난다. 일기가 없다고 못 쓸 리 없다. 생각나는 대로 쓰다 보면 기억이 새롭게 나는 부분도 있을 것이다. 나는 글을 쓰다가 가물가물한 것은 두 살 위 형한테 물어보기도 했다.

살아온 이야기를 쓸 때는 글을 꾸밀 필요도 없고 문장을 걱정할 필요도 없다. 실제로 일어난 일이기 때문이다. 내가 살아온 이야기를 보고 "그때 정말 그런 일이 있었어?" 하고 물으면 "있었어" 하면 그뿐이다. "증거 대 봐" 하면 "믿거나 말거나" 하면 된다. 태어났을 때부터 어린 시절을 어디서 보내고, 지금까지 어떻게 살아왔는지 쓰는 데 논증할 필요가 없지 않은가. 다만 기억할 수 있느냐 없느냐 차이다. 기억할 수 있는 것만 쓰면 된다. 있었던 이야기를 쓰는데 줄거리를 잡고 얼개를 잡고 꾸밀 필요가 없다.

살아온 이야기를 쓸 때 중요한 건 솔직함이다. 거짓말을 쓰면 글이 나아가지 않는다. 거짓말로 글을 쓸 수 있다면 소설까지 쓸 수 있다는 이야기니 이미 초보자가 아니다.

나도 살아온 이야기를 쓰면서 한참 동안 쓰지 못한 이야기가 있었다. 연애 이야기였다. 지금 살고 있는 아내가 있는데 다른 여자와 연애했던 이야기를 쓰기가 쉽지 않았다. 게다가 아주 짧은 동안이지만 동거까지 했던 여자 이야기라 더욱더 쓰기 겁났다. 그 부분에서 한때 글이 멈췄다. 이걸 쓰면 분명 아내가 볼 텐데 어떻게 생각할까? 혹시 바가지를 긁지 않을까? 아니, 이혼하자고 하지 않을까? 별별 생각을 하면서 고민하다가 결국 써 버렸다. 그 뒤 글은 다시 일사천리였다. 나중에 그 글을 아내가 봤지만 아내는 이해해 줬다.

이렇게 살아온 이야기를 쓰면 자기가 살아온 삶을 되돌아볼 수가 있다. 지금까지 의미 있는 삶을 살았는지 허송세월을 보냈는지, 재미있었는지 괴롭기만 했는지, 가장 불행했던 때 무슨 일이 있었는지, 행복했던 때는 어떤 일이 있었는지, 어려운 시절을 어떻게 헤쳐 나갔는지 알 수 있다. 지금의 내가 어떻게 이루어졌는지도 글을 써 보면 알 수 있다.

자기가 살아온 이야기는 그것 자체로 한 사람의 역사다. 한 사람의 역사가 모여 대중의 역사가 되고 민중의 역사가 된다. 살아온 이야기를 글로 정리하면 앞날을 어떻게 살아가야 할지 길을 찾을 수 있다. 게다가 가장 큰 덤이라고 할까, 효과라고 할까. 앞으로는 어떤 글도 쓸 수 있게 된다. 유명한 소설가 가운데 자기 이야기부터 풀어낸 사람들이 적지 않다. 어떤가. 당장 자기 이야기를 써 보고 싶지 않은가?

글쓰기에
필요한 것들

　글을 쓸 때 어떤 준비가 있어야 하는지 알아보자.

　먼저, 수첩이나 공책을 늘 갖고 다니면서 언제 어디서나 메모를 하는 게 좋다. 언제 어디서나 기록을 해야 한다는 말이다. 메모에 적혀 있는 걸 보면 쓸 거리가 떠오른다. 메모에는 어떤 일이 일어난 날짜, 날씨, 시간, 장소, 사람 이름, 사람 모습, 그 사람이 한 말, 물건의 모양새, 사건이 일어난 이유, 경과, 결과, 자기 느낌, 생각나는 건 다 적는다. 메모를 자세히 쓰면 쓸수록 글은 쉽게 나온다. 메모를 해 두면 일주일 뒤에도 글을 쓸 수 있다. 기록이 없으면 글이 나오기 힘들다. 물론 기억력에 따라 다르긴 하지만 기록만큼 정확한 것이 없다. 그 당시 받은 느낌이나 감동은 잊거나 사그라들기 마련이다. 손에 맞는 수첩을 들고 다니면서 늘 메모하는 습관을 들여야 한다.

　둘째로, 과거형으로 쓸 것인가, 현재형으로 쓸 것인가 정해야 한다. 글을 쓸 때, 그 현장에서 쓰는 사람은 없다. 집에 가자마자 써도 이미 지난 일이다. 지난 일을 쓰는 거지만 현재형으로 하면 지금 일어난 일처럼 생생하다. 자세한 메모나 초고가 있으면 쓰기 쉽다. 나는 될 수 있으면 현재형으로 쓴다. 과거형으로 쓰면 아무래도 생동감이 떨어진다.

오늘도 무사히! 저 아이를 아침 여덟 시 이십오 분까지 현관문으로 내보낼 수 있게 해 주세요. 적어도 여덟 시 삼십 분까지는 제게 등을 보이며 현관문을 나설 수 있게 해 주세요. 그리곤 절대로 현관으로 다시 들어오지 않게 해 주세요.

윗글을 보면 지금 일어나고 있는 일처럼 보인다. 아이를 학교에 보내는 동시에 글을 썼다고 생각하시는 분은 없겠지?

"엄마, 우리 저거 해 보자."

"응? 무얼?"

순간 내 눈에 들어온 건 텔레비전 화면 가득 사마귀 두 마리가 정열적으로 짝짓기를 하는 장면이었다. 너무 놀라서 머릿속이 하애졌다. '저걸 하자고?' 다음 우리 아이 왈, "엄마는 여자고 나는 남자니까⋯⋯."

그다음 말은 너무 당황해서 잘 기억이 나지 않는다. 어쨌든 이 위기 상황을 어떻게든 잘 넘어갔던 것 같다. 지금 오 학년인 우리 큰애가 다섯 살 때 이야기다.

윗글도 현재형으로 글을 시작했다. 그런데 맨 마지막 문장을 보면 칠 년 전쯤 이야기다. 이 이야기를 처음부터 "우리 큰애가 다섯 살이던 때 이야기다" 하고 시작했으면 어땠을까? 읽는 사람이 일단 한 수 접고 본 다. '지난 이야기네' 하고 생각하면서 보면 재미가 덜할 것은 뻔할 뻔 자 아닌가.

셋째로, 글을 쓰려면 반말 투로 할지 존대 투로 할지 정해야 한다. 나 는 언제나 반말 투로 쓴다. 존대 투로 하면 글이 좀 늘어지는 듯한 느낌 이 있어 싫다. 지면도 많이 잡아먹는다. 아랫글들을 견줘 보자.

"당신은 뭐야? 기자야? 기자면 노동부에 가서 알아보면 되잖아!"
어이가 없었다. 남한테 싫은 소리 한번 못하는 정우 어머니가 나섰다.
"얘 작은 아버지예요. 밀린 돈을 한 달 치씩이라도 주셔야죠. 애가 차비도 없고, 일주일 동안 밥도 못 먹고 다닐 때도 있었어요."
정우는 내 조카가 아니다. 정우는 14년 전 초등학교 일 학년 때, 오 학년이 었던 언니 수연이와 우리 버스를 타고 다니던 단골손님(?)이었다. 나는 그 당 시 경기도 화전에서 서울 수색동을 지나는 147번 버스를 운전하는 버스 운 전사였다.

"당신은 뭐야? 기자야? 기자면 노동부에 가서 알아보면 되잖아!"
어이가 없었습니다. 남한테 싫은 소리 한번 못하는 정우 어머니가 나섰습 니다.

"얘 작은 아버지예요. 밀린 돈을 한 달 치씩이라도 주셔야죠. 애가 차비도 없고, 일주일 동안 밥도 못 먹고 다닐 때도 있었어요."

정우는 제 조카가 아닙니다. 정우는 14년 전 초등학교 일 학년 때, 오 학년이었던 언니 수연이와 우리 버스를 타고 다니던 단골손님(?)이었습니다. 나는 그 당시 경기도 화전에서 서울 수색동을 지나는 147번 버스를 운전하는 버스 운전사였습니다.

존대 투로 하면 글이 좀 따뜻해지는 느낌이 드는 대신 이렇게 늘어진다. 한 이십 년 된 고물차가 굴러가는 것 같지 않은가? 하지만 사람에 따라 다 다르니 존대 투든 반말 투든 자기가 쓰고 싶은 대로 쓰면 된다.

넷째로, 누가 읽을 것인가를 정해야 한다. 편지글인가? 보고서인가? 신문에 쓸 글인가? 친목 모임 회원들이 보는 회보에 실을 글인가? 조합원들이 보는 노보에 올리는 글인가? 아이들이나 아내 또는 남편이 읽을 글인가? 글을 읽는 사람이 누구인가에 따라서 글 내용과 형태와 방식이 달라진다. 읽는 사람이 어른이라도 중학교 일 학년 정도가 볼 수 있게 글을 쉽게 써야 한다. 아이들이 읽는다면 더 쉬운 말로 써야 한다. 글이라는 건 본래 남한테 내 이야기를 전달하기 위한 것이다. 듣는 이에 따라 말을 달리 하듯이 보는 사람에 따라 글도 달라져야 하는 건 당연하다.

다섯째, 글감은 어디서 찾을까? 생활글은 지어내는 것이 아니다. 눈에 보이거나 내가 겪었던 일, 이웃이 겪은 일을 찾는다. 어디까지나 실제로 일어난 일을 바탕으로 쓴다. 남한테 들려주고 싶은 말이 있거나 어떤 사건이 일어났을 때 글을 써 보자. 어떤 이들은 억울한 일을 당하거나 화가 나면 글이 금방 나온다고 한다. 그럴 때는 주제를 생각하지 말고 써 놓고 봐야 한다. 그리고 내가 무슨 말을 하고 싶었던 것인가를 끊임없이 생각하라. 내가 가장 잘 아는 걸 쓰면 된다. 그게 주제가 된다. 물론 그 일을 다시 엮어 재미있게 써야 한다.

결국 글감은 일터나 집안에서 자기가 겪은 일에서 찾아야 한다. 직장에서 일하는 사람들은 글감이 거의 일터에서 나올 수밖에 없다. 직장 상사 이야기, 노동 조건 이야기 같은 글감이 얼마나 많은가. 직접 겪지 않아도 친구나 동료들, 이웃이 하는 말에서 글감을 찾을 수도 있다.

내가 처음에 주로 썼던 글도 내가 하는 일인 시내버스 이야기였다. 해마다 회사와 정부, 어용 노조가 가짜로 파업하는 이야기, 버스를 타는 손님들 이야기, 아내와 아들 이야기가 모두 글감이었다.

이렇게 버스 기사는 버스 이야기, 택시 기사는 택시 이야기, 공장에서 일하는 사람은 공장 이야기, 건설 현장에서는 현장 이야기, 자기가 일하는 곳에서 글감을 찾는다. 일터에는 글감이 산더미처럼 쌓여 있다. 아마 퇴직하기 전까지 글감이 나올 것이다. 나는 버스를 그만둔 뒤로 버스 이야기를 쓰지 못한다. 지어 낼 수는 없기 때문이다. 가끔 쓸 때도 있지만 그건 옛 동료한테 들은 이야기일 뿐이다.

주부들은 집안에서 글감을 찾으면 된다. 아이 이야기, 남편 이야기, 부모와 시부모 이야기, 자기 생활 속에서 나오는 글감은 무궁무진하다. 생활 속에서 일어나는 일을 하찮게 생각하면 안 된다. 일상에서 일어나는 자잘한 일들은 절대로 소소하지 않다.

어떤 단체나 잡지사나 신문사에서 청탁받는 글은 먼저 주제를 생각해야 한다. 이렇게 주제를 정해 놓고 쓰는 글은 사실 쉽지는 않다. 이런 글은 자기 경험이 녹아 있지 않고 생각만으로 쓰기 쉬운데 그러면 재미가 없다. 자기 경험이 없다면 간접 경험, 곧 책에서 본 내용에서 글감을 찾아야 하는데 독서를 많이 안 하는 분들은 쓰기 쉽지 않다. 결국 글은 자기 경험과 책에서 본 간접 경험이 많아야 잘 나오게 되는 것이다.

그런데 어떤 사물을 보거나 사건이 일어났을 때 어떤 이들은 그걸 글로 쓰는데 어떤 이들은 무심코 넘어간다. 결국, '그것이 글감이 될까?' 하는 마음을 늘 갖고 있어야 한다. 그래서 글을 쓰는 사람들은 사물이나 사건을 보는 눈이 예리해진다.

쓸거리가 없다면
독후감이나 서평도 좋다

독후감과 서평의 차이는 뭘까? 독후감은 책을 읽은 감상이고, 서평은 책에 관한 정보에 자기 느낌과 평가를 덧붙인 글이다. 책에 관한 정보에는 책 제목, 글쓴이 이름과 소개, 도서 갈래, 출판사 이름, 책이 나온 날짜, 작품 배경, 책이 나오게 된 사정 같은 걸 쓰면 된다. 쓰는 이의 평은 아직 그 책을 읽어 보지 못한 이들에게 읽어 볼 만한 책인지 아닌지 판단할 수 있게 도움을 준다. 아무리 평을 나쁘게 해도 읽는 이들이 '그래도 읽어 봐야지' 할 수도 있다. 좋은 평이든 나쁜 평이든 읽는 이가 공감할 만한 논리 있는 주장을 펼쳐야 한다.

지난해가 중국인민공화국이 탄생한 지 60주년이었다. 14억 인구를 거느리고 있는 나라. 지난 60년 동안 국가총생산은 약 백 배로 뛰었고 외환보유액이 2조 달러가 넘었고, 교역 총액과 경공업 생산액에서 세계 일 위가 된 거

대한 대국 중화인민공화국.

그 중국을 이야기할 때 '대장정'을 빼놓을 수 없다. 국민당 장제스 정권의 군대에게 쫓겨 중국 인민 해방군 홍군이 368일 동안 12,500킬로미터를 쫓기는 대장정. 우리 나라로 말하자면 이승만 정권의 토벌 정책에 덕유산으로 지리산으로 쫓겨 들어가던 빨치산 이야기다. 장제스는, 만주를 침략한 일본군에 저항하기보다 공산당을 죽이는 데 혈안이 된 인물. 이승만은, 한국을 점령한 미국에 저항하기는커녕 친일파를 앞세워 홍군 같은 조선공산당을 '멸공'하려던 인물. 이런 역사를 우리가 어릴 때는 거꾸로 배웠다.

보리출판사에서 그 대장정을 그린 《소설 대장정》(웨이웨이 글, 선야오이 그림, 송춘남 옮김, 2011)을 펴냈다. 첫 장면은 1934년 12월 1일, 장제스 군대가 샹 강을 건너는 홍군을 전멸시키려고 총을 쏘아 대고 비행기로 폭격하는 장면이다. 총에 맞거나 물에 빠져 죽지 않은 홍군들은 건너갔지만 앞날은 더욱 참혹했다. 홍군의 남은 전사들은 만년설로 덮여 있는 다섯 개의 산맥을 포함해 열여덟 개의 산맥을 넘고, 열두 개의 성과, 예순 두 개의 마을을 지난다. 허를 찌르는 전술로 지방 군벌군과 중앙 정부군의 병력을 물리치거나, 피하거나, 따돌리면서 지구상에서 가장 험난한 지대를 건너는 이 대장정은 세계 역사상 가장 규모가 큰 대이동이었다. 모든 장면이 아슬아슬하고 기막혔지만, 국민당 군이 널빤지를 걷어가 쇠줄 몇 가닥으로만 협곡 사이를 이어주는 루딩교를 기어서 건너는 마지막 장면은 영화의 클라이맥스였다.

1935년 10월 19일 홍군은 마침내 우치 진에 닿는다. 장시를 떠날 때 팔만 명이었던 전사가 굶어 죽고, 얼어 죽고, 총 맞아 죽어 팔천 명밖에 남지 않는다. 그런데 이 참혹한 대장정이 마오쩌둥과 공산주의자들에게 중국을 안겨 주었다. 책을 보면 어떻게 그게 가능했는지 알 수 있다.

저자 웨이웨이는 이 소설을 쓰기 위해 많은 자료들을 꼼꼼히 모으고 혁명 선배들을 찾아다니고 장정 길을 두 번이나 직접 걸었다고 한다. 책을 읽으면서 마오쩌둥과 저우언라이 같은 77명의 실존 인물들이 어떤 사람들인지 생생히 알 수 있었다. 선야오이가 판화 기법으로 그린 900컷의 그림은 그 전사들과 같이 있는 듯한 기분이 든다.

이 책은 다섯 권짜리다. 저녁 일곱 시 무렵, 첫 권을 읽고 잠을 자다가 뒤가 궁금해 새벽에 깨서 아침 일곱 시까지 다섯 권을 다 읽었다. 이 《소설 대장정》은 호방한 수호지와 웅장한 삼국지를 뛰어넘는 재미가 있었다. 또한 이 대장정으로 중국을 세운 혁명 지도자들의 역사에서, 새된 목소리로 요즘 한국에서 깝치고 있는 지도자(?)가 얼마나 천박한지 새삼 깨달았다. 진보와 해방을 위해, 다음 세대를 위해 변혁을 꿈꾸는 사람이라면 꼭 한번은 읽어야 할 책이다.

〈중국을 안겨 준 대장정〉

독자들에게 이 책이 재미있고 유익하다고 꼭 읽어 보라고 권하는 서평이다. 다음 서평은 어떤가. 재미있고 유익한 책이지만 글쓴이 생각이 모두 옳지는 않다고 주장하는 서평이다. 왜 옳지 않은지 그 근거가 확실해야 한다.

'공부의 달인, 호모 쿵푸스'라는 제목이 눈에 띈다. 공부를 해서 출세를 하려는 순진한(?) 학생들이 서점에서 책을 고르다가 '공부의 달인'이라는 제목만 보고 집어 들고 싶은 유혹을 불러일으킬 만한 책이다. 내용을 훑어보고 살지 안 살지는 잘 모르겠다. 글쓴이 고미숙이 말하는 공부는 학교에서 말하는 공부가 아니니까.

《공부의 달인, 호모 쿵푸스》(고미숙, 그린비출판사, 2007). 쿵푸스라는 말은, 공부는 머리가 아니라 중국 무술 쿵푸처럼 몸으로 하는 뜻이라고 한다. 호모는 인간, 그러니까 호모 쿵푸스는, '인간은 앎에 대한 열정으로 몸을 단련하고 일상을 바꿔 나가는 존재'라는 뜻이다. 인간은 존재 자체가 곧 공부라는 것. (…)

고미숙이 말하는 바에 따르면, 요즘 거의 모든 청소년들은 공부하는 목적이 오로지 십 억을 벌기 위해서다. 큰 아파트, 외제 자동차, 부동산 따위로 욕망을 채우기 위한 것인데 그것 때문에 일류대학 명문학과를 가려는 것은 자본과 권력이 촘촘히 깔아 놓은 레일 위를 밟아가는 것뿐이라고 한다. 그 말은 맞다. (…)

이 나라 지배자들은 자기 자식들만 좋은 학교를 보내기 위해 수단 방법을 가리지 않는다. 논술을 만들어 족집게 과외를 받을 수 있는 돈 많은 학생들만 점수 따기 쉽게 하거나, 영어를 잘해야 내신이 올라가는데 유학을 갈 수 있는 학생들이 점수를 잘 딸 수 있게 만든다. 그도 저도 귀찮으니 이젠 아주 대놓고 돈만 있으면 입학할 수 있게 기여입학제를 만들려고 한다. 돈 없는 집안 자녀들은 이제 명문 대학을 갈 기회도 점점 적어질 뿐만 아니라, 가 봤자 그 부자들의 대열에 낄 수도 없다. (…)

오로지 대학을 가기 위한 외우기 시합 같은 그런 공부가 재미있을 리 없다. 《호모 쿵푸스》에서 고미숙은 공부란 '낯설고 이질적인 삶을 구성하는 것, 삶과 우주에 대한 원대한 비전을 탐구하는 것'이라고 주장한다. 또 '공부는 그 자체로 존재의 기쁨이자 능동적 표현'이라고 말한다. 그래서 고미숙이 내린 결론은 독서다. 책을 읽는 것이 곧 공부라는 것이다. 그런데 그 독서는 고전이다. 고전을 읽어야 '협소한 시공간을 넘어 아득한 역사의 궤적을 조망할 수도 있고, 아직 오지 않은 미래의 비전을 탐구할 수도 있고, 낯설고 이질적인 삶을 체험할 수도 있고, 생명과 존재의 심연을 항해할 수도 있다'고 한다. 우리 시대에 '공부란 책을 읽는 것이고, 책 중에서도 고전과 접속하는 것'이라고 한다.

그런데 이어진 결론은 좀 심했다. '고전 읽기를 하지 않는다면 그 공부는 말짱 도루묵'이란다. 글쎄다. 학교 공부가, 공부가 아니라는 건 나도 같은 생각이다. 책을 읽어야 자기 존재를 알 수 있고, 미래를 찾을 수 있다. 책을 읽어야 우리 삶까지 바꿀 수 있다고 믿는다. 그런데 그게 꼭 고전이라니? 그럼 다른 책들은 다 아무짝에도 쓸모없다는 말인가? (…)

《공부의 달인, 호모 쿵푸스》에서, 고미숙은 지식인의 한계가 적나라하게 드러난다. 고미숙은 결국 사람들이 모두 고전을 읽으면 이 세상이 훨씬 더 좋아질 거라고 한다. 박지원이 "천하 사람들이 편안히 앉아 글을 읽는다면, 천하가 태평해질 것이다"라고 한 말을 인용하면서 논거를 내세우는데 세상은 그렇게 단순하지 않다. 그 말대로 서민들이 다 책을 읽는다 치자. 자본가들도 그런 책을 읽을까? 자본가들은 지금도 제 욕심 채우느라 기룡전자, 풀무원, 동희오토, 콜트콜텍 노동자들을 길거리로 내쫓고, 미군은 이라크나 아프가니스탄에서 죄 없는 민중들을 죽이고 있다. 고전만 읽는다고 이 세상이 바뀌지 않는다는 말이다. (…)

이 책이 아주 가치가 없는 것은 아니다. 학교 교육의 문제점과 학교 논술의 문제점, 또 이 사회의 문제점 같은 내용은 허황된 욕망을 갖고 있는 부모님들이나 청소년들이 새겨둘 만하다. 또 공부가 곧 독서이고, 모든 공부의 마지막 단계가 글쓰기라는 주장에는 백퍼센트 공감한다. 또 배움은 때가 없다는 말도 맞다고 생각한다.

하지만 이 책에서 가장 강조하는, 다시 말해 이 책의 주제인 '고전 읽기를 하지 않는다면 그 공부는 말짱 도루묵'이라는 주장은 지식인의 편협한 시각이다. 《사상의 거처》 같은 김남주가 쓴 시집이나 《태백산맥》 같은 조정래가 쓴 책 한 권을 읽고 미국의 실체를 깨닫는 사람도 있고, 《거꾸로 읽는 한국사》 같은 역사책에서 이명박 정권의 미래를 배우는 사람도 있고, 《쿠바혁명과 카스트로》 같은 만화책 한 권으로 세상을 배우는 사람도 있다. 또 책뿐만이 아니라 〈워낭소리〉 같은 영화와, 사대강을 망쳐 버리는 이포보 현장에서 자연의 소중함을 배우는 사람도 있고, 용산 학살 현장에서 경찰한테 끌려가며 몸부림치는 문정현 신부에게 정의를 배우는 사람도 있다. 어찌 고전 읽기만 공부가 될 수 있으랴. 세상은 넓고 배울 곳은 많다.

〈세상은 넓고 배울 곳은 많다〉

독후감이나 서평을 쓰려면, 책을 읽고 난 뒤 중요한 부분이나 기억해 두고 싶은 부분을 가려 뽑아 정리해 놓으면 좋다. 따로 정리해 놓는 게 귀찮다면 그 책 빈칸에다 낙서하듯 써 놔도 좋다. 책은 꼭 깨끗하게 볼 필요가 없다. 그렇게 낙서하듯 가려 뽑아 놓으면 나중에 서평을 쓰는 데 큰 도움이 된다.

학생, 어른 할 것 없이 모두 책을 읽은 자기 느낌을 쓰는 독후감보다 서평을 쓰는 연습을 하는 게 좋다. 그래야 나중에 논술이나 서술형 글쓰기를 할 때도 자기 생각을 조리 있게 풀어낼 수 있다. 지금 교육 체제를 보면 글쓰기를 요구하면서도 그런 걸 다루지 않고 있어 안타깝다.

원고지 매수
알고 쓰기

자, 글을 쓰려면 어디다 글을 써야 하나. 아직도 글은 원고지에 써야 한다고 생각하는 분이 계실지 모르겠지만 그건 옛날 이야기다. 글을 원고지에 쓰면 띄어쓰기도 힘들고, 내용도 눈에 잘 들어오지 않는다. 요즘에도 원고지를 쓰는 곳은 우리 나라와 일본밖에 없다고 한다. 원고지에 글을 쓰는 것은 원고 매수를 파악하기 쉽기 때문이다.

'아래아 한글'에는 그보다 더 원고 매수를 쉽게 파악하는 기능이 있다. '아래아 한글'에서 '파일'로 들어간 뒤 '문서 정보'를 누르면 된다.

아래아 한글에 글을 쓰면 또 글 고치는 게 쉽다. 문장을 옮기거나 문단을 통째로 옮기기도 하니 얼마나 편한가. '아래아 한글' 프로그램을 쓰지 못하면 그냥 흰 종이에 쓰면 된다.

그런데 '아래아 한글'에 쓰면 단점도 있다. 글 고친 흔적이 남지 않는다. 처음에 쓴 문장이 좋을 때가 있는데 생각이 나지 않으면 정말 아쉽

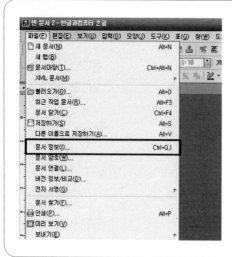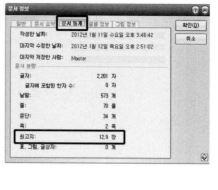

다. 이런 실수를 저지르지 않기 위해 늘 초고를 남겨 둬야 한다. 그리고 2
교, 3교, 4교……. 고치는 대로 이름을 바꿔 저장하면 된다.

경향신문에 2012년 1월부터 한 달에 한 번 글을 쓴 적이 있다. 글 꼭지
이름은 '책 읽는 경향'. 글 길이는 제목을 빼고 원고지 4.5매다. 원고지
4.5매면 글을 쓰기가 쉽지 않다. 쓰다 보면 금방 네다섯 매는 넘는다. 그
래도 글 길이를 맞춰 줘야 한다. 쓰다 보니까 원고지 다섯 매가 나온다.
줄이고 줄여서 원고지 4.6매로 글을 써서 보냈다.

2012년, 1월 11일 수요일 치에 내 글이 나왔다. 인터넷에서 긁어 와
'한글'에 넣어 보니 원고지 매수가 4.2매다. 어라, 어디를 줄였을까? 궁금
해서 한 글자 한 글자 비교를 해 봤다. 몇 문장에서 뺀 부분이 눈에 띈다.

- 어른들이 조금만 깊이 생각하면 자기 자식만 대학을 보내기 위해 애쓰는 게 이 지배세력이 바라는 대로 넘어간다는 사실을 알 수 있다.

→ 조금만 깊이 생각하면 자기 자식만 대학을 보내기 위해 애쓰는 것이야말로 지배세력이 바라는 일이라는 사실을 알 수 있다.

내가 쓴 문장을 경향신문은 이렇게 고쳤다. '어른들'이라는 주어를 뺐다. 앞 문장을 봤을 때 빼도 될 듯하다. 그리고 다음 문장.

- 그런데 누구나 공부만 하면 1퍼센트 되는 부자 대열에 진입할 수 있다는 착각에 잘못된 사회 구조를 바꿀 생각을 하지 않는다.

→ 그런데 누구나 공부만 하면 상위 1% 부자 대열에 진입할 수 있다는 착각에 잘못된 사회구조를 바꿀 생각은 하지 않는다.

〈작은책〉에서는 '%'를 한글로 '퍼센트'라고 쓰는데 경향신문은 '%'를 썼다. 글자 수 줄이는 데는 '%'가 낫지만 '퍼센트'라고 한글로 쓰는 게 낫지 않을까 싶다. 사회 구조는 띄어 쓰는 게 원칙이지만 붙여 써도 된다.

- 이 책은 2003년에 돌아가신 글쓰기 교육 운동가 이오덕 선생의 삶과 교육관이 담겨 있는 책이다. 책을 쓴 이주영 선생은……

→ 이 책은 글쓰기 교육 운동가 이오덕 선생의 삶과 교육관을 담았다. 지은이 이주영 선생은……

'2003년에 돌아가신'을 지웠다. 꼭 필요한 말이지만 글자 수를 줄이기 위해 어쩔 수가 없었겠지. 다 좋았는데 마지막 '책을 쓴'을 '지은이'로 바꾼 건 잘못됐다. 내가 글을 쓴 의도와 어긋난다. 이오덕 선생은 글과 책을 '쓴다'고 하지 '짓는다'고 하지 않는다. 옛날에 '글짓기'에서 '글쓰기'로 바꾼 것도 이오덕 선생 때부터였다. 이주영 선생도 그 가르침 대로 따르고 있으니 '지은이'라고 하면 안 된다. 한 글자 차이인데 왜 '지은이'라고 했을까. 글자 수가 넘어서 그런가 하고 봤더니 한 글자 많아도 상관이 없었다. 아마도 '지은이'라고 하는 습관이 들어서 그런가 보다.

이 글을 읽는 독자들은 글을 써서 보낼 때 원고지 매수를 그렇게까지 맞춰야 하나 하고 생각할 수도 있겠다. 맞다. 원고를 청탁 받으면 그 원고지 매수에 비슷하게라도 맞춰 줘야 한다. 그런데 청탁한 원고지 매수보다 적으면 문제다. 출판사나 신문사에서 늘일 수는 없기 때문이다. 조금 넘치게 주는 게 그나마 낫다. 편집부에서 글을 줄일 수 있기 때문이다.

글을 잘 쓰는 분들도 원고지 매수를 정확히 지켜 주지 않을 때가 많다. 내가 글을 쓴 지 얼마 되지 않았을 때는 그냥 대충 써서 보냈다. 하지만 내가 편집을 해 보니까 글 길이가 중요하다는 걸 알았다. 특히 신문 같은 매체에는 글자 수까지 세어 볼 정도로 정확히 써서 보내 줘야 한다.

자, 다시 한번 글을 쓰기 위해 컴퓨터 앞에 앉아 보자. 첫 문장을 뭐라고 쓸까. 첫 문장, 첫 문장……. 아, 이 첫 문장을 못 써서 평생 글 한 편 못 쓰는 분들도 있다.

첫 문장을
어떻게 쓸까?

글을 쓰다 보면 이 첫 문장이 무척 중요하다는 것을 알게 된다. 어떤 유명 작가는 '글의 첫 문단 세 줄에 승부를 건다'고까지 말할 정도다. 그만큼 글 첫머리는 독자가 글을 읽을지 말지를 결정할 정도로 중요하다. 윌리엄 진서는 "어떤 글에서건 가장 중요한 문장은 맨 처음 문장이다. 첫 문장이 독자를 둘째 문장으로 끌고 가지 못하면 그 글은 죽은 것이다"라고 말했다. 그러나 글 첫머리를 쓰는 규칙은 없다.

내가 쓴 산행기를 예로 들어 보자. 산에 다녀온 이야기를 처음부터 끝까지 쓰면 지루할 건 뻔하다. 누가 가자고 했는지, 왜 갔는지, 무엇을 준비했는지, 누구랑 갔는지, 어떻게 산을 탔는지를 죽 나열하면 누가 그걸 다 읽겠는가. 선택과 집중이 필요하다. 뺄 건 빼라는 말이다.

2009년 7월쯤에 방태산 갔을 때 이야기다. 그날 폭우를 만나 거의 산속에서 고립될 뻔했고, 산속을 벗어나서는 내린천이 넘쳐 버스가 물에 잠겨 떠내려갈 뻔했다. 그날 자정이 넘어 집으로 돌아온 뒤 새벽 다섯 시까지 글을 썼다. 오마이뉴스에 〈내린천에서 버스 타고 래프팅할 뻔했네〉라고 검색해 보면 나온다. 그 글 첫머리를 보자.

세 번째 계곡 물을 건널 때까지는 우아했다. 정강이까지 차는 물을 등산화를 신고 건너기 싫어 신발을 벗고 건넌 뒤 건너편에서 발을 닦고 다시 신발을 신었다. 하지만 네 번째 계곡부터는 등산화를 신은 채 건널 수밖에 없었다. '우아'는커녕 '우울'한 비가 쏟아져 내려 계곡물이 점점 불어나고 있었기 때문이었다. 맨발은커녕 신발을 신고 건너가기도 힘들어 보였다. 하지만 그것조차 아무것도 아니었다. 조금 뒤에 일어날 일들에 견줘 보면…….

그날 물이 넘치는 계곡을 일곱 개나 건넜는데, 두 번째 계곡까지는 가볍게 건넜기 때문에 쓸 필요가 없었다. 세 번째 계곡을 건널 때부터는 긴박했다. 읽는 이가 궁금하기 시작할 무렵부터 글을 쓰면 빨려 들어오게 돼 있다.

내가 쓴 다른 글 첫머리에 이런 글도 있다.

오전반 두 탕째, 서울역을 돌아 화전 본사 앞을 지나오는데 오른쪽으로 좌석버스 915번이 지나간다. 차 번호를 보니 1785호다. 그 앞차인 1783을 운전하는 명수가 금방 지나갔겠구나 생각하고 앞에 있는 사거리를 보니 그 건너편에 915번이 서 있다. 뭐야? 사고 났나? 혹시 명수 아닌가?

모두 무슨 일이 일어날 것 같은 느낌이 드는 부분을 골라 첫머리를 잡았다.

생활글이 아닌 칼럼 첫머리는 어떤가. 〈작은책〉에 실린 강성률 선생의 '영화 이야기'를 보자.

이미 알려진 것처럼, 정지영 감독의 〈남영동 1985〉는 고 김근태 의원이 1985년 직접 겪은, 그 야만적인 고문 사건을 영화화하고 있습니다.

다짜고짜 주제로 들어간다. 그러면서 영화 줄거리를 이야기한다. 강성률 선생의 글은 군더더기가 없어 좋다.

한참 유행했던 말처럼 글의 첫머리는 '그때그때 달라요'다. 글 첫머리를 쓰는 데 이렇게 여러 가지 방법이 있지만 너무 구애 받지 마시라. 글을 많이 쓰면 자연스레 나온다.

첫 문장을 어떻게 시작할 것인가? 여러 방법이 있지만 다섯 가지를 보여 드리겠다.

첫째, 사건이 일어난 순서대로 쓴다.

넷째 탕이다. 날이 벌써 어두워졌다. 화전 종점에서 나와 부대 앞을 지나는데 그 시커먼 길옆에서 누가 내 차를 빤히 쳐다보면서 걸어오고 있다. 내 차를 타고 싶어 그런가? 정류장은 물론 멀리 떨어져 있다.

둘째, 대화글을 옮긴다.

"죽기를 각오하면 승리한다는 결연한 심정으로 동지 여러분께 강력히 촉구합니다."

셋째, 날씨로 시작한다.

- 햇볕은 따갑지만 그렇게 더운 날씨는 아니다.
- 비 오는 일요일 아침, 우산도 없이 명님이를 만나러 갔다.
- 아침 아홉 시부터 푹푹 찐다.

넷째, 하는 일을 먼저 말한다.

- 난 어린이집 교사다.
- 윤 씨는 대림시장 생선 가게에서 일한다.
- 나는 이십 년째 버스를 몰고 있다.

다섯째, 시간을 이야기하며 시작한다.

여섯 시 삼십 분쯤 눈을 떴다. 조용히 잠을 자는 아내를 보니 맘이 아프다. 손이라도 잡아 주고 싶은데 깰까 봐 그냥 천장을 바라보다가 뒤척였다.

내가 서울버스에 입사한 것은 1998년 4월 IMF가 한창 진행되고 있을 때였다.

첫 문장을 쓰는 게 처음에는 어렵지만 글을 많이 쓰다 보면 점점 쉬워진다.

생각만 하지 말고
일단 써라

숱하게 나와 있는 글쓰기 책을 보면, "어떻게 하면 글을 잘 쓸 수 있느냐?" 하는 질문에 늘 나오는 정답이 있다. "많이 읽고, 많이 생각하고, 많이 써 봐라" 하는 말이다.

요즘 글쓰기 책들을 보면 "글은 생각없이 써야 한다"고 주장하는 이들이 꽤 많다. 배상문도 《그러니까 당신도 써라》에서 그렇게 이야기한다.

'생각'도 글을 쓰기 위한 준비 단계에 포함하는 사람들이 많은데, 그래선 안 된다. 글을 생각의 결과물로 여기는 사고방식은 버려라. 생각은 글을 쓰면서 하라. 말을 할 때는 다들 생각과 동시에 입술도 움직이면서, 글을 쓸 때는 왜 생각을 다 끝내고 손가락을 움직이려고 하나. 오늘부터는 그러지 말자. 노트나 키보드 위에 손을 올려놓고 생각하라.

배상문, 《그러니까 당신도 써라》

그리고 배상문은 덧붙여 그 생각을 글로 바꿔 놓으면 그 글이 다시 내 눈으로 들어와 뇌를 자극해서 더 좋은 생각이 떠오른다고 했다. 지금 이 글을 읽는 여러분도 생각만 하지 말고 빨리 컴퓨터 앞에 가서 한글을 열고 키보드에 손가락을 올려 놓으시라. 앗, 키보드를 치려고 하는데 손톱이 길어서 불편하다고? 배상문은 글쓰기를 시작하는 데 가장 큰 적은 '완벽주의'라고 하면서 그런 보기도 들어 놓았다. 어쩜 그렇게 공감 가는 이야기를……. 아마 경험담일 거다. 나도 가끔 글을 쓰기 전에 긴 손톱이 불편해서 깎고 앉을까, 그냥 쓸까 하고 망설인 적이 있었다. 배상문은, 아직 준비가 덜 됐다는 둥, 몇 년 더 독서로 내공을 쌓아야 될 것 같다는 둥 하는 이 핑계 저 핑계 대지 말고 일단 쓰라고 이야기한다.

《세상에서 가장 쉬운 글쓰기》라는 책을 낸 김지노의 이름 '지노'는 필명이다. 한자로 손가락 '지', 일할 '노'자를 썼다. 글쓰기는 곧 손가락 노동이라는 뜻이란다. 김지노는 그 책에서 "하얀 종이 위에 자기 생각을 적어 나가는 일은 그야말로 맨땅에 헤딩"이라고 하면서 '맨땅에 헤딩'이 최고의 글쓰기 훈련이라고 했다.

글을 쓰면
남에게 보여 줘라

일기를 쓰면 글쓰기 실력이 늘까? 물론 일기를 안 쓰는 사람보다 늘겠지. 하지만 생각보다는 그리 빨리 늘지 않는다. 왜 그럴까? 난 두 가지 까닭이 있다고 생각한다.

글은 남과 소통을 하기 위해서 쓴다. 남에게 보여 줘야 하는 것이다. 하지만 일기는 남에게 보여 주지 않는다. 물론 학교에서 아이들에게 일기 숙제를 내주고 검사하는 경우가 있지만 그런 일기는 진짜 일기가 아니다. 진짜 남몰래 쓰는 일기는 남에게 보여 주지 못한다.

남에게 보여 주지 않기 때문에 치열하게 쓰지 않고 대충 쓰기 마련이다. 일기를 써도 글이 안 느는 까닭은 남에게 보여 주지 않기로 하고 쓰기 때문이다.

사람들은 글을 쓴 뒤 남에게 잘 보여 주지 못한다. 창피하기 때문이다. 나도 1996년에 '작은책 글쓰기 모임'에서 써 온 글을 선뜻 꺼내지 못했다. 작은책 글쓰기 모임에서는 자기가 쓴 글을 자기가 읽고 합평을 하는데 자신 있게 글을 내놓는 이들은 많지 않다. 자기 글을 비판 받으면 늘 얼굴이 화끈거린다. 글쓰기 모임에서 글을 내놓고 한두 번 평가를 받고 나면 다음부터는 글 내놓는 게 뻔뻔해진다.

그래서 나는 글을 좀 더 완벽(?)하게 완성하려고 글을 쓴 뒤 먼저 다른 사람에게 보여 줬다. 누굴까? 내 글을 처음 보여서 읽게 했던 사람은 그때 중학교 일 학년이던 우리 아들이었다. 아들이 글을 보고 못 썼다고 재미없다고 약 올리면 머리 한 방 쥐어박으면 그만이기 때문이다. 중학교 일 학년 정도면 웬만한 글은 읽고 '재미있다', '재미없다', '무슨 뜻인지 모르겠다' 평가할 수 있다. 또 글은 그 정도 되는 아이들도 이해하기 쉽게 써야 좋은 글이다.

아들이 내가 쓴 글을 읽는 모습을 훔쳐보면 내가 글을 잘 썼는지 못 썼는지, 이해가 가게 썼는지 어렵게 썼는지, 재미가 있는지 없는지 알 수 있다. 우리 아들은 표현을 잘 안 하는 놈이다. 그런 아이가 글을 읽으면서 킥킥대면 성공이다. 글을 읽고 아무 소리 안 하고 휙 내던지면 말하나 마나 글이 별로라는 얘기다.

우리 아들한테 통과된 글은 복사를 해서 일터에 갖고 나온다. 나는 그때 버스 운전을 하고 있었다. 그다음 보여 준 사람들은 누구였을까? 그 당시 내가 운전하던 버스를 타던 손님들이었다. 어떻게 손님들이 그걸 읽을까? 내가 운전하던 버스 종점은 도시도 아닌 시골도 아닌 어정쩡한 마을이었다. 그 종점에서 늘 타는 손님들하고는 다 친하게 지냈다. 단골

손님들은 초등학교 아이들도 있고 아저씨, 아주머니들도 있다. 그 사람들은 내가 모는 버스를 타면 주로 운전대 바로 뒤나 앞문 쪽에 앉는다. 그러면 운전을 하면서 집에서 갖고 나온 글을 주면서 읽어 봐 달라고 부탁한다. 그걸 거절하는 손님은 없다.

손님이 글을 읽는 모습을 운전대 머리 위쪽에 걸려 있는 거울(룸미러)로 슬쩍슬쩍 훔쳐본다. 손님들이 글을 읽는 모습을 보면 내가 글을 잘 썼는지 못 썼는지 알 수 있다. 슬며시 웃거나, 얼굴을 찡그리거나, 한숨을 쉬거나, 킥킥대거나, 머리를 갸웃거리거나, 이해가 가지 않아 눈이 다시 윗줄로 올라가거나 하는 표정으로 알아내는 것이다. 글을 읽고, 억울한 시내버스 기사들 처지를 안타까워하는 사람도 있다.

"아니, 구청에서 떼는 건 도로교통법이야? 아니잖아. 운수사업법 아니야? 도로교통법, 그 위험한 중앙선 침범도 벌금이 칠만 원인데 무슨 50센티미터 위반이 십만 원씩이야. 뭐 걸핏하면 벌금 십만 원, 이십만 원이야. 아니, 운전사가 봉이야? 더러버서 못살겠다."

원규 형이 화가 나서 떠든다. 우리 기사들은 그 소리를 듣고 열 안 받을 사람들이 없다. 세상에, 홍종식 씨가 인도와 50센티미터 벌어졌다고 얼마 전 십만 원 벌금 통지서가 나왔다. 너무 억울해서 안 냈더니 홍종식 씨 자가용을 압류한단다.

무슨 소린가 하면 버스가 정류장을 들어갈 때 손님이 타기 좋게 인도에 바짝 붙이라는 말인데 그게 버스 바퀴와 인도 턱 사이가 50센티미터가 되어야

한단다. 50센티미터가 넘으면 '정류장 질서문란'이라고 십만 원 벌금을 내야
한다.

손님이 이 글을 읽고는 "무슨 그런 법이 있어?" 하고 화를 내고 버스
기사들 심정을 이해해 주면 성공한 거다.

이렇게 글을 쓴 뒤 남에게 보여 줘서 평가를 받아야 한다. 자랑하기 위
해서가 아니고 고치기 위해서다. 내 글이 어색한가, 문장이 꼬이지 않았
나, 재미있는가를 알기 위해서다. 그렇게 평가를 해 주면 고쳐야 한다. 글
은 못 쓰는 사람도 잘못 쓴 글은 찾아낼 수 있다. 세상 모든 이들이 내 글
쓰기 선생이다. 그래서 남에게 보여 주지 않고 평가받지 않는 일기 쓰기
는 글쓰기에 별로 도움이 되지 않을 거라는 게 내 생각이다.

그래도 글쓰기가 안 되면
먼저 남의 글을 베껴라

나는 많이 생각하는 것이 '글 쓰는 데' 별로 도움이 되지 않는다고 생각한다. 생각할 시간이 있으면 남이 잘 써 놓은 글을 베끼기라도 하는 게 오히려 도움이 된다. 내가 글을 쓰기 시작한 것도 신문기사 베껴 쓰기였다. 회사 동료들이 보는 소식지를 냈기 때문에 어쩔 수 없이 써야 했다. 한겨레신문에 나온 짤막한 기사들을 베껴서 소식지에 실었다. 그런데 그게 글쓰기에 도움이 됐다는 사실을 요즘에야 깨달았다.

그래, 사실 여태껏 내가 글을 썼던 경험담이니 어떤 글이 좋은 글이고 어떤 글이 쓸데없는 글이니 하는 이야기만 했지 정작 글을 쓰는 방법은 하나도 보여 주지 않았다. 이제 겨우 글쓰기의 첫걸음을 떼었다. 글을 읽는 대상을 생각하고, 주제와 글감을 찾고, 쓰기 시작하라고 했다. 이론만 배우려고 하지 말고 한 번이라도 써서 완성을 하라고 되풀이했다. 그런데 역시 글을 쓰기 시작하려면 어렵다. 그저 많이 읽은 다음에 무조건 써 보라는 것도 사실 무책임한 말이다. 운전을 할 때 클러치 밟고 기어 넣고 클러치 밟은 발을 살살 뗄 때는 동시에 오른발 엑셀러레이터를 살살 밟으면 차가 나가는 건 안다. 이론은 아는데 실제로 해 보면 어렵다. 자, 그렇다고 이 글을 읽는 분들을 다 만나서 하나하나 가르쳐 줄 수는 없고. 그렇다면 어떤 방법이 있을까? 남의 글 베끼기다. 잘 쓴 글을 베끼는 게 글을 쓰려고 생각만 하는 것보다 백 배 낫다.

베껴 쓰기가 가장 좋은 글쓰기 훈련법이라고 주장하는 사람이 나뿐만이 아니다. 명로진도 베껴 쓰기가 글쓰기를 위해 꼭 필요한 과정이라고 말한다.

피아노를 치든, 그림을 그리든, 영어를 말하든, 잘 하려면 무작정 따라해야 한다. 무엇을? 선생의 연주를, 선배의 화법을, 원어민의 말을. 처음에는 묻지도 말고 따지지도 말고 그대로 흉내 내야 한다. 세상의 모든 위대한 창조는 서투른 모방에서 비롯됐다. 따라하고 흉내 내고 베끼는, 길고 긴 시간 없이는 창조도 없다. (…)

글쓰기도 마찬가지다. 글쓰기를 제대로 배우려면 좋은 글을 베껴 쓰면 된다. 자꾸 베껴 쓰다 보면 선배의 어휘가 내 것이 된다. 선생님의 문장이 내 재산이 된다. 선조의 책이 내 자산이 된다.

명로진, 《베껴 쓰기로 연습하는 글쓰기 책》

소설가 신경숙은 낮엔 일하고 밤엔 공부하는 산업체 특별반을 다닐 당시 조세희의 《난쟁이가 쏘아올린 작은 공》을 베껴 쓰면서 소설가가 되는 꿈을 꾸었다. 시인 안도현은 대학 시절 백석의 시를 노트에 베껴 썼다. 이렇게 좋은 글이 있으면 베껴 쓰면 된다. 하지만 귀찮아서 그렇게 하지 않는다. 마우스로 긁어 옮겨 보고 읽어 보면 되겠지 하는 사람이 많은데 그러면 글쓰기에 아무 도움이 되지 않는다.

똑같이 베끼기만 해도 글쓰기는 는다. 여러분도 한번 마음에 맞는 글을 골라서 그대로 베껴 써 보거나 바꿔 써 보시기를.

넷째
마당

글을
어떻게 써야
하나?

문장은 짧게
써야 한다

 스티븐 킹은 "문장이 짧아야 글이 꼬이지 않는다. 한 문장에는 한 가지 생각만 담는다. 말하기에 가까운 단문 문장을 써라"라고 했다. 또 "말솜씨가 좋으면 유혹하기도 쉽듯, 말하기에 가까운 단문 문장을 써라. 그것이 독자를 끌어들일 수 있는 좋은 방법이다. 주어와 서술어로만 구성된 단문 구조는 완벽한 문장으로 문법의 기본이면서 매우 유용하다"고 말했다.

 글을 잘 써 보겠다며 자꾸 꾸미다 보면 글이 길어지게 된다. 글이 길어지면 잘못된 문장이 되기 쉽다. 특히 주어 서술어가 어울리지 않는 경우가 많다. 해결책은 간단하다. 한 문장에는 한 가지 생각만 담기로 하는 것이다. 다시 말해 문장을 짧게 쓰면 된다.

 • 농(農)은 종속 영양 생물군에 속해 있는 동물의 한 종인 인간이 자신의

생명을 밥으로 의존하고 있는 생물을 기르는 행위로서 밥을 먹어야 사는 사람의 가장 중요한 자기 관심 사항. 농업과 농촌은 생명 세계의 존재 원리를 생활 속에서 배우는 통로요, 학교다. 오랜 세월 동안 자연과 교호 작용을 가지면서 체득해 온 겸손, 올곧음, 베풂과 나눔, 보살핌의 어머니의 성품 등 삶의 지혜와 자연 세계에 대한 이해, 지식, 영성적인 교감, 우주의 의미에 대한 직관 등을 인류 사회의 내일을 향해 보급하는 역할 수행이다.

이 글을 소리 내서 읽어 보시라. 그 긴 글이 단 두 문장이다. 읽다가 숨막혀 죽을 수도 있다는 걸 알려 주는 글이다. 뭔 소리인 줄도 모르겠다. 멋들어진 말 같은데 내용은 별로 없다. 공연히 어렵게 썼다는 생각만 들지 않는가. 다음과 같이 고치면 어떨까?

→ '농사'란, 먹어야 사는 동물의 한 종류인 인간이 곡식을 기르는 행위다. 그리고 자연과 함께 살면서 겸손, 올곧음, 베풂과 나눔, 어머니의 보살핌 같은 성품을 배우고 깨달아 후대에게 물려주는 일이다. 농업과 농촌은 그런 삶을 배우는 통로요 학교다.

이런 이야기를 하려고 하지 않았을까? 윗글과 내용이 별로 차이가 없어 보인다. 다음 글도 마찬가지다.

• 도농공동체 운동이란 생산자와 소비자가 생태적 사회 건설의 토대가 되는 바른 농업을 이루어 낼 목적으로 생산 양식의 변화를 실천하고 그 결과물이 확대 재생산되도록 하는 일상적 생활 실천 행위로서, 생명 가치관과 세계관 안에서 생명 존중, 생명 질서의 생활화와 확산을 기해 가는 운동, 얼굴을 보고 마음을 전하는 교류 체계이다.

이 긴 글도 한 문장이다. 묘하게 주어와 서술어는 호응한다. 하지만 문장이 길어 무슨 뜻인지 잘 들어오지 않는다. 이렇게 고치면 어떨까?

→ '도농공동체 운동'이란, 자연을 살리기 위해 우리가 먹고 눈 똥이 다시 곡식으로 되게 하는 일을 생산자와 소비자가 함께하는 운동이다.

고친 글이 너무 심했다고? 물론 내가 고친 글이 딱 맞는 정답은 아니다. 글쓰기에 정답이 있을 리 있나? 하지만 무슨 말을 하는지는 알아먹게 써야 할 것 아닌가.

다음 글은 버스 노동자가 쓴 글이다. 이 노동자는 잘난 체하려고 이렇게 비비 꼬아 쓴 건 아니다. 글을 많이 써 보지 않았을 뿐이다. 긴 글이 한 문장으로 되어 있다. 이 문장을 잘 뜯어보면 고치는 게 그리 어렵지 않다. 문장을 자르면 된다. 어디서 문장을 끊는지 견주어 읽어 보시기 바란다.

- 얼마전 전국을 떠들썩하게 만든 전택노련 이 아무개, 권 아무개와 함께 어용 노조와 짜고 부산 택시판에서 그들에게 금품을 제공하고 택시 요금과 사납금을 과도하게 인상하여 전국의 국민들과 택시 노동자들에게 물가 인상과 실제 임금 하락의 빌미를 제공해 구속된 전부산택시사업조합 이사장 '박'모 씨. 부산 시내버스판에도 몇 개의 사업체를 거느린 그놈이었다.

  → 얼마 전 전국을 떠들썩하게 만든 자가 있었다. 그자는 얼마 전 구속된 전 부산택시사업조합 이사장 박 아무개였다. 부산 시내버스판에도 몇 개의 사업체를 거느린 그자는 어용 노조인 전택노련 이 아무개, 권 아무개에게 금품을 제공하고 택시 요금과 사납금을 과도하게 인상했다. 그것은 물가가 오르는 계기가 됐고 국민들과 택시 노동자들에게 실제 임금이 떨어지는 결과를 가져왔다.

한 문장이 네 문장이 됐다. 이렇게 긴 문장을 짧게 자르면 뜻이 분명해진다. 그럼 긴 문장을 나누어 짧은 문장으로 만들어 보자.

- 오늘 오전일을 대충 끝내고서 점장님, 김담당님, 정 담당님, 나 이렇게 밥을 먹고 있는데 밥을 거의 다 먹고 점심 시간이 삼십 분쯤 남았을 무렵 점장님에게 전화가 왔다.

  → 오늘 오전 일을 대충 끝내고서 점장님, 김담당님, 정 담당님, 나 이렇게 넷이 밥을 먹고 있었다. 밥을 거의 다 먹고 점심 시간이 삼십 분쯤 남

앗을 무렵 점장님에게 전화가 왔다.

- 내 가슴은 그냥 답답하여 어디다 말할 데도 없고 이런 내 처지가 한심한
  데 어쩔 방도는 없어 눈물만 펑펑 쏟아 내고 말았다.

  → 내 가슴은 그냥 답답하기만 했다. 어디다 말할 데도 없었다. 이런 내
  처지가 한심한데 어쩔 방도가 없어 눈물만 펑펑 쏟아 내고 말았다.

- 미싱사였던 나는 브라우스, 남방, 잠바등을 거쳐 할머니들이 흔한 말로
  고무신 공장으로 불리던 신발 공장에 다니던 중 우연히 동네에 있는 시
  민단체를 알았고 궁금해서 아무 생각없이 찾아갔다.

  → 미싱사였던 나는 브라우스, 남방, 점퍼 등 옷 만드는 일을 거쳐 할머
  니들이 흔한 말로 고무신 공장으로 불리던 신발 공장에 다니고 있었다.
  그러던 중 우연히 동네에 있는 시민단체를 알았다. 궁금해서 아무 생각
  없이 찾아갔다.

아랫글도 한 문장이다. 표현은 자세해서 좋은데 너무 길다. 어디서 문
장을 자르는지 꼼꼼히 보자.

- 시장통 옆 한구석에 지하로 통하는 문을 열고 계단을 내려서니 군데군
  데 비가 샌 얼룩이 줄줄 흐르고, 곰팡내인지 알 수 없는 쾨쾨함, 세 귀퉁
  이 벽면엔 어디선가 주워온 듯한 빨간 벽돌을 세우고 기다란 합판을 얹
  어 만든 책꽂이엔 생전 듣도 보도 못한 책들이 빼곡하게 꽂혀 있고, 그
  앞으로 회의실로 보이는 큰 탁자와 접이식 의자, 그 안쪽엔 가운데 뻘

수 있는 칸막이가 있는 큰 방 하나, 회의실 오른쪽엔 찬장과 씽크대, 가스렌지가 놓여 있고, 그 안쪽에 작은 컴퓨터와 도트 프린터가 있는 열 평 남짓한 공간.

→ 시장통 옆 한구석에 지하로 통하는 문을 열고 계단을 내려서니 군데군데 비가 샌 얼룩이 줄줄 흐르고, 곰팡내인지 알 수 없는 쾨쾨한 냄새가 났다. 문을 열고 들어가니 세 귀퉁이 벽면엔 어디선가 주워온 듯한 빨간 벽돌을 세우고 기다란 합판을 얹어 만든 책꽂이가 있었다. 그곳엔 생전 듣도 보도 못한 책들이 빼곡하게 꽂혀 있다. 그 앞으로 회의실로 보이는 곳엔 큰 탁자와 접이식 의자, 그 안쪽엔 가운데 뺄 수 있는 칸막이가 있는 큰 방 하나가 있다. 회의실 오른쪽엔 찬장과 씽크대, 가스렌지가 놓여 있고, 그 안쪽에 작은 컴퓨터와 도트 프린터가 있는 열 평 남짓한 공간이 있다.

아랫글은 주어와 서술어가 어울리지 않고 너무 길다. 이 글도 문장을 자르면 주어 서술어가 분명히 드러난다.

- 어떤 이는 큰 대자보에 뭔가 써 내려가고, 한쪽에선 기타치고 노래부르는 이, 회의실같은 탁자에 도란도란 둘러앉아 이야기하는 이들. 그곳에선 스물여남은 살 남짓 되어 보이는 청춘들이 바쁘고 재밌어 보였다.

→ 어떤 이는 큰 대자보에 뭔가 쓰고 있고, 어떤 이는 한쪽에서 기타 치면서 노래를 부르고 있다. 회의실 같은 탁자에 도란도란 둘러앉아 이야

기하는 이들도 있다. 스무 살 남짓 되어 보이는 청춘들이 바쁘고 재밌어 보였다.

아랫글도 한 문장이다. 어디서 문장을 자르면 좋을까?

- 3월 1일에 가기로 결정하고 설 명절을 끝내고, 2월 중순부터 준비하다 보니 권정생 선생님이 사셨던 안동까지 미리 보고 오지 못하고 자료를 찾아 준비하고 '권정생어린이재단 설립 준비위위원회' 연락처를 찾고 몇 번의 전화 끝에, 안상학 사무국장님과 통화 되어 일정을 말씀드리고 임시로 마련된 '권정생 선생님 유품전시실'에서 만나기로 했다.
  → 3월 1일에 가기로 결정하고 설 명절이 지난 2월 중순부터 준비했다. 권정생 선생님이 사셨던 안동까지 미리 보고 오지 못하고 자료를 찾았다. '권정생어린이재단 설립 준비위위원회' 연락처를 찾고 전화를 몇 번이나 한 끝에, 안상학 사무국장님과 통화할 수 있었다. 일정을 말씀드리고 임시로 마련된 '권정생 선생님 유품전시실'에서 만나기로 했다.

짧은 문장을 쓰는 것이 글을 쉽게 쓰는 첫걸음이다.

주어와 서술어를
살펴보자

우리 말의 모든 문장은 세 가지 뼈대를 갖추고 있다.

무엇이 어찌한다. 철수가 운동한다.
무엇이 어떠하다. 철수가 잘생겼다.
무엇이 무엇이다. 철수는 인간이다.

앞의 '무엇'이 주어, 뒷말 '어찌한다', '어떠하다', '무엇이다'가 서술어
이다. 이 주어와 서술어가 어울려야 한다. 문장이 꼬일 때는 먼저 이 주
어와 서술어가 맞는지 살펴봐야 한다.

검찰은 김 모 씨가 직위를 이용해 불법 대출을 해 준 혐의이다.

'검찰'이 주어이고 '혐의이다'가 서술어다. '검찰'이 '혐의'가 될 수 없다. 검찰이 수사 중이거나 김모 씨가 수사를 받고 있거나 불법대출을 해 준 혐의가 있는 것이다. 아래처럼 여러 가지로 고쳐 볼 수 있다.

→ 검찰은 김 모 씨가 직위를 이용해 불법 대출을 해 준 혐의를 두고 수사 중이다.

→ 김 모 씨는 직위를 이용해 불법 대출을 해 준 혐의로 검찰 수사를 받고 있다.

→ 검찰은 직위를 이용해 불법 대출을 해 준 혐의가 있는 김 모 씨를 수사 중이다.

→ 검찰은 김 모 씨를 수사 중이다. 그는 직위를 이용해 불법 대출을 해 준 혐의가 있다.

문장 하나에 주어가 하나이고 서술어가 여러 개가 나올 때가 있다. 이럴 때는 주어가 각각의 서술어와 모두 알맞게 어울려야 한다.

나는 아침에 일어나서 찬물 한 잔을 마시고 세수를 한 다음 밥을 먹고 학교에 간다.

'나는'이 주어다. '나'가 '일어나서', '마시고', '세수하고', '밥을 먹고', '학교에 간다'와 모두 호응한다.

다음 글은 주어가 '나'인데, 마지막 부분 서술어 '시간이다'와 호응하지 않는다. 다음과 같이 바꿔야 한다.

- 결혼하기 전에는 비슷한 유형의 사람이라는 것에 끌렸는데 결혼 후에는 서로가 얼마나 다른지를 뼈저리게 느끼는 시간이다.
  → 결혼하기 전에는 비슷한 유형의 사람이라는 것에 끌렸는데 결혼 후에는 서로가 얼마나 다른지를 뼈저리게 <u>느꼈다.</u>

아래 문장은 주어 둘을 생략한 문장인데 티셔츠, 반바지를 3만원에 살 수 있는 사람은 손님이고 파는 곳은 가게이다. 서로 어울리지 않는다. 이렇게 고쳐야 한다.

- 티셔츠, 반바지를 3만 원에 <u>살 수 있으며</u> 남성 정장을 20만 원에, 와이셔츠를 2만 원에 <u>판매한다.</u>
  → (손님들은) 티셔츠, 반바지를 3만 원에 <u>살 수 있으며</u> 남성 정장을 20만 원에, 와이셔츠를 2만 원에 <u>살 수 있다.</u>
  → (그 가게에서는) 티셔츠, 반바지는 3만 원에, 남성 정장은 20만 원에, 와이셔츠는 2만 원에 <u>판매한다.</u>

다음 문장도 마찬가지다.

• 해당 업체가 신속히 제품을 수리하거나 교환받도록 조치해 주시기 바랍니다.

→ 해당 업체가 신속히 제품을 수리하거나 교환해 주도록 조치해 주시기 바랍니다.

주어 하나에 서술어가 여럿일 때는 서술어 형태가 같은 것이 좋다. 앞 서술어가 명사이면 그 뒤에 서술어도 명사가 나와야 한다.

• 진서는 학생이자 직장에 다닌다.

→ 진서는 학생이자 직장인이다.

아래 글은 주어와 서술어 관계가 분명치 않다. 이런 문장은 뜻이 분명하게 드러나도록 문장을 나누거나 고쳐야 한다.

• 십 개월을 기다리다 그는 숨바꼭질에서 너무 깊이 숨어 찾을 수 없는 상태라 판단하여 결과 부모님과 은행 대출로 지방으로 이사를 했다.

→ 그자를 열 달 동안 찾아봤지만 찾을 수가 없었다. 결국 나는 부모님 이름으로 은행 대출을 받아 지방으로 이사를 했다.

쉽고 간단하게
써야 한다

• 아시다시피 정주 인구의 감소로 인한 공동화, 농업, 농민이 소외되는 정책으로 농촌이 증발되고 얼마 전 통과된 한미 FTA 비준은 그나마 가지고 있던 실낱같은 가능성마저 포기하게 만드는 절망의 나락임에 틀림없습니다.

이런 글을 우리 농민들이 이해할까? 이렇게 쓰면 어떨까.

→ 아시다시피, 농업을 하찮게 여기고 농민을 소외시키는 정책을 펴고 있는 정부 때문에 농촌 인구가 줄어들면서 농촌이 사라지고 있습니다. 얼마 전 국회는 한미 FTA 비준 동의안을 통과시켜 그나마 남아 있던 실낱같은 가능성마저 포기하게 만들었습니다.

• 《불안》은 드 보통의 여러 책 중에서 많이 읽혀진 작품인데 그 이유를 어떤 사람은 막연한 것이든 눈앞에 닥친 걱정에 의한 것이든 현대를 살아가면서 무의식에 가장 넓게 자리잡고 있는 감정이 바로 '불안'이기 때문이 아닐까 진단한다.

→ 《불안》은 드 보통의 여러 책 중에서 많이 팔린 작품이다. 어떤 사람은 그 이유가 사람이 살아가면서 늘 '불안'하기 때문이 아닐까 진단한다.

다음 문장은 주어와 서술어가 어울리지 않는다. 쉽게 풀어 써도 된다.

• 이 책은 프랑스에서 사는 모녀간의 일상이지만 한국에 살고 있는 나의 일상과도 크게 다르지 않은 엄마와 딸의 치열한 싸움이자 서로가 이해하고 끌어안아 가는 과정이다.

→ 이 책은 프랑스에서 사는 모녀간의 일상을 다룬 책이다. 엄마와 딸이 치열하게 싸우면서 서로가 이해하고 끌어안아 가는 과정을 그렸다. 한국에 살고 있는 내 일상과도 크게 다르지 않아 흥미로웠다.

• 조합원들이 비대칭적인 정보로 인하여 사실을 오해하고 그로 인하여 잘못된 판단을 하지 않고 현실을 바로 이해하기를 바라며 사실을 제대로 전달하고 저희 생각을 밝히고자 이렇게 몇 자 올리고자 합니다.

→ 조합원들이 잘못 알고 있는 사실을 알려 드리고, 제 생각을 말씀드리고자 몇 자 적습니다.

한양대 국문과 정민 교수와 스승 이종은 교수의 이야기가 있다. "空山 木落 雨簫簫(공산목락 우소소)"라는 한시 구절을 정민 교수는 이렇게 옮겼다.

텅 빈 산에 나뭇잎은 떨어지고 비는 부슬부슬 내리는데

이 글을 본 이종은 교수는 정민 교수에게 왜 그렇게 문장이 기냐고 타박하면서 다음과 같이 고쳤다.

빈 산 잎 지고 비는 부슬부슬

모든 글은 자신이 생각하는 것을 정확하게 그리고 깔끔하게 표현하는 것이 중요하다. 특히 시는 늘어지면 안 된다. 시는 짧게 압축하는 것이 생명이다.

문단과
단락

　문단은 글에서 하나로 묶을 수 있는 짤막한 단위다. 글 한 편은 문단 여러 개로 이루어진다. 다시 말해 문단은 '문장 하나 이상이 모여서 한 가지 생각을 나타내는 글의 단위'이다. 한 문단에는 대개 세 문장 이상이 들어간다. 한 가지 생각을 나타내야 하기 때문에 한 문단에는 주제가 하나여야 한다. 그걸 소주제라고 하는데, 문단에는 그 소주제를 뒷받침하는 뒷받침 문장이 있어야 한다.

　'문단' 하면 단락이라는 말이 떠오른다. 단락은 뭘까? 언제부터인가 우리 입에 문단이라는 말 대신에 단락이라는 말이 달라붙었다. 문단과 단락. 어떤 이는 다른 뜻이라고 했고 어떤 이는 같은 뜻으로 쓴다고 한다. 우선 용어부터 정리해 보자.

　'단락'을 《표준국어대사전》에 찾아 보면, 첫 번째 뜻이 '일이 어느 정도 다 된 끝'이다. 두 번째 뜻은 '긴 글을 내용에 따라 나눌 때, 하나하나의 짧은 이야기 토막'이다.

그런데 이 단락은 종류에 따라 형식 단락과 내용 단락으로 나눈다. 형식 단락은 '하나의 생각을 완결되게 표현한 단락, 새 단락이 시작될 때 첫 줄의 맨 앞 칸을 비우고 쓰기 시작하여 다음 단락이 시작되기 전까지의 형식적인 문단'이다. 내용 단락은 '내용이 비슷하거나 서로 관련 있는 형식 단락들을 묶어 의미상 연관되게 조직한 단락으로 하나 이상의 형식 단락'이다.

내용 단락은 주로 국어 교과서에서 서너 단의 구성 단계를 가리킬 때 쓴다. 이처럼 단락을 나누는 것은 곧 형식 단락을 나눈 것이지만 대개 글을 쓸 때는 한 단락 안에 소주제와 뒷받침 문장이 있고 새로운 소주제를 시작해야 할 때 단락을 나누기 때문에 형식 단락과 내용 단락이 일치하는 경우가 많다. 그래서 문단과 단락을 같이 쓰기도 하고 다르게 쓰기도 하는 것이다. 결론은, 우리가 흔히 쓰는 단락은 형식 단락을 가리키고 다른 말로 하면 문단이라고 할 수 있겠다. 그렇게 보면 단락은 문단보다는 좀 더 넓은 범위에 속한다고 볼 수 있다. 하지만 이 책을 보는 분들이 학문을 연구하는 것도 아니고, 그 용어가 글을 쓰는 데 그렇게 중요한 것도 아니니 거기에 정신을 쏟을 필요는 없다. 글쓰기 책을 쓴 학자들도 다 다르게 써서 인용할 때 헷갈리니 단락이나 문단이라는 말을 같은 뜻으로 생각하면 된다.

용어는 중요하지 않지만 글쓰기에서 이 문단 나누기는 무척 중요하다. 한 문단 안에는 한 가지 소주제만 있어야 한다. 한마디로 다른 내용이 들어가 있으면 안 된다. 어떤 글이 어색할 때는 한 문장에서 주어 서술어가 일치하지 않아서일 때도 있지만 한 문단 안에 다른 내용이 들어가 있을 때도 많다.

뭐니 뭐니 해도 보기 글을 보면서 설명하는 게 쉽다. 아랫글을 보자.

요즘 어린이들은 재미있게 놀 수 있는 방법을 모릅니다. 그것은 어린이들 탓만은 아닙니다. 마음껏 놀아야 할 시간에 어린이들은 학원에서 시간을 보내고 게임에 빠져 있기 때문입니다. 게임을 하는 시간에는 모든 것을 잊고 재미있다고 생각하겠지만 게임이 끝나고 나면 얻어지는 것이 별로 없습니다. 게임을 하면 시간 가는 줄 모르고 하다 보면 한 시간이 두 시간이 되고 이 시간이 반복되다 보면 게임을 하는 시간이 늘어나서 집에 들어오면 바로 게임부터 하는 잘못된 습관이 만들어집니다. 게임과 노는 것이기 때문에 몸도 허약해지고 마음도 컴퓨터와 같이 딱딱해집니다.

좀 어색하다. 왜 어색할까? 다른 내용이 섞여 있기 때문이다. 밑줄 친 부분이다. 윗글 처음에 "요즘 어린이들은 재미있게 놀 수 있는 방법을 모릅니다"라고 했으면 그 다음에 왜 그런지 이유가 나와야 한다. 그 이유는 뭘까? 게임에 빠져 있기 때문이다. '어린이들 탓만이 아니다', '게임이 끝나고 나면 얻어지는 것이 별로 없다', '몸도 허약해지고 마음도 컴퓨터와 같이 딱딱해지는 것' 등은 놀 수 있는 방법을 모르는 것과 아무런 연관이 없다. 그것은 컴퓨터 게임을 한 뒤의 결과다.

요즘 어린이들은 재미있게 놀 수 있는 방법을 모릅니다. 마음껏 놀아야 할 시간에 어린이들은 학원에서 시간을 보내고 게임에 빠져 있기 때문입니다. 게임을 하면 시간 가는 줄 모르고 하다 보면 한 시간이 두 시간이 되고 이 시간이 반복되다 보면 게임을 하는 시간이 늘어나서 집에 들어오면 바로 게임부터 하는 잘못된 습관이 만들어집니다.

주제와 관련 없는 두세 문장만 빼면 글이 훨씬 나아진다. 한 문단 안에는 이렇게 통일성이 있어야 한다.

단락은 일반으로 중심 문장과 뒷받침 문장으로 이루어진다. 중심 문장은 한 단락에서 다룰 내용의 핵심을 나타내는 문장으로 소주제문이라고 한다. 이런 소주제문은 대개 한 문장으로 이루어져 있고 뒷받침 문장은 여러 개가 한 묶음이 되어 소주제문을 떠받들고 있다. 소주제문을 되도록 자세히 풀이하거나 받쳐 주어야 하기 때문이다.

이 소주제문이 언제 나오나에 따라서 두괄식, 양괄식, 미괄식으로 나눌 수 있다. 이걸 외우실 필요는 없다.

첫 번째, 두괄식 단락은 소주제문과 뒷받침 문장들로 이루어진다.

나와 남편은 육아, 교육, 식습관, 취미, 성격까지 맞는 게 한 가지도 없다. 나는 십 년 넘게 생협을 이용할 정도로 생협을 중요하게 생각하지만 남편은 있으나 없으나 별 상관이 없다. 나는 텔레비전을 타도해야 할 적으로 생각하지만 남편은 유용한 오락물을 볼 수 있는 친구로 본다. 나는 혼자 책을 본다

든가 호젓이 있는 시간을 좋아하지만, 남편은 남들과 어울리는 시간을 좋아한다. 나는 아이들 장난감은 되도록 사지 않기를 바라지만, 남편은 살 수 있는 여건이 되면 사도 크게 문제없다고 생각한다. 무엇보다 나는 아이들이 잘못하면 참고 넘어가지 못하는데 남편은 아이들의 장점을 크게 보려고 노력한다.

'나와 남편은 육아, 교육, 식습관, 취미, 성격까지 맞는 게 한 가지도 없다'가 소주제다. 그 뒤로는 사례를 늘어놓았다. 글을 쓸 때는 두괄식이 가장 쓰기 쉽다. 두괄식으로 쓴 문장은 뜻도 명확히 드러나고, 읽기도 쉽다.

두 번째, 양괄식 단락은 소주제문과 뒷받침 문장들, 소주제문으로 이루어진다. 앞과 뒤에 같은 내용의 소주제문이 들어 있다. 뒤에 나오는 소주제문은 앞에 나온 소주제문과 좀 다르게 쓰는 게 좋다.

단락 또는 문단이란, 문장들이 모여서 이루어지는 글의 중간 조직체이다. 곧 문장들은 아무 관계도 없이 따로따로 흩어져 있는 게 아니고 내용에서 관계가 있는 문장들끼리 한 묶음씩 작은 조직체를 만들게 된다는 것이다. 이런 문장들의 묶음으로 이루어진 조직체를 단락 또는 문단이라고 한다. 단락이란 결국 한 토막글이다. 그 안에 중심 사상이 있고 그것을 받들어 나타내는 문장들이 모여서 이루는 한 토막의 글이다.

세 번째, 미괄식 단락은 뒷받침 문장들 다음에 소주제문이 온다.

서정주 같은 시인은 순수문학 혹은 순수예술을 주장했다. 순수예술은 예술적 동기에 의하여 창조된 예술. 예술의 절대적 독립성을 주장하며, 오로지 예술을 위하여서만 있어야 한다는 예술 지상주의적인 예술이다. 하지만 이들의 주장도 사실은 이데올로기로써, 결과를 보면 당대의 사회 지배계급에 봉사하는 노릇을 한 것이다.

'서정주가 사회 지배계급에 봉사하는 노릇을 했다'는 내용이 소주제다. 이처럼 소주제가 맨 뒤에 나와 있는 단락이 미괄식 단락이다.

한 단락은 길이가 어느 정도여야 할까? 한 단락에서 뒷받침 문장은 보통 다섯 개에서 여덟 개 정도 쓴다. 더 많은 뒷받침 문장들을 써야 할 때도 있지만 한 단락이 너무 길게 되는 건 바람직하지 않다.

한 단락은 너무 짧거나 길지 않아야 한다. 또, 그 단락과 관련 없는 문장이 들어 있지 않아야 한다. 그 단락의 중심이 되는 주제문이 들어 있어야 한다. 주제문은 알기 쉬운 곳에 있어야 한다. 그리고 단락 안 문장이 순서에 맞게 놓여 있고 문장과 문장의 연결이 자연스러워야 한다.

좀 쉽게 단락을 나누는 방법은 없을까? 단락을 나누는 명확한 기준은 없지만, 다음과 같은 기준으로 나눠 볼 수 있다.

1. 시간이나 장소, 장면이 달라질 때
2. 어떤 일이나 현상이 달라질 때
3. 사람이나 형편, 움직임이 달라질 때

4. 주장이나 논점이 달라질 때

5. 서술하는 글에서 대화글로 바뀔 때나 말하는 사람이 바뀔 때

　생활글을 쓸 때 이런 기준으로 하면 그리 많이 어긋나지는 않겠다. 시간, 장소, 사건, 현상이 달라지면 내용도 달라질 테니까 단락을 나누면 될 것이다.

문단
나누기

글을 쓸 때 문단을 나누어야 한다. 글을 처음 쓰는 분들 가운데 이 문단 나누기를 어려워하는 경우가 많다. 문단 첫줄은 한 글자 들여 쓰는데, 어떤 분들은 컴퓨터 자판에 있는 스페이스 키를 두 번 누른다. 쉽게 하는 방법이 있다. 맨 처음 '한글'에서 글을 쓸 때 미리 설정하면 된다. '한글' 맨 위에 있는 메뉴 가운데 '모양'을 누르면 그림이 뜬다. 거기에서 '문단 모양'을 누르고 들여쓰기에 체크를 한다. 오른쪽 칸을 보면 10.0pt로 되어 있다. 이렇게 해 놓고 글을 쓰다가 엔터를 치면 자연히 문단 앞에서 한 글자 들어가게 된다.

다음 글은 아래아 한글에서 한 줄 쓰고 엔터 치고, 한 줄 쓰고 엔터 친 글이다. 처음 글을 쓰는 분들 가운데 이렇게 쓰는 분들이 많다. 한 문장 쓸 때마다 줄을 바꿨다. 이렇게 쓰면 내용이 잘 들어오지 않는다.

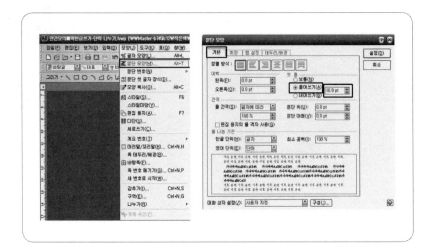

독신주의를 고집했던 이십 대에 나는 동생을 위해 살았다.

동생을 위해서라면 죽을 수도 있다 생각했는데 이제는 동생에게 복수하기 위해서 돈 많이 벌고 싶다.

내가 못살게 된 이유를 동생 뒷바라지에 마지막 한 푼까지 쏟아 부었기 때문이라며 동생을 원망한다.

→ 독신주의를 고집했던 이십 대에 나는 동생을 위해 살았다. 동생을 위해서라면 죽을 수도 있다 생각했는데 이제는 동생에게 복수하기 위해서 돈 많이 벌고 싶다. 내가 못살게 된 이유를 동생 뒷바라지에 마지막 한 푼까지 쏟아 부었기 때문이라며 동생을 원망한다.

다음 글도 마찬가지다. 같은 내용이 이어지기 때문에 한 문단으로 이어 붙여야 한다.

나쁜 업자와 학원 관계자 놈들. 뭐? 1급자격증만 따면 속기공무원이 될 수 있다고?

정말 웃기는 소리 하네. 입에 침이나 바르고 거짓말을 해라.

전 직장생활이 매일같이 야근을 열 시, 열한 시까지도 하고, 주말에도 삼사일을 출근하는 생활을 사 년가량 하다 보니 문득 이렇게 가면 앞날이 깜깜하구나! 싶어서 과감히 그만두고 일 년 투자해서 공부하고 자격증 딴 건데 자격증 따고 취업시장에 뛰어드니 뭐? 120만 원? 채용공고가 없어?

프리랜서가 한 시간에 36만 원이라며! 내가 그걸 다 믿은 건 아니지만 그래도 이건 사기 수준이잖아! 싶었다.

→ 나쁜 업자와 학원 관계자 놈들. 뭐? 1급자격증만 따면 속기공무원이 될 수 있다고? 정말 웃기는 소리 하네. 입에 침이나 바르고 거짓말을 해라. 전 직장 생활이 매일같이 야근을 열 시, 열한 시까지도 하고, 주말에도 삼사일을 출근하는 생활을 사 년가량 하다 보니 문득 이렇게 가면 앞날이 깜깜하구나! 싶어서 과감히 그만두고 1년 투자해서 공부하고 자격증 딴 건데 자격증 따고 취업시장에 뛰어드니 뭐? 120만 원? 채용공고가 없어? 프리랜서가 한 시간에 36만 원이라며! 내가 그걸 다 믿은 건 아니지만 그래도 이건 사기 수준이잖아! 싶었다.

문단을 전혀 나누지 않고 계속 이어붙인 글은 '통글'이라고 한다. 내가 붙인 말이다. 이 통글도 눈에 잘 들어오지 않고 내용도 이해가 금방 되지 않는다. ("난 잘 이해가 되는데?" 하고 시비 거는 분은 좀 이상한 분이다.) 문단을 나누지 않아서 그렇다. 다음 글을 보자.

해마다 논이 사라지고 있다. 지난 20년간 사라진 논은 전체 논의 21.2%인 28만 8천 헥타르에 달한다. 이 면적은 서울시 면적의 4.8배에 해당한다고 한다. 논습지연구회 전국의 활동가들은 논의 보전을 위해서 논이 지닌 다양한 공익적인 기능과 풍부한 생물다양성과 환경적인 우수성을 알리려고 노력하고 있다.

윗글은 '해마다 논이 사라지고 있다'가 소주제다. 그런데 밑줄 그은 문장은 그 내용과 전혀 다르다. 이렇게 다른 내용을 같은 문단에 넣으면 안 된다.

2008년 세계 2위 규모의 유통자본인 까르푸 매장(12개)이 스위스에서 철수했다. 이를 인수한 협동조합기업 스위스 생협은 까르푸 매장에서 근무하는 노동자들의 고용을 모두 승계하였다. 2006년 한국에서도 19개 까르푸 매장이 철수했다. 이를 인수한 홈에버(당시 이랜드)는 노동자를 대량 해고하였고, 500일이 넘던 그 험난한 싸움을 나는 기억한다.

윗글에도 밑줄 친 문장은 다른 내용이라 다른 문단에 넣어야 한다.

80년대 후반 도시의 소비자들과 의식 있는 생산자들이 중심이 되어 만들

어진 생협은 주로 친환경식품을 공급하는 사업을 하고 있다. <u>규모도 고만고</u>
<u>만하고, 물품도 비슷하다. 생협이라는 이름도 잘 알려지지 않아 일반 시민들</u>
<u>은 일반 친환경 매장과 생협을 구분하지 못하는 경우가 많고, 생협들을 구분</u>
<u>하는 것은 더욱 어렵다.</u> 주로 수도권에 집중되어 있는 타 생협과 달리 아이
쿱 생협은 전국에 75개 지역 조합이 있다. '자연드림'이라는 매장을 최근 많
이 운영하고 있다. 자연드림은 판매장 안에 빵집과 정육 코너가 함께 있는
매장이 많다. 수산물 코너나 공정무역 카페가 있는 매장도 있다.

하지만 생협에 가입하려고 처음 문을 두드리는 사람들에게 가장 정확히
구별되는 특징이 바로 '조합비'이다. '출자금'이라는 이름의 돈을 내야 조합
원 자격을 얻는 것도 번거로운데, 조합 운영을 책임지는 돈을 매월 내야 한
다. 까다롭고 복잡하다.

윗글 첫 문단에는 생협을 설명하는 내용인데 중간에 생협을 구분하는
이야기가 섞여 있다. 밑줄 친 부분은 그다음 문단과 관련이 있다.

→ 80년대 후반 도시의 소비자들과 의식 있는 생산자들이 중심이 되어 만
들어진 생협은 주로 친환경식품을 공급하는 사업을 하고 있다. 주로 수도
권에 집중되어 있는 다른 생협과 달리 아이쿱 생협은 전국에 75개 지역
조합이 있다. '자연드림'이라는 매장을 최근 많이 운영하고 있다. 자연드
림은 판매장 안에 빵집과 정육코너가 함께 있는 매장이 많다. 수산물 코너
나 공정무역 카페가 있는 매장도 있다.

전국에 있는 모든 생협은 규모도 고만고만하고, 물품도 비슷하다. 생협이라는 이름도 잘 알려지지 않아 일반 시민들은 일반 친환경 매장과 생협을 구분하지 못하는 경우가 많고, 생협들을 구분하는 것은 더욱 어렵다. 하지만 생협에 가입하려고 처음 문을 두드리는 사람들에게 가장 정확히 구별되는 특징이 바로 '조합비'이다. '출자금'이라는 이름의 돈을 내야 조합원 자격을 얻는 것도 번거로운데, 조합 운영을 책임지는 돈을 매월 내야 한다. 까다롭고 복잡하다.

'아! 일 구디기(구덩이)에 내가 들어가야 되나? 꼭 이 방법밖에 없나? 안 하고 넘어갈 수는 없을까?' 사실 현실적으로 따지면 엄청 몸을 많이 움직여야 하고(울산에서 거제, 통영, 남해까지 허걱!) 보통 신경 쓰이는 일이 아닐 수 없지만 그 의미를 생각하면 회원들이랑 직접 만날 수 있는 기회는 이런 일이 아니면 만들기 힘든 기회였다. 어쩌다 일년에 한두 번 볼까 말 까하는 지역회원들과 책을 통해 서로의 생각을 나누고 이해하고 같은 꿈을 꾼다는 것 이게 진짜 만남이 될 수 있고 그래서 뭔가를 함께할 수 있는 바탕을 만들 수 있겠구나. 사람을 만나고 생각을 나누는 것, 이것이 우리에게는 그 무엇보다 의미가 있을 거라는 데 생각이 갔다. 그래서 곧바로 마음을 다잡았다. 그리고 지역이랑 의논해서 일정을 잡고 그 준비를 시작했다. 주어진 일이야 열심히 힘닿는 데까지 할 수 있겠지만 책을 읽고 토론하는 것은 정말 자신이 없었다. 왜냐하면 나 스스로 어린이 책을 읽고 토론하는 것은 정말 자신이 없었다. 왜냐하면 나 스스로 어린이 책을 보는 눈이 아직은 많이 모자라고 특히 그림책은 나한테는 정말 어려운 책이기 때문이다.

이 글은 한 문단이 너무 길다. 이 문단에서 이야기하는 내용과 관련 없는 내용은 빼야 한다. 중간에 거친 문장도 다듬어 보았다.

→ '아! 일 구덩이에 내가 들어가야 되나? 꼭 이 방법 밖에 없나? 안 하고 넘어갈 수는 없을까? 다른 지역 회원들을 만나려면 울산에서 거제, 통영, 남해까지 돌아다녀야 할 텐데 내가 버틸 수 있을까?' 하지만 회원들이랑 직접 만날 수 있는 좋은 기회였다. 어쩌다 일 년에 한두 번 볼까 말까 하는 지역 회원들과 책을 통해 서로의 생각을 나누고 이해하고 같은 꿈을 꾸면서 뭔가를 함께할 수 있다면 그 무엇보다 의미가 있을 거라고 생각했다. 나는 마음을 다잡고 다른 지역 회원들하고 의논해서 일정을 잡고 준비하기 시작했다.

이렇게 문단을 정확히 나누는 게 글쓰기에서 가장 어렵다. 문단을 나눌 줄 알면 글쓰기는 80퍼센트쯤은 배운 셈이다.

다섯째
마당

글을
어떻게 고쳐야
하나?

어려운 말은 버리고
쉬운 말로 쓰자

　많은 이들이 글은 어렵고 고상하게 써야 한다고 믿는다. 쉬운 우리 말이 있는데도 어려운 말을 쓰는 사람이 있다. 어렵게 써야 뭔가 있어 보인다고 생각하는 것이다. 하지만 이것도 지배세력들에게 세뇌당한 결과다. 될 수 있으면 쉬운 우리 말과 말법으로 써야 한다. 어려운 말로 쓰는 글은 저 기득권자들끼리만 보라고 하자. 우리 서민들은 서민들이 쓰는 말로 글을 쓰자.

　축구 경기를 중계하는 데도 사람에 따라 차이가 크다. 똑같은 장면을 보고 어떻게 다르게 이야기할까?

　(슈팅한 공이 하늘로 치솟자)

　해설가1 : 운동 역학적으로 말씀드린다면 슈팅하는 순간에 디딤 발과 차는 발 사이에 밸런스가 제대로 맞추어지지 않으면서 발등과 볼의 임팩트 지점이 정확하지 않았기 때문에 저렇게 뜨는 겁니다. 제가 항상 말씀 드리는 거지만 축구는 어디까지나 과학이고 제가 선수 시절 때······.

해설가2 : 킥 하기 전 자세가 불안했습니다.

(비가 오자)

해설가1 : 우리의 뇌는, 눈으로 보는 정보를 인식하죠. 망막이 인식한 '비' 라는 피사체가 시신경을 통해 뇌로 전달되면 선수들은 긴장을 느끼게 됩니다. 비가 많이 오는 경우에는, 그것을 인식한 뇌의 해마 부분이 자극을 느껴, 그것과 연결된 대퇴부 근육에 심각한 지장을 초래하기도 하죠. 제가 국가대표 시절 때······.

해설가2 : 비가 많이 오네요. 선수들 플레이에 약간 지장이 있겠네요.

(선수가 터닝 슛을 실패하자)

해설가1 : 아~ 감각적인 터닝 슛! 공의 반발력을 이용한, 디딤 발의 적절한 위치, 비장근의 빠른 반응과 반대쪽 골 퍼스트 보고, 교과서적인······.

해설가2 : 아! 터닝 슛! 저거 제가 해 봤는데 어려워요!

여러분은 어떤 사람이 하는 중계를 좋아하시는지. 나는 물론 해설가2 가 하는 해설을 좋아한다. 축구하는 장면을 보고 있는 사람한테 뭔 자세한 내용이 필요한가. 장면이 바뀔 때 쉬운 말로 바로바로 나오는 해설이 좋다. 자세가 안 좋아 골대로 안 가고 하늘로 치솟은 장면을 보고 '운동 역학적으로 말씀' 안 해 줘도 좋다. 터닝 슛 하는 걸 '비장근의 빠른 반응'이 있어야 한다는 해석은 논문에서나 필요한 말이다. 장면은 넘어가서 이미 다른 장면이 펼쳐지고 있는데 그런 해석을 듣고 있으면 '짜증 지대로다'.

어려운 말을 쓰는 얼치기 학자들은 사실 자기도 '뭔 말'을 하는지 잘 모른다. 그렇게 써야 뭔가 있어 보이기 때문에 어렵게 쓰는 것이다. 법관, 정치인 들도 글을 어렵게 쓴다.

우리 나라 법관들은 어떤가. 비비 꼬이고 긴 문장을 쓰기로 유명한 사람들이다. 그자들은 법을 위반한 '가진 자'들에게 유리한 판결을 내릴 때 글을 더욱 꼰다. 서민이 뭔 말인지 알아듣지 못하게 하려는 것이다.

정치인도 마찬가지다. 국민이 알아듣지 못할 소리만 지껄인다. 다음 글을 보자.

• 가뭄이 때 아닌 폭염 때문에 정서적으로 발생한 느낌이지 실제로는 아직 나타나지 않는 착시 현상이다.

그 해에 비가 오기 전 가뭄이 정말 심각했는데 아직 가뭄이 아니라고 우기는 말을 요상하게 배배 꼬아 말한 것이다. 이걸 쉬운 우리 말로 바꿔 보면 이렇다.

→ 때 아닌 폭염 때문에 가뭄이 온 것처럼 보이지만 실제로는 아직 가뭄이 아니다.

이렇게 말하면 '저런 때려죽일 놈'이라는 말이 나올까 봐 '정서적', '착시 현상'이라는 어려운 말을 넣어 뭔 말인지 잘 모르게 한 것이다. 정치인들이 하는 말과 글이 대개 그렇다.

마약의 위험성에 대한 국민적 경각심을 제고시켜야 합니다.

이건 무슨 말인가. "마약이 얼마나 위험한지 국민들에게 널리 알려야 합니다"라는 말 아닌가? 꼭 '경각심'과 '제고'라는 말이 들어가야 하는가. 다음 문장을 보자.

• 그러나 우진교통 자주관리기업의 정체성은 자본주의 시장 경제 속에서 상법의 틀을 고스란히 준수하며 기업 유지를 해야 하는 존재적 측면의 부담으로 이중적 어려움을 가질 수밖에 없었다.

'상법의 틀', '이중적 어려움'이라는 말은 얼마든지 쉽게 풀어 쓸 수 있다. '존재적 측면의 부담'이라는 말은 아무 필요없는 말이다. 이 문장을 이렇게 바꿔 보면 어떨까.

→ 그러나 우진교통 자주관리기업은 자본주의의 상법을 지키면서 기업을 유지해야 하기 때문에 경영이 어려울 수밖에 없었다.

공급가액에 추가되는 금액은 흑서로, 차감되는 금액은 주서로 교부하여야 한다.

세무 관련 용어가 이렇다. 뭔 말인가 했더니 '흑서'는 까만 글씨, '주서'는 붉은 글씨란다. 2009년에 어려운 한자를 그대로 빌려 썼거나 뜻을 풀이하기 어려운 세무 용어를 많이 바꿨다. 하지만 지금도 여전히 어려운 말이 많다.

군사 용어도 어렵다. '국가 산업의 첨병 역할을 한다'는 표현을 자주 쓰는데, 여기서 '첨병'은 행군 때 최전방에서 경계를 하면서 행군하는 군인을 말한다. 이는 '선봉장'으로 바꿔 써야 한다. '반합'과 '침상'은 '도시락'과 '침대'로 바꿔 써야 한다. '불침번'은 남들이 잘 때 실내에서 보초를 서는 사람을 말한다. 국립국어원은 이를 '야간당번'으로 바꿔 쓰라고 권하고 있다.

다음 글을 보자.

사회적 존재로서의 인간의 삶은 시간적으로나 공간적으로 고립된 형태로 형성될 수 없다.

무슨 말인가? "사람은 혼자 살 수 없다"는 말이다. 어렵게 써서 뭔가 있어 보이지만 풀어 보면 초등학교 일 학년도 아는 이야기다.

우리 말을
더럽히는 것들

우리 나라 사람이라면 생활글뿐만 아니라 모든 글은 우리 말로 써야 하는 것이 당연하다. 하지만 실제로 글을 쓸 때 어떤 게 참된 우리 말인 지 깨닫기가 쉽지 않다. 중국의 영향을 받고, 일제에 36년을 지배당하고, 해방되자마자 미국에 점령당한 우리 나라 역사 때문이다. 글을 쓰고자 하는 사람은 어떤 것이 우리 말인지 제대로 알기 위해 반드시 이오덕 선 생님이 쓴《우리 글 바로 쓰기》《우리 문장 바로 쓰기》를 봐야 한다.

내가 이오덕 선생님을 뵌 것은 1996년 무렵이었다. 이오덕 선생님한 테 "일하는 사람이 글을 써야 한다", "글은 쉬운 우리 말로 써야 한다"는 말씀을 듣지 않았다면 나는 지금까지 글을 쓸 생각을 하지 않았을지도 모른다. 이오덕 선생님이 쓴 책을 읽으면서 우리 말이 얼마나 더럽혀졌 는지 알았다.

언젠가 점심을 먹으러 골목에 있는 식당을 가면서 어떤 이가 말했다.

"여기는 반찬도 맛있는데 왜 손님이 없는지 몰라." 누군가 그 말에 답했다. "접근성이 용이하지 않아서 그래요."

독자님은 그럴 때 어떻게 대답을 하시는지. "오가기가 쉽지 않아서" 정도겠지. 아니면 "여기는 골목이라 눈에 잘 띄지 않아서 그래"라고 하면 되지 않을까.

우리 말은 일본에서 들어온 말법에 가장 많이 오염됐다. 그 가운데 '의'라는 말이 있는데, 이 말은 일본 말 'の(노)'를 그대로 옮긴 말이다. 우리 말로는 '나의 것'이 아니라 '내 것'이다. '나의 살던 고향'은 '내가 살던 고향'이라고 해야겠지. 사실 우리는 공동체 같은 사회였기에 '내 고향'이라는 말도 잘 안 쓴다. '우리 고향'이라고 한다. '나의 어머니'도 '우리 어머니'라고 한다.

'한 잔의 커피'를 마시고 어쩌고 하는 말도 있다. 커피를 살 때 "여기요, 한 잔의 커피 주세요" 하는가? 아니다. "커피 한 잔 주세요" 한다. 우리 말법은 '한 잔의 커피'가 아니라 '커피 한 잔'이다. 여기 나오는 '의'는 일본에서 온 말법이 아니라 'a cup of coffee'에서 따온 영어식 말법이 아닌가 한다.

겹조사도 우리 말법에 없다. '가을에의 초대'라는 말이 멋있어 보이시는가? 하지만 우리 말에는 겹조사가 없다. '와의', '과의', '에의', '로의', '으로의', '에서의', '로서의', '으로서의', '로부터의', '으로부터의', '에게서' 같은 겹조사를 쓰지 말아야 한다.

- 그 말은 사장님과의 면담 때 나왔다.

  → 그 말은 사장님과 면담할 때 나왔다.

- 친구와 공원에서의 만남을 약속했다.

  → 친구와 공원에서 만나기로 약속했다.

'접하다'라는 말도 마찬가지. 신문도 접하고, 사람도 접하고, 소문도 접하고, 웬 접하는 게 그리 많은지. '신문을 본다' 하고 '사람을 만난다' 하고 '소문을 듣는다'고 해야 한다. '착용한다'는 말도 우리 말법이 아니다. 모자도, 양말도, 혁대도 다 '착용한다'고 쓰는 사람이 있는데 우리 말은, 모자는 쓰고, 양말은 신고, 혁대는 찬다고 해야 한다.

- 신문을 접하다. → 신문을 보다.
- 사람을 접하다. → 사람을 만나다.
- 소식을 접하다. → 소식을 듣다.
- 시계를 착용한다. → 시계를 찬다.
- 넥타이를 착용한다. → 넥타이를 맨다.

'~임에도 불구하고'라는 말은 일본 말을 그대로 옮긴 것이다. 겉멋 든 지식인들이 걸핏하면 '그럼에도 불구하고'라는 말을 쓰는데 이젠 좀 쓰지 않았으면 좋겠다.

- 누구나 타고난 재능과 소질을 가지고 있음에도 불구하고 불공정한 사회에서는 재능을 충분히 발휘할 수 없다.

→ 누구나 타고난 재능과 소질이 있어도 불공정한 사회에서는 재능을 충분히 발휘할 수 없다.

'적'은 또 어떤가. 전 대통령 김영삼은 '12.12는 쿠데타적인 사건'이라고 말했다. 쿠데타라는 거야, 아니라는 거야? 아주 두루뭉술하게 넘어가서 통 알 수가 없다. 이오덕 선생님은 '적'자를 절대 쓰면 안 된다고 했지만, 나는 어쩔 수 없이 써야 할 때가 있다고 생각한다. 하지만 쓰지 않아야 할 때도 쓰니까 문제다. 다음과 같은 때다. '실질적으로', '항상적으로', '계속적으로', '일차적으로', '부수적으로', 이럴 때 쓰는 '적'자는 정말로 어거지다. 이렇게 바꿔 써야 한다.

- 실질적으로 → 실제, 실제로
- 항상적으로 → 늘, 언제나
- 계속적으로 → 끊임없이
- 일차적으로 → 우선, 첫째
- 부수적으로 → 덧붙이자면
- 헌신적인 → 헌신하는, 몸 바쳐

어려운 한자말도 문제다. 얼마 전까지만 해도 노동자들이 나눠 주는 선전물에 '기 배포한'이라는 말이 있었다. 나는 이게 무슨 말인가 했다. '기'자는 한자로 '이미', '벌써'라는 뜻의 '旣(기)'자였다. '미리 나눠 드린'이라고 쓰면 되는데 공연히 어렵게 쓴다. 그 밖에 '제반문제'는 '여러 문제', '일정 정도'는 '어느 정도'라고 쓰면 된다.

지금까지 다른 나라에서 들어온 말을 이야기했다. 그런데 우리 말이지만 억지로 만든 말도 있다. 새로 만든 말 가운데 아직까지 널리 쓰는 '먹거리'라는 말이 있다. 우리 것을 찾자는 단체에서도 이런 말을 많이 쓴다. 얼마 전까지만 해도 《표준국어대사전》에 '먹거리'는 '먹을거리'를 잘못 쓴 말이라고 했는데 이젠 바뀌어 표제어로 올라가 있다. 그런데 나는 아직도 그 말을 인정할 수가 없다. '먹거리'는 '먹다'라는 동사에 '거리'를 붙인 건데 그렇다면 '씹다'에 '거리'를 붙여 '씹거리'라는 말도 쓸 수 있다는 건가? 말이 시대에 따라 변한다고 하지만 이렇게 문법을 파괴해 억지로 만들면서까지 써야 하는지 도무지 이해가 되지 않는다.

자장면도 그렇다. 얼마 전까지만 해도 '짜장면'은 국어 사전에 '자장면'으로 나왔다. 누가 짜장면을 자장면이라고 하는가?

사회운동을 하는 사람들도 어려운 말을 많이 쓴다. 학생운동을 하다가 옥살이를 하고 나온 아들이 집에 왔다. 어머니가 밥상을 차려 줬는데 아들이 밥상을 보더니 "어머니, 밥상에 수저가 상정돼 있지 않습니다" 하더란다. 우스갯소리지만 생각해 볼 만한 이야기다.

어떤 이들은 어려운 한자말을 제멋대로 해석하기도 한다. 1990년 노태우가 일본을 방문했을 때 일왕 아키히토는 "과거 한 세기 불행했던 양국 관계를 생각하면 통석의 염을 금치 못한다"고 했다. 한국의 수구 언론들은 과거 한국인에게 준 고통과 굴욕에 대해 일왕이 눈물을 글썽이며 사죄했다고 김밥 옆구리 터지는 소리를 했다. '통석'이란 '애석하다, 안됐다, 안타깝다'라는 뜻으로 우리 나라를 영원히 집어먹지 못해 안타깝다는 소리 아닌가.

지배자들이 퍼뜨린 말도 있다. 그 가운데 '노사 분규'란 말은 잘못된 말이다. 사전에 '분규'는 '의견이나 주장이 맞서 일이 어지럽게 뒤얽히는 일'이라고 나와 있다. 결국 '노사 분규'란 노사 간에 분쟁이 일어났는데 책임이 누구한테 있는지 모른다는 말이다. 하지만 노동자들은 괜히 자본을 상대로 싸우지 않는다. 사용자가 불법 행위를 밥 먹듯이 저질러 노동자가 도저히 버틸 수 없을 때만 싸운다. 노동법에서 보장한 '노동 쟁의'이지, '노사 분규'가 아니란 이야기다.

'공권력'이라는 말도 마찬가지다. 몽둥이를 든 체포조, 시커먼 장갑차, 맞으면 나가떨어지는 물대포, 한 발에 70만 원 한다는 최루탄으로 무장한 경찰은 군홧발과 방패로 무자비하게 시위대를 짓밟으면서 불법을 저지른 사용자들을 지켜 준다. 그건 '폭력 경찰'이나 '용역 깡패'지 '공권력'이 아니다. '안전사고'도 마찬가지. 산업 재해를, 노동자들이 안전을 무시해서 일어난 사고쯤으로 몰아 버리는 뜻을 담고 있다. 지배자들이 퍼뜨린 말을 자세히 살펴보면 그 말 속에 담긴 '속셈'이 드러난다. 일하는 사람들이 이런 말을 쓰면 안 된다. 글을 쓸 때는 우리가 무심코 쓰는 말들을 반드시 가려 써야 한다.

자, 그럼 우리 말법에 어긋나게 쓴 글들을 한번 고쳐 보자.

• 베트남 국경 지대에는 납치와 인신매매가 횡횡한다.

  → 베트남 국경 지대에는 납치와 인신매매가 판친다.

• 초등학생은 어려운 두 과목을 하루 15~30분 정도 복습만 해도 효과가

  크며 매일의 공부 습관이 장기적으로 더 유익하다.

  → 초등학생은 어려운 두 과목을 하루 15~30분 정도 복습만 해도 효과

  가 크다. 날마다 공부하는 습관을 들이는 것이 멀리 보면 더 유익하다.

• 민주버스본부는 전 조직적으로 전국 집중선전전이 진행중이다.

  → 민주버스본부는 전 조직을 동원해 전국에서 선전전을 펼치고 있다.

• 한번씩 저는 우리 모임과의 인연과 경험을 돌이켜 봐요.

  → 한번씩 저는 우리 모임과 맺은 인연과 경험을 돌이켜 봐요.

명사형 문장을 쓰지 말아야 한다.

• 오래 써 왔음에도 아직 튼튼하다.

  → 오래 써 왔는데도 아직 튼튼하다.

• 평소 삶의 분주함으로 사유의 깊이가 얕았던 나는 지난 시절 알게 모르

  게 형성되어 온 '내'가 빠진 '내 생각'을 새로운 눈으로 보게 되었고, 어

  디서부터 잘못되었고 어디를 고쳐야 할지 살펴볼 수 있는 출발점을 얻

  었다.

→ 평소 사는 게 바빠 생각해 볼 틈이 없었던 나는 지난 시절 알게 모르게 형성되어 온 '내'가 빠진 '내 생각'을 되돌아 볼 수 있었고, 어디서부터 잘못되었고 어디를 고쳐야 할지 살펴볼 수 있었다.

영어도 너무 많이 쓴다. 미국에서 들어온 물건 이름이야 영어로 쓸 수밖에 없지만 '노하우를 축적하여'라는 말은 '경험을 쌓아'라는 말로 충분히 바꿔 쓸 수 있다. 또 '타이트하게'라는 말은 '짜임새 있게'라고 해도 된다.

영어를 그대로 옮긴 글도 우리 글을 오염시킨다. 영어에서 'have'는 '가지다'란 뜻 말고도 여러 가지 뜻으로 두루 쓰인다.

- 모임을 가졌다. → 모임을 열었다.
- 반성하는 시간을 가졌다. → 반성하는 시간을 마련했다.
- 예쁜 얼굴, 좋은 몸매를 갖기 위해 많은 여성들이 노력한다.
  → 예쁜 얼굴, 좋은 몸매를 가꾸기 위해 많은 여성들이 노력한다.
- 미취학 아동부터 초등학생 자녀를 둔 16명의 조합원들과 함께 서로의 고민을 나누는 토론회를 가졌다.
  → 어린 아이부터 초등학생 아이를 둔 조합원 열여섯 명과 토론회를 열었다.
- 아이를 두 명 이상 가지려는 생각은 많이 하지만, 양육비와 교육비가 부담돼 한 명만 갖는 부모들이 많다.

→ 아이를 두 명 이상 낳으려는 생각은 많이 하지만, 양육비와 교육비가 부담돼 한 명만 낳는 부모들이 많다.

'~에 대해'라는 말도 너무 남발하고 있다. 빼도 말이 되면 당연히 빼야 한다.

- 처음 마을 모임에 참석한 조합원들은 생협에 대해 자세하고 친밀하게 소통할 수 있는 계기가 되었다고 한다.
  → 처음 마을 모임에 참석한 조합원들은 생협을 자세히 알 수 있었고 친해질 수 있는 계기가 되었다고 한다.
- 성적을 올리는 이유에는 좋은 직장에 대한 동경이 있다.
  → 성적을 올리는 이유는 좋은 직장에 취직하고 싶기 때문이다.
- 조합원들은 주위에서 다 하는데 내 아이만 아무것도 안 하는 데서 오는 자괴감, 소외감, 열등감을 토로하며 특히 영어에 대한 걱정을 많이 표시했다.
  → 조합원들은, 이웃집 다른 아이들은 다 하는데 내 아이만 아무것도 안 하는 데서 오는 자괴감, 소외감, 열등감을 토로했다. 특히 영어 공부를 시켜야 할지 걱정을 많이 했다.

피동태도 우리 말법이 아니다. '유체 이탈 화법'이라는 말이 요즘 유행하는데 자기 말에 책임을 지지 않으려는 속셈이다. '생각된다', '생각되

어진다'라는 말을 너무 많이 한다. 생각은 하는 것이지, 저절도 되는 것
이 아니다. '생각한다'로 써야 한다. '밝혀져야'는 '밝혀야'로, '보여진다'
는 '본다'로 써야 한다.

"전두환 정권은 독재정권이라고 보여집니다." 비겁한 지식인이 이렇
게 쓴다. 잡혀갈까 봐 그런가. "전두환 정권은 독재 정권이다"라고 쓰면
된다.

- 아이쿱 고양 생협에서는 매월 마을 모임이 진행됩니다.
  → 아이쿱 고양 생협에서는 다달이 마을 모임을 합니다.
- 책상이 누군가에 의해 옮겨졌다.
  → 누군가가 책상을 옮겼다.

- 한민족의 고유한 말과 글이 외국에서 들어온 말과 글의 영향으로 퇴색
  되어진다는 것은 심각한 사회 문제로 나타나야 함에도 불구하고 아직
  껏 여하한 병폐가 표출되어지지 않는 것은 이 사회가 엄청나게 곪아 있
  다는 표시와 다름 아니다.

이 글을 보고 빵 터졌다. 외국에서 들어온 말과 글의 영향 때문에 말이
심각하게 병들었다고 걱정하는 글인데, 정작 그 글이 '엄청나게 곪아 있
기' 때문이다. 우선 '~되어진다'고 하는 피동태가 두 군데가 있다. 이 '되
어진다'는 겹 피동태다. '된다'라는 피동태도 자주 쓰면 안 되는 말인데

'되어진다'라니. 이게 될 말인가.

게다가 '~임에도 불구하고'와 '~과 다름 아니다'라는 번역 투 표현이 들어 있다. 또 '여하한', '병폐', '표출'이라는 잘 쓰지 않는 한자어도 들어 있다. 그 가운데 '여하한'이라는 말은 특히 우리가 입으로 말할 때 잘 나오지 않는 어색한 낱말이고 이 문장에는 맞지도 않는 말이다. '여하한'은 '어떠하다'라는 뜻으로 풀이할 수 있는데 바꿔 보면 '어떠한 병폐가 표출되어지지 않는'인데 아무래도 어색하다. 이 문장을 다음과 같이 바꿔 보면 어떨까?

→ 한민족의 고유한 말과 글이 외국에서 들어온 말과 글 때문에 병들고 사라진다는 것은 심각한 사회 문제다.

이렇게 바꿔도 뜻이 전혀 달라지지 않는다. 쉬운 우리 말을 두고 왜 그렇게 한자어, 번역 투 문장으로 비비 꽈서 쓸까? 까닭은 한 가지다. 배웠다고 하는 '지식인'이 잘난 체하고 싶은 거다.

다음 문장은 주어 서술어가 애매모호하고 마지막이 피동태로 끝나 있다. '보여지길'의 원형인 '보여지다'는 '보다'의 겹 피동태다. 이렇게 바꾸면 어떨까?

• 첫날 새벽 세 시까지 열띤 토론을 진행하여 우리 활동에 대한 애정을 보여 주었고 임원 연수를 통하여 모아진 힘이 활동으로 보여지길 바란다.

→ 회원들은 첫날 새벽 세 시까지 열띤 토론을 하면서 우리 활동에 대한 애정을 보여 주었다. 그 열정으로 모두 열심히 활동하면 좋겠다.

입으로 하는 말투로 바꾸면 글이 쉬워지고 부드러워진다.

- 마을 모임에서 아이와 함께 쿠키 만들기를 했어요.
  → 마을 모임에서 아이와 함께 쿠키를 만드는 행사를 열었어요.
  → 마을 모임에서 아이와 함께 쿠키를 만들었어요.
- 여행 초기의 이 사건으로 인해 나의 조심성은 확대되었다.
  → 여행 초기에 일어난 이 사건 때문에 나는 더욱 조심했다.
- 과도한 소비로 인한 환경파괴, 절대빈곤 등의 사회문제가 결국 나로 인한 것이며, 내 삶과 남의 삶이 떨어져 있지 않고, 미래와 현재 그리고 과거가 긴밀하게 연결되어 있음을 아는 것으로부터 아름다운가게의 '나눔과 순환'에 대한 실천은 시작됩니다.
  → 지나친 소비 때문에 환경이 파괴되고, 가난 때문에 생기는 사회 문제가 결국 나 때문이며, 내 삶과 남의 삶이 떨어져 있지 않고, 미래와 현재 그리고 과거가 긴밀하게 연결되어 있음을 알아야 아름다운가게의 '나눔과 순환'을 실천할 수 있습니다.

쓸데없는 부분은
잘라내라

둘째 유치원 운동회로 안 쓰던 근육을 움직여선지 그 다음날 몸살이 나고 말았다. 모악산 등산을 할 때도 잠깐 다리 근육만 당겼는데 몸을 돌보지 않으니 하나둘 고장이 나나 보다. 몸살이 나서 누워 있는데 전화벨 소리가 들린다. 남편 전화번호다. 요즘 남편의 목표는 적금하기다. 돈을 어디다 지출하는지 내역을 정리해서 보여 달라고 말한다.

윗글을 읽으면 '몸이 아팠던 이야기인가?' 하고 착각하게 된다. 글을 읽어 보니 남편이 적금을 하려는데 아내가 돈을 많이 써서 그런지 단속하려고 한다는 이야기다. 그렇다면 몸이 아픈 부분은 간단히 이야기해야 한다. 글 주제와 맞지 않는 앞 부분은 과감히 자르는 게 좋다.

몸살이 나서 누워 있는데 전화벨 소리가 들린다. 남편 전화번호다. 요즘 남편의 목표는 적금하기다. 돈을 어디다 지출하는지 내역을 정리해서 보여 달라고 말한다.

이 바쁜 시대에 누가 길게 늘어진 글을 읽겠는가. 필요 없는 부분은 잘라 내야 한다.

- 일은 간단하다면 간단했고, 복잡하다면 복잡했다. 중요하다면 중요했고, 별 볼일 없다면 별 볼일 없었다. 일단 내가 하는 일은 아침 일찍 출근해서 각 부서에 신문을 배부하고 오전동안 몇 가지 문서를 돌리는 것이었다.
  → 내가 하는 일은 아침 일찍 출근해서 각 부서에 신문을 배부하고 오전 동안 몇 가지 문서를 돌리는 것이었다.
- 그리고 간헐적으로 들어오는 아르바이트를 하면서 가계에 보탬을 주어야 했고. 학부 때부터 데모질 했던 피는 못 속이겠던지 눈에 들어오는 건 온갖 부정부패와 차별로 가득한 사회의 모습이었다.
  → 그리고 가끔 아르바이트를 하면서 생활비를 벌었다. 눈에 들어오는 건 온갖 부정부패와 차별로 가득한 사회의 모습이었다.
- 누가 나에게 콤플렉스가 있느냐고 물어본다면 나는 주저 없이 '이마'라고 대답할 것이다. 그러면 물어본 사람은 의아한 얼굴로 나를 쳐다볼 것이다. 왜냐하면, 내 이마는 앞머리로 꼭꼭 숨겨놓아 형태를 알아볼 수 없기 때문이다.

→나는 내 이마가 콤플렉스다. 그래서 늘 내 이마를 앞머리로 가리고 다닌다.

중간에 괄호 같은 게 있으면 읽는 데 걸린다. 소리내어 읽어 보면 안다. 꼭 필요한 경우가 아니면 빼는 게 좋다.

- 논문을 미루고 내가 한 일은 민중사회복지연대라는 사회단체의 회원(2000년~2010년)으로서 기존에 가지고 있던 복지의 전통적인 관점에 반기를 드는 일이었다.

→논문을 미루고 나는 2000년에 민중사회복지연대라는 사회단체 회원으로 십 년 동안 활동했다. 전통적인 복지의 관점에 반기를 드는 일이었다.

틀리기
쉬운 것들

글을 쓸 때 헷갈리는 맞춤법이나 문장부호들에 대해 알아보자. 글을 쓰다 보면 맞춤법이나 띄어쓰기가 은근히 어렵다.

먼저, 따옴표를 보자. 작은따옴표는 혼잣말이나 생각을 표현할 때 쓰고 큰따옴표는 실제로 말하는 걸 표현할 때 쓴다. 다음 글에서 작은따옴표는 큰따옴표로 바꿔야 한다. 실제로 소리친 말이기 때문이다.

- '오늘은 정말 한가한 날이구나. 야호!' 하고 외쳤다.
  →"오늘은 정말 한가한 날이구나. 야호!" 하고 외쳤다.

다음 글은 몇몇이 한 말을 한꺼번에 큰따옴표에 넣었다. 잘못 쓴 글이다. 이럴 때는 차라리 큰따옴표를 없애는 게 낫다. 큰따옴표를 넣으려면 다 따로 따로 넣어야 한다. 한 사람이 한 말이 아니기 때문이다.

- 그중에 몇몇이 의자를 권하며 앉히더니, "어서오세요, 어디 사세요, 책 빌리러 왔냐, 포스터 보고 왔냐, 어떻게 알고 왔냐" 이것저것 물어본다.

→ 그중에 몇몇이 의자를 권하며 앉히더니, 어서오세요, 어디 사세요, 책 빌리러 왔냐, 포스터 보고 왔냐, 어떻게 알고 왔냐 이것저것 물어본다.

→ 그중에 몇몇이 의자를 권하며 앉히더니 물었다.

"어서 오세요, 어디 사세요?"

"책 빌리러 오셨어요?"

"포스터 보고 오셨어요? 어떻게 알고 오셨어요?"

젊은이들 몇몇이 나에게 이것저것 물어본다.

쉼표가 아주 중요할 때가 많다.

춘향이가 울면서 떠나는 이몽룡을 배웅했다.

누가 우는 걸까? 춘향이? 아니면 이몽룡일까? '춘향이가' 뒤에 쉼표가 있으면 우는 사람은 이몽룡이다. '울면서' 뒤에 쉼표가 있으면 우는 사람은 춘향이다. 이렇게 쉼표 하나에 문장 뜻이 전혀 달라진다.

춘향이가, 울면서 떠나는 이몽룡을 배웅했다.

춘향이가 울면서, 떠나는 이몽룡을 배웅했다.

존댓말도 참 어렵다. 한 문장에 존댓말이 얼마나 들어가야 할까? 너무 자주 나오면 이상하다. 마지막 문장에 한 번 들어가면 충분하다.

- 글을 써서 제출하면 강의하시는 선생님께서 첨삭 지도를 해 주신다.
  → 글을 써서 제출하면 강의하는 선생님이 첨삭 지도를 해 주신다.

글 한 편에 존댓말과 반말을 섞어 써도 이상하다.

학창 시절 수많았던 여자 친구들 중 당신을 선택한 것이 인생에 있어 세 번 온다는 행운 중 첫 번째 행운이었던 것 같아. 당신은 30개월이라는 긴 군 생활동안 세상의 모든 유혹을 뿌리치고 나라는 사람을 기다려 준 당신이 정말 고맙고 사랑스럽고 예뻐 보이는데 당신은 나를 어떻게 생각해? 당신도 나 사랑하지? 정말 고마워요.

가끔 목적어를 빼먹는 분들도 있다.

- 횡설수설 한참 얘기한 것을 나중에 조합해 보니 좋아한다는 이야기다.
  → 한참 횡설수설한 것을 나중에 조합해 보니 나를 좋아한다는 이야기다.

주어가 너무 늦게 나오면 글 내용을 이해하기 힘들다.

- 대학을 합격해 놓고도 등록금이 없어 못가고, 시장에서 장사하는 어머니 모습을 보고 다니던 대학을 그만두고 공장 가고, 일부러 커트라인 높은 대학을 써서 떨어졌던 언니 오빠들에 비하면 나는 그나마 긴 가방끈이다.

→ 언니 오빠는 대학을 합격해 놓고도 등록금이 없어 못 갔다. 언니는 시장에서 장사하는 어머니 모습을 보고 다니던 대학을 그만두고 공장 가고, 오빠는 일부러 커트라인 높은 대학을 써서 떨어졌다. 나는 그나마 언니 오빠들보다는 가방끈이 길다.

'안'과 '않'도 가끔 헷갈린다. 부사, 동사나 형용사 앞에 쓸 때는 '안', 동사나 형용사 뒤에 쓸 때는 '않'을 쓴다. 좀 쉽게 기억하려면 '안'은 '아니'의 준말이고, '않'은 '아니하'의 준말이라고 생각해 보면 된다.

- 은영이가 점심을 안 먹는다.
- 은영이가 점심을 먹지 않는다.

아리송한 '되'와 '돼'를 보자. '돼'는 '되어'의 준말이다. '되'나 '돼'가 들어갈 자리에 '하'와 '해'를 대신 넣어 보면 금방 알 수 있다.

- 김미혜는 부녀회 회장이 됐다.
- 김미혜는 부녀회 회장이 돼서 나타났다.

- 김미혜는 부녀회 회장이 되고서 사람이 달라졌다.

- 이 책 좀 읽어도 될까요?

- 너 자꾸 굶으면 안 돼.

우리 말 띄어쓰기는 참 어렵다. 어떨 때는 기준이 없는 것 같다. 이를 테면 '살아가다'는 붙이는데 '죽어 가다'는 띄어 쓴다. 그래서 국립국어원에 왜 이렇게 원칙이 없냐고 물어보면 '살아가다'는 많이 쓰기 때문이란다. '헐~'이다. 많이 쓰면 붙이고 가끔 쓰면 띄어 쓴다? 말도 안 된다. 또 있다. '술 한잔 먹자'에서 '한잔'은 붙여 쓰고 '여기 술 한 잔밖에 없는데' 할 때 '한 잔'은 띄어 쓴다. 이건 왜 그러냐 하고 물으면 앞에 '한잔'은 숫자로 '한 잔'이 아니기 때문이란다. 숫자로 '한 잔', '두 잔' 할 때만 띄어 쓴다고 한다. 이렇게 헷갈리는 낱말이 한두 가지가 아니다. 이러니 우리 나라 띄어쓰기 원칙을 다 알고 있는 사람들은 드물다.

'한번'은 붙여 쓸 때와 띄어 쓸 때가 있다. '시험 삼아', '우선 한 차례', '기회 있는 어떤 때'의 뜻이면 붙여 쓴다. '한번 먹어 봐' 할 때는 붙여 쓴다. 그런데 '올해는 집에 한 번만 다녀왔어' 하고 수를 이야기할 때는 띄어 쓴다.

'할 거냐', '할 거다', '할 걸'이 문장 중간에 나오면 띄어 쓴다. 그런데 마지막 문장 끝에 나오면 붙여 쓴다. '할걸', '할게', '할게요' 이렇게.

'밖에' 띄어쓰기도 두 가지다. '그 밖에 여러 가지가 있다', '집 밖에 내놓다'처럼 바깥에, '이것 이외에도'의 뜻으로 쓸 때는 띄어 쓴다. 하지만

'뿐'이라는 뜻일 때는 붙여 쓴다. 이때는 보조사다. 그 뒤에 반드시 부정하는 말이 온다. '너밖에 없다', '십원밖에 가진 것이 없다'처럼.

'지'도 많이 틀린다. 어미 'ㄴ' 받침 뒤에서 '그때로부터, 지금까지, 동안' 처럼 기간을 뜻할 때는 띄어 쓴다. 그때 '지'는 의존명사다. 의존명사도 명사와 마찬가지로 띄어 쓴다. 하지만 의문의 뜻을 나타내는 '-는지'는 붙여 쓴다.

- 은영이가 간 지 오래 됐다.
- 밥 먹은 지 얼마 됐다고 벌써 배고프다고 그래.
- 했는지 안 했는지 모르겠다.

'데'도 많이 틀린다. '데'를 '곳', '장소', '경우, 처지', '일'이나 '것'이라는 뜻으로 쓸 때는 띄어 쓴다. 여기서 '데'는 의존명사다.

- 올 데 갈 데 없다.
- 아픈 데 먹는 약
- 노래 부르는 데 소질이 있다.

그런데 '집에 가는데 비가 온다' 할 때 이 '는데'를 떼는지 안 떼는지 헷갈려 하는 사람이 많다. '-ㄴ데', '-는데', '-은데'는 어미라서 앞말에 붙여 쓴다. 그럼 '감기가 걸린 데다가 배까지 아프다'에서는? '데다가'는 띄어 쓴다. 참.

띄어쓰기 어렵다. 웬만한 건 틀리더라도 그러려니 하시라. 띄어쓰기 잘못하면 좀 엽기적인, 다음과 같은 경우만 아니면 된다.

- 서울 시체 육회
- 서울 시장 애인 복지관
- 무지 개같은 선배
- 후배위 하는 선배
- 게임하는데 자꾸 만져요

다음은 글쓰기 강연 때 수강생이 쓴 글이다. 이 글을 한번 자세히 살펴보자. 한비야가 쓴 책 등 많은 책을 읽고 가치 있는 삶을 살려고 하는 마음을 보여 주는 글이다. 하지만 책에서 어떤 내용을 보고 그런 마음이 들었는지 잘 나타나지 않는다.

"나는 세상이 만들어 놓은 한계와 틀 안에서만 살 수가 없다. 안전하고 먹이도 거저 주고 사람들이 가끔씩 쳐다보며 예쁘다고 하는 새장 속의 삶, 경계선이 분명한 지도 안에서만 살고 싶지 않다. 나는 새장 밖으로, 지도 밖으로 나갈 것이다. 두 날개를 활짝 펴고 날아다닐 거다. 스스로 먹이를 구해야 하고 항상 위

한비야가 쓴 《지도 밖으로 행군하라》의 한 부분을 인용하면서 글을 시작했다. 그 다음에 어떤 이야기로 이어지는지 보자.

험에 노출되어 있지만, 그것은 자유를 얻기 위한 대가이자 수업료다. 기꺼이 그렇게 하겠다. 길들여지지 않는 자유를 위해서라면."

한비야의《지도 밖으로 행군하라》중

중3 때 읽은 헤르만 헤세의 《데미안》은 책을 통해 사람이 충격을 받을 수 있다는 것과 책이 사람을 변화시킬 수도 있다는 것을 알게 했다.

> 한비야 이야기가 나올 줄 알았는데 왜 헤르만 헤세 이야기가 나오지? 한비야가 쓴 책에 나온 글을 인용했으면 다음 문장은 그 책 내용을 이야기해야 한다.

알 안에서 껍질을 깨고 나와야 하는 것은 다른 누군가가 아닌 바로 나 스스로여야 한다는 것은 내 안에 나를 끊임없이 가두려고만 해서 끝없이 스스로 침전되어 가고 있던 나의 틀에서 허우적이던 나를 밖으로 끄집어낼 수 있었다.

> 글쓴이 상태가 어땠는지 구체적인 내용을 간략하게라도 말해 주지 않으면 읽는 이는 알 수가 없다.

책은 그래서 내게 새로운 의미로 다가왔고 책 읽는 즐거움은 온전히 나를 위한 감동이며 나 자신을 위해 할 수 있는 일이라는 것을 알게 되었다.

내가 읽은 책들을 보면 그 당시의 나를 들여다볼 수 있다.

> 어떤 책을 읽었는지? 어떤 내용 때문인지?

전혜린의 우울한 회색빛 속에서 그녀의 채취와 향기에 파묻혀 살았던 적도 있다.

아, 전혜린이 쓴 책을 읽었구나. 그런데 내용이 나오지 않는다. '그녀의 채취와 향기'라는 말로 뭉뚱그려 말하지 말고 책 내용을 말해 줘야 한다.

그때는 사춘기라는 것도 있지만 여러 가지 주변 상황이 내 안의 우울 속으로 묻히게 했다.

주변 상황이 안 좋았나? 그런데 어떻게? 설명해 줘야 한다.

그래서 더욱더 전혜린의 회색을 좋아했고 그녀의 삶에 전이되었다.

전혜린의 회색은 무슨 뜻인가? 그녀의 삶이란 어떤 삶인지?

내게 또 다른 빛깔로 다가온 것은 닥종이 작가 김영희였다. '아이를 잘 만드는 여자' 김영희는 총 천연의 자연색이었다. 밝음의 빛을 그녀를 통해 보고 나를 감싸고 있던 회색이 조금은 연해졌는지도 모르겠다.

전혜린 이야기를 하다 말고 갑자기 김영희 이야기가 나오면 안 된다.

그 색이 비유라는 건 알지만 무엇을 뜻하는지 글 읽는 이는 알 수 없다.

한동안은 이병주의 화려한 수사에 반해 그의 책 속에 올인을 했던 적도 있고 최명희의 《혼불》을 기다리며 기다리는 설레임과 책의 목마름을 알게 되었다.

갑자기 이병주? 거기다 최명희까지 등장? 너무 많이 나오면 글 읽는 이가 소화를 못한다.

긴 이야기들을 읽으면서는 같이 호흡하느라 밤이 새는지도 식탁에 앉아서도 책을 손에서 놓지 못하고 함께 했었다.

책을 재미있게 봤다는 건 알겠는데 글을 읽는 이는 공감을 못한다. 내용을 한두 가지라도 말해 줘야 한다.

한비야의 웃는 모습은 사람을 행복하게 한다.

아, 이제 한비야 이야기가 나오는군. 이 문장을 맨 앞에 인용한 글 뒤에 두면 좋겠다.

한비야의 넘치는 열정은 나를 덩달아 설레이게 하고 가슴 뛰게 만든다.

> 어떤 열정일까? 용기 있게 다른 나라로 갈 수 있는 열정? 그게 뭔지 내용을 말해야 한다. 그런데 뒤에 그런 내용이 나오지 않는다.

그래서 무엇이라도 해야 할 것처럼 나를 뜨겁게 만든다. 그녀가 그리는 지도 밖 세상에는 열정과 사랑 도전이 있다면 내가 여태 그려 온 그림은 무엇이었는지 그녀의 세상을 들여다보면서 나를 정비하고 나의 지도를 어떻게 그릴 것인가를 고민하게 한다.

> 그림을 그리면서 살았나? 아, 그건 아니군. 그렇다면 '나의 지도'라는 말이 무슨 뜻인지 잘 모르겠다. 내가 어떻게 살 것인가 하는 말인가?

어떻게 사는 것이 행복한 삶이며 가치 있는 삶인가를 스스로를 닦달하게 한다.

우리 회 활동은 이러한 고민 속에서 스스로 찾은 또 다른 길이다.

> 아, 그렇구나. 그러면 앞글에서 '지도'라는 말은 안 했으면 좋겠다. 비유라는 건 알지만 너무 추상적이다.
>
> '한비야의 책을 보고 내 삶을 변화시켜 보려고 어린이책시민연대에 가입하게 되었다. 그 회에 가입하면서' 이렇게 고치면 어떨까?

자라면서 읽어 보지 못한 책들을 어른이 된 지금에서야 노마를 만나고 몽실이를 만나게 되었다.

이오덕이 《시정신과 유희정신》에서 보여 준 신랄한 어린이 문학의 비판은 동화라는 달콤한 환상에 취해 있던 내게 충격이었고 그 일이 얼마나 많은 용기가 필요했던 일인

> 앞 문장에 읽어 보지 못한 책들을 만났다고 했으니 어떤 책을 읽었는지 책 제목이 나와야 한다.
> '현덕 선생이 쓴 《개구쟁이 노마와 현덕 동화나라》도 읽었고, 권정생 선생이 쓴 《몽실 언니》도 읽었다.'

> 무슨 일일까?

가는 회원들과 이야기를 나누는 과정 속에서 새롭게 알게 되었다.

　읽고 난 후 가슴을 따뜻하게 하는 책과 만나면 그 긴 여운으로 인해 시키지 않아도 저절로 책 이야기를 늘어놓기도 했다. 책 읽는 즐거움이 나의 삶을 얼마나 풍요롭게 만들고 윤택하게 하는지 책을 읽으면서 새록새록 느낀다. 이렇게 책을 읽고 나누고 <u>활동을 하면서</u> 내가 찾은 길에 스스로 더 깊이 걸어가고 있다는 느낌이다. <u>그러나</u> 난 내가 걸어가고 있는 이 길이 참 좋다.

무슨 활동?

앞 문장과 반대되는 내용이 아니다.

계속 좋다고 하는데 왜 좋은지 어떻게 삶을 풍요롭게 만드는지 잘 나타나지 않는다.

　어린이 책을 많이 읽지도 않았고 잘 알지도 못한다. 그래서 늘 새롭다. 알고 있는 것은 알고 있어서 좋고 새로운 것은 새롭게 알게 되어 즐겁다. 난 내 아이들에게 좋은 책 한 권을 더 권하기 위해서라기보다는 온전히 나를 위한 일이라서 우리 회 활동이 즐겁고 행복하다. 책을 통해 느끼는 감동도 <u>나의 몫이고</u>, 우리 회 활동을 하면서 느끼는 뿌듯함도 <u>나의 몫이다.</u> 다른 사람과 함께 느끼고

'나의 몫'은 '내 몫'으로 고쳐 써야 한다.

공유하면서 힘을 받는 것도 나의 몫이다. 책을 통해서 불편한 진실들을 알게 되고 그래서 고민하고 내가 무엇이라도 해야 할 것 같은 의무감이 때론 짐으로 느껴져도 함께 만들어 갈 수 있기에 힘이 난다.

> 불편한 진실들이 뭘까? 한두 가지라도 자세히 이야기해 줘야 한다.

책을 통해 보여지는 다양한 삶의 모습을 보면서 안타까워하고 감동 받는 것도 우리 회 활동을 하면서 느끼는 즐거움이다.

> 어떤 게 안타까운지, 어떻게 감동을 받았는지, 왜 즐거운지 궁금하다.

내가 우리 회 안에서 함께 꿈꾸고 있다는 것이 자랑스럽다. 우리 회가 만들어 가는 길에 어깨를 걸치고 걸어갈 책과 사람이라는 동무가 있어서 참 행복하다. 그래서 난 이 길을 힘차게 걸어갈 수 있고 앞으로도 함께 가고 싶다. 그리고 그 속에서 아름다움을 꿈꾸고 싶다. 함께 만들어 가는 아름다움을.

> 무엇을 꿈꾸고 만들어가는지 자세히 말해 줘야 한다.

여섯째
마당

일하는 사람이
책을 내야
한다

일하는 사람이
책을 내야 한다

　이렇게 글을 써서 모아 놓으면 언젠가는 책을 낼 수 있다. 책은 아무나 내나? 그렇다. 개나 소나 다 낼 수 있다. 나 같은 이도 내는데 못 낼 리가 없다. 일하는 사람들은 그 분야 전문가들이다. 책상머리에서 공부만 한 교수들과 비교할 수 없다. 전문가들이 글을 쓰고 책을 내지 않으면 누가 낸단 말인가?

　그동안 내가 낸 책은 몇 권일까? 인터넷에서 검색해 보니, 다른 이와 같이 낸 책까지 벌써 다섯 권이다.

《거꾸로 가는 시내버스》 (보리, 2006년)

　이 책은 내가 처음 낸 단행본이다. 지금까지 꾸준히 팔려서 석 달에 한 번 인세가 들어오는 '불후의 명작'이다. 지금까지 2만 5천 권이나 팔렸다. 내가 책을 내게 된 계기는 이렇다. 버스를 운전하면서 여기저기 썼던 글을 모은 게 2003년쯤 된다. 그즈음 보리출판사에서 책을 낸다고 했다가 출판사 사정으로 어긋났다. 2005년에 시내버스 운전을 그만두고 월간 〈작은책〉에서 일하기 시작했다. 2006년에 다시 보리에서 책을 낸다고 해서 모아 놨던 그 원고를 보리에 넘겼다.

《거꾸로 가는 시내버스》는 내가 직접 교정해서 출판사로 넘겼다. 나중에 책이 나오고 보니 맞춤법과 띄어쓰기가 틀린 게 너무 많았다. 어색한 문장도 많았다. 하지만 내용이 재미있었는지 시내버스 기사 출신이 썼다는 희소성 때문인지 '날개 돋친 듯(?)' 팔렸고, '책으로 따뜻한 세상 만드는 교사들'이라는 단체에서 중고등학생 필독서로 정하면서 꾸준히 팔렸다. 참고로 단행본 한 종이 이만 권 이상 팔리는 책은 드물다.

책 한 권을 팔면 인세를 얼마나 받을까. 대개 정가의 십 퍼센트다. 《거꾸로 가는 시내버스》는 출간할 때 8,500원이었다. (지금은 종이 값이 올라 11,000원이다.) 한 권을 팔면 나한테 십 퍼센트가 들어온다. 2만 5천 권이면 얼마? 좋은 출판사라면 석 달에 한 번 정확히 계산해 보내 주기는 하지만 그 돈으로 먹고살기에는 어림없다.

돈을 벌지는 못하지만 책을 낸 보람이 있다. 그 책을 읽은 사람들은 시내버스 운전사 사정을 이해하기 때문이다. 시내버스 기사가 난폭운전을 하는 까닭, 불친절한 까닭, 회사와 정부, 어용 노조가 짜고 파업을 한다는 사실들을 알게 된다. 다른 이가 하는 일의 속사정을 안다는 건 그 사람을 이해하고, 나아가 세상이 어떻게 돌아가고 있는지 알게 된다는 뜻이다. 이를테면 프랑스에서 청소부가 근무조건 개선과 임금 인상을 이유로 파업을 하면 시민들은 이들을 비난하지 않는다. 오히려 집 앞에 쌓이는 쓰레기를 시장 집 앞에 갖다 버리면서 동조를 한다. 파업을 하게 만든 원인이 정부에 있다고 항의하는 것이다. 시민들이 청소부들의 열악한 사정을 이해하기 때문이고, 그 일이 내 일이라는 걸 깨닫기 때문이다. 프랑스 보수 언론에 시민들이 불편해서 못살겠다는 불평이 나와도 시민들은 믿지 않는다.

우리 나라는 수구 언론이 온갖 매체를 다 장악했다. 시민들은 그런 기사만 보고 철도 노동자나 현대자동차 노동자들이 파업을 하면 고액 연봉자들이 파업한다고 비난한다. 이렇게 수구 언론에서 보여 주는 글과 영상은 이 세상의 진실을 가린다.

그렇기 때문에 일하는 사람들이 직접 쓴 글들이 책으로 나와야 한다. 지금 서울시 소속 시내버스는 좀 나아졌지만 인천 시내버스나 지방, 또는 서울 마을버스 기사들의 사정은 말할 수 없을 정도로 열악하다. 특히 마을버스는 이백만 원도 못 되는 임금에 쉬는 시간도 없이 바쁘게 빵빵이를 돈다. 그런 사정을 모르는 이들은 그 기사들이 신호를 위반하고 난폭운전을 하고 다니면 욕을 할 것이다.

내가 쓴 책을 본 사람들은 한결같이 이런 말을 한다. "시내버스 기사 사정이 이렇게 열악했어요?" 그렇게 버스 기사들 사정을 이해하는 이들은 버스 기사가 바쁘게 운전해도, 정류장에 늦게 도착해도 기사를 비난하지 못한다. '음, 여기도 회사 사장놈이 아주 나쁜 놈인가 봐.' 이런 생각을 하게 된다.

《왜 80이 20에게 지배당하는가》 (공저, 철수와영희, 2007년 9월)

이 책은 내가 몸담고 있는 월간 〈작은책〉이 '87년 노동자 대투쟁 20주년'을 맞이하여 야심차게 기획한 〈작은책 스타〉라는 강좌 내용을 엮은 것이다.

'역사, 글쓰기, 여성, 경제, 교육, 노동'이라는 여섯 가지 주제로, 우리 사회 80퍼센트가 반드시 알아야 할 진보 이야기를 들려준다. 노동을 중심으로 역사를 강의하는 박준성, 여성과 역사를 버무린 이임하, 경제 정태인, 교육과 사회 홍세화, 노동 하종강, 그리고 글은 일하는 사람이 써야한다는 경험과 사례까지, 진보 지식인들 여섯 명이 저마다 소신을 들려준다. 2007년에 나온 책이지만 '요즘도 이런가?' 하고 의심하지 않고 읽어도 좋다.

참 친절하게도 국방부에서 '장병 정신 전력 강화에 부적합한 서적'이라고 불온도서 목록에 올린 책이다. 그 덕에 독서 의욕을 더욱 불러일으켜 '국방부 불온서적 23선'이니 하면서 인터넷과 출판사에서 이벤트를 하기도 했다.

《눈빛 맑은 십대에게》 (공저, 그물코, 2011년 3월)

충남 홍성군 홍동면에 있는 작은 고등학교인 풀무학교에서 명사들이 강연한 내용을 엮은 책이다. 풀무학교 초창기 때 홍순명 선생이 '교양국어' 시간을 만들어 학생들을 가르쳤다. 홍 선생이 퇴임하면서 '교양국어' 시간은 '문화' 시간으로 바뀌었고, 특강 형식으로 수업을 하게 되었다.

그 특강 때 강연한 내용들을 정리한 책이다.

나는 버스 기사에서 출판사 편집자가 되기까지 있었던 이야기, 그리고 내가 알지 못했던 세상에 눈을 뜨게 된 일들을 들려주었다. 아이들에게 그런 경험을 들려주는 건 살아 있는 교육이다.

《결혼 전 물어야 할 한 가지》 (공저, 샨티, 2011년 10월)

이 책은 열일곱 명이 같이 쓴 책이다. 결혼한 선배들이 결혼에 관한 이야기를 솔직담백하게 들려준다. 그리고 결혼에 관한, 진실한 혹은 불편한 질문과 대답들이 담겨 있다. 편집자는 이 책을 위해 참 많은 이들에게 원고 청탁을 했다고 한다. 그만큼 거절한 사람들이 많았다는 말이다. 편집자 말에 따르면 자기 검열과 배우자의 검열에 걸려 글을 쓰지 못하겠다고 고백한 사람들이 제법 있단다.

내가 쓴 글 제목은 〈살아 보고 다시 계약하면 안 될까?〉이다. 그 마지막 부분이다.

어떤 결혼 제도가 있으면 좋을까? 사회에서 노동자들에게 결코 적용해서는 안 되는 게 계약직과 기간제이지만 이 결혼 제도는 계약 기간이 있으면 좋겠다. 한 3년? 5년? 살아 보고 계약이 끝날 무렵 다시 계약하는 것이다. 그러면 헤어질 때 서로 상처 안 받고 헤어질 수도 있고, 마음에 들면 다시 계약해서 살 수도 있을 것이다. 그냥 웃자고 하는 이야기가 아니다. (…)

그러려면 무엇이 가장 전제가 되어야 할까? 일단 유럽 사회같이 사회 보장 제도가 잘 돼 있어 아이들을 국가가 책임지고, 여성이 남성과 동일한 임금을 받고 일할 곳이 있어야겠지. 그런 전제가 없으면 내 말은 공허할 터이다. 그래서 계약 결혼을 해도 우리 나라에서 아이를 낳는 건 신중해야 한다.

어찌 인간 생활에서 사지선다형 같은 답이 있겠는가? 유전자가 다 다르듯이 느끼는 감정은 다 다를 것이다. 결혼! 하지 말라고 했지만, 하든지 말든지 그건 당신 자유다.

이 글을 읽고 의문이 드는 독자가 있을지도 모르겠다. 그럼 당신은 왜 이혼 안 하고 사냐고? 나도 관습에 얽매여 변화를 두려워하는 소심한 남자이기 때문이다.

《개똥 세 개》 (공저, 북멘토, 2013년 7월)

정치, 경제, 생태, 문화, 교육, 예술 각 분야에서 치열하게 활약하고 있는 사람 아홉 명이, 자신의 멘토는 무엇이었는가를 들려준다. 그이들이 십대일 때, 절망했던 고비마다 일으켜 세워 준 멘토는 누구였는지, 어떻게 만났는지, 무엇을 배웠는지, 결국 멘토란 어떤 존재인지를 이야기한다. 멘토는 어떤 사람일 수도 있고 책일 수도 있고 여행일 수도 있다. 이 책은 우리가 직접 '나만의 멘토'를 찾을 수 있게 이끈다.

이 책에서 나는 내 인생의 멘토가 책이라고 했다. 어떤 책인지 궁금하시다면 이 책을 사 보시라.

1985년에 버스를 운전하기 시작해 이십 년 동안 일하고, 버스 운전을 그만둔 해가 2004년이다. 다음 해인 2005년에 〈작은책〉으로 와서 발행인으로 십 년을 일했다. 앞으로 몇 년 동안 〈작은책〉에서 더 일을 할지 모르겠지만, 언젠가는 또 이 일도 그만두겠지. 그동안 공저가 아닌 혼자 쓴 책으로만 보자면, 버스 운전할 때 낸 책이 《거꾸로 가는 시내버스》였고, 지금 〈작은책〉에서 일을 하면서 내는 책이 이 《삐딱한 글쓰기》다. 앞으로 내가 〈작은책〉을 떠나면 또 책을 낼 수 있을까? 만일 낸다면 어떤 책을 낼까? 아니, 그보다 먼저 내가 뭘 하고 있을까?

앞으로 일어날 일은 아무도 모른다. 내가 꿈꾸던 대로 귀농을 할지, (쯔쯔, 농사일은 아무나 하나?) 꼭 한번 해 보고 싶었던 영업용 택시 운전을 할지, (그 나이에 누가 받아 줘?) 늦깎이라도 대박을 터뜨리는 소설을 쓸지.(헐~!) 헐이라니? 아니 난 소설가가 될 수 없단 말이야? 그래, 그도 저도 안 되면 어쩔 수 없이 집에서 손녀나 손자를 돌보는 돌보미 알바를 할지도 모르겠다. (아들이 돈이나 줄라나?) 앞으로 일어날 일은 귀신도 모르지만 어쨌든 뭘 하든 하겠지?

아, 내가 할 일 한 가지가 더 생각났다. 이 책이 많이 팔리면 인세를 받아서 한 번도 못한 해외여행을 다녀와야겠다. 나를 깨우쳐 준 나라가 있다. 바로 피델 카스트로가 태어난 쿠바, 그리고 체 게바라가 태어난 아르헨티나. 나는 그 두 사람이 나오는 《쿠바 혁명과 카스트로》를 보고 이 세상을 배웠다. 그리고 이렇게 글 쓰고 책까지 내게 됐다. 그이들이 태어난 그 두 나라를 꼭 가 보고 싶다. 그런데 몇 부가 팔려야 되는 거야? 십만 부 넘게? (꿈 깨.) 십만 부 넘어도 안 되나? 에효, 그건 정말 꿈이구나. 그냥 《거꾸로 가는 시내버스》처럼만 팔리면 가까운 동남아나 갔다 와야겠다. 그리고 여행기를 써야지. (쯔쯔, 그런 여행기 많아.) 무슨 소리야? 나만 쓸 수 있는 여행기가 있는 거야!

무슨 일을 하든 나는 글을 쓰고 책을 낼 것이다. 귀농하면 《초보 농사꾼 안건모의 농사일기》, 택시 운전을 하면 《서울의 택시 운전사, 안건모》, 소설을 쓰면 《소설 안건모》, 손녀 손자를 키우면 《안건모의 육아일기》를 쓰겠지. (꼭 '안건모'가 들어가야 돼?)

여러분도 할 수 있다. 오늘부터 컴퓨터 앞에서 글을 써 보시라. 도전! 글쓰기! 책 쓰기!

참고한 **책들**

김남주, 《김남주 시전집》, 창비, 2014

김종철, 《글쓰기가 삶을 바꾼다》, 21세기북스, 2011

김혜원 외, 《나는 시민 기자다》, 오마이북, 2013

도정일 외, 《글쓰기의 최소 원칙》, 룩스문디, 2008

루츠 폰 베르더, 바바라 슐테-슈타이니케, 김동희 옮김, 《교양인이 되기 위한 즐거운 글쓰기》, 들녘미디어, 2004

리영희, 《리영희 저작집 2-우상과 이성》, 한길사, 2006

명로진, 《베껴 쓰기로 연습하는 글쓰기 책》, 퍼플카우콘텐츠그룹, 2013

박노해, 《노동의 새벽》, 느린걸음, 2004

박미라, 《치유하는 글쓰기》, 한겨레출판, 2008

배상문, 《그러니까 당신도 써라》, 북포스, 2009

셰퍼드 코미나스, 임옥희 옮김, 《치유의 글쓰기》, 홍익출판사, 2008

송준호, 《문장부터 바로 쓰자》, 태학사, 1996

스티븐 킹, 《유혹하는 글쓰기》, 김영사, 2002

에른스트 카시러, 최명관 옮김, 《인간이란 무엇인가》, 창, 2008

윌리엄 진서, 이한중 옮김, 《글쓰기 생각쓰기》, 돌베개, 2007

이오덕, 《우리 글 바로쓰기 1, 2, 3》, 한길사, 2009

이오덕, 《일하는 사람들의 글쓰기》, 보리, 1996

이호철, 《살아 있는 글쓰기》, 보리, 1994

장정일, 《빌린 책, 산 책, 버린 책》, 마티, 2010

조정래, 《황홀한 글감옥》, 시사인북, 2009

조지 오웰, 《나는 왜 쓰는가》, 한겨레출판, 2010

초등교육과정연구모임, 《교과서를 믿지 마라!》, 바다출판사, 2011

한국글쓰기교육연구회 엮음, 《새들은 시험 안 봐서 좋겠구나》, 보리,
    2007

삐딱한 글쓰기

2014년 7월 1일 1판 1쇄 펴냄 | 2015년 6월 26일 1판 3쇄 펴냄

글 안건모

편집 천승희, 김성재, 김소영, 김용란 | **디자인** 샘숫다 | **제작** 심준엽 | **영업·홍보** 백봉현, 안명선, 양병희, 이옥한, 정영지, 조병범, 최민용 | **경영 지원** 임혜정, 전범준, 한선희 | **인쇄와 제본** (주) 상지사 P&B

펴낸이 윤구병 | **펴낸곳** ㈜도서출판 보리 | **출판 등록** 1991년 8월 6일 제9-279호
주소 (413-120) 경기도 파주시 직지길 492 | **전화** 031-955-3535 | **전송** 031-950-9501
누리집 www.boribook.com | **전자우편** bori@boribook.com

값 13,000원

보리는 나무 한 그루를 베어 낼 가치가 있는지 생각하며 책을 만듭니다.

ISBN 978-89-8428-850-8 03710

이 도서의 국립중앙도서관 출판예정도서목록(CIP)은 서지정보유통지원시스템 홈페이지(http://seoji.nl.go.kr)와
국가자료공동목록시스템(http://www.nl.go.kr/kolisnet)에서 이용하실 수 있습니다.
(CIP제어번호:CIP2014017984)